二手车鉴定评估与交易

主　编　王国强　王一斐
主　审　宋庆阳

中南大學出版社
www.csupress.com.cn

内容简介

Introduction

本书为七个模块，全面介绍了二手车鉴定评估基础知识、汽车的贬值理论、汽车使用寿命及汽车报废条件、二手车技术状况鉴定、二手车的折旧指标与价值评估方法、车辆碰撞损伤评估、二手车鉴定评估实务、二手车交易等内容。

本书为高等职业院校汽车类专业教材，也可作为二手车鉴定评估师职业技能鉴定培训教材和二手车鉴定评估人员学习参考书。

总序

Preface

汽车后市场风云变幻，配件垄断市场的、汽车维修技术信息公开、互联网＋、大众创业万众创新等对传统汽车后市场业态产生了巨大冲击，传统业态——4S店、一二类综合性维修企业的发展空间备受挤压，利润大幅缩水，甚至面临企业的生存问题；而新兴业态——上门保养，技术上门，快修快保连锁经营，综合维修企业联盟发展，汽车维保线上下单、线下作业等层出不穷但却没有赚到理想中的利润，发展前途堪忧。而随着制造汽车的原材料、汽车零部件的加工工艺、汽车装配工艺、汽车运行材料等的技术进步，以及道路条件的大幅改善，汽车的故障概率大幅度下降，汽车的可靠性大幅度提高，“汽车不坏了”已经是一个不争的事实；在环保和能源的层层重压之下，新能源汽车，特别是纯电动汽车的市场份额将急剧扩大。因此，过去汽车“以修为主”的时代已经成为历史，“以养代修”的汽车后市场时代已经来临。基于以上现实，在不久的将来，传统业态中的4S店、大型综合性汽车维修企业将面临大批倒闭的困境，汽车后市场的转型升级势在必行；流程化、规范化、标准化、专业化、品牌化、连锁化的汽车专项维修将是汽车后市场的必然发展趋势；汽车后市场对汽车类人才的需求将从单一的“技术技能型人才”向“技能服务型人才”过渡，过去汽修职业教育“以就业为导向”的人才培养模式将面临挑战，毕业生将无业可就，从而倒逼汽修职业教育人才培养向“以创业、就业为导向”人才培养模式转变，因此汽车职业教育也必须进行转型升级，要从人才培养模式、人才培养方案、教学计划、教学大纲、课程建设、师资队伍建设、实训基地建设等方面进行全新规划。

职业教育不是为过去的行业培养人才，而是要为未来的行业发展需求储备人才，因此职业教育要紧跟行业发展，甚至要预判行业未来发展趋势，走在行业发展的前面，千万不能职业教育和行业发展两张皮，我办我的教育，不关行业发展什么事。因此汽修职业教育一定要研究汽车后市场，一定要贴近汽车后市场，一定要比汽车后市场更懂汽车后市场，要知道汽修职业教育到底应该教什么！到底应该怎么教！到底要教到什么程度！谋定而后动，直击汽修职业教育的痛点。鉴于此，中南大学出版社邀请行业专家参与，组织国内知名汽修高等职业教育院校教育专家共同剖析汽车后市场发展现状，研究汽车后市场发展趋势，积极探索汽修职业教育人才培养方案和人才培养模式，以满足汽车后市场现实要求和适应未来汽车后市场未来发展需求为出发点，构建全新的汽修与汽服职业教育课程体系，打造全国高等职业教育汽车类“十三五”规划教材。相信这套丛书的出版将对推动我国汽车职业教育的发展，为汽车后市场的发展奠定基础。

李东江

2016 年 6 月

前言

Foreword

随着我国汽车保有量的增加，二手车市场的不断发展，二手车鉴定评估行业需要大量的专业人才，为满足二手车鉴定评估人才培养的需要，特编写本书。

本书在编写过程中，充分考虑高等职业教育的特点，以《二手车鉴定评估师国家职业标准》和《二手车鉴定评估技术规范》（GB/T 30323—2013）为依据，以行业实际工作任务与业务流程为基础，进行教学内容的选取，使教学内容与实际紧密结合，突出了实用性。

本书介绍了汽车的分类、编码、铭牌、报废条件等基础知识；简要地介绍了汽车贬值理论；系统地介绍了二手车的折旧指标与价值评估方法；详细地介绍了车辆碰撞损伤评估技巧和方法、二手车的静态与动态检查方法、二手车的1000分检查法和100分检查法、二手车评估报告的撰写以及二手车交易实务。

本书由甘肃交通职业技术学院王国强正高工和王一斐副教授担任主编，甘肃交通职业技术学院宋庆阳教授担任主审。参加编写的人员分工如下：甘肃交通职业技术学院王国强编写模块二、模块四、模块七；甘肃交通职业技术学院王一斐编写模块一、模块三；甘肃交通职业技术学院宋庆阳编写模块五；兰州城市学院陈强明编写模块六。与本书配套的课件和思考与练习答案由王一斐和宋庆阳共同完成，读者可登录中南大学出版社网站（http://www.csupress.com.cn）下载，也可与主编王一斐（QQ：723370640）直接联系。本书在编写过程中得到了珠海市昱达价格评估有限公司王应平先生、甘肃民通汽车维修服务有限公司赵东辉先生、甘肃永宁汽车销售服务有限公司王军先生、甘肃新影职业培训学校李俊峰先生的大力支持，在此深表感谢！

本书在编写过程中，参考了有关文献资料及网站的资料，在此对相关著作权人表示衷心的感谢！

由于水平有限，书中难免有不妥之处，敬请广大读者批评指正。

编　者

2016年9月

目录
CONTENTS

模块一　二手车鉴定评估基础知识

【学习目标】

知识目标

1. 熟悉汽车分类标准和类型。
2. 了解汽车性能指标。
3. 了解二手车的相关概念。
4. 掌握二手车鉴定评估的目的、任务和原则。
5. 熟悉二手车鉴定评估的工作原则和经济原则。

能力目标

1. 学会识读汽车型号。
2. 学会识读汽车 VIN 码和汽车铭牌。

1.1　汽车的分类与标识

日常生活中，我们经常用“小轿车”“卡车”“SUV”等名词来描述某一类型的车辆，这种综合了汽车外形特征和用途的分类，是人们对汽车的一种通俗习惯的分类方法。对汽车分类的标准，在2001年以前，我国主要是依据GB 9417—1988和GB/T 3730.1—1988两个标准。这两个标准是根据我国当时的实际情况制定的。其中GB 9417—1988将汽车分为8类，这种分类存在着门类不清和相互重叠的现象，在实际应用中产生了许多问题，造成了一系列的矛盾。例如，该标准将第1类定义为载货车、第3类定义为自卸车，而实际上自卸车只是载货车的一个品种；又如，越野车被单列为专门的一类(第2类)，而实际上乘用车、商用车中的客车和载货车都具有越野性能的车型；再有，轿车被列为第7类，但在国际标准和我国标准中从来没有关于轿车的确切定义。有关方面曾多次研究，但都不能准确定义“轿车”的概念。因此，在实际管理中，各部门按照自己的理解分别将不同种类的车型划归为“轿车”，造成各个部门所定义的“轿车”差异很大的问题。在2001年，我国制定了新国家标准GB/T 3730.1—2001《汽车和挂车类型的术语和定义》及GB/T 15089—2001《机动车辆及挂车分类》，对汽车的分类进行改革，按最终用途作为分类的基本原则。这样，新标准既能满足汽车工业界的需求，又为车辆管理部门管理在用的机动车辆提供了科学的依据。

1.1.1 汽车的分类

1. 依据 GB/T 15089—2001 对机动车辆及挂车的分类

所有的车辆可分为机动车辆与非机动车辆。汽车属于机动车辆。同时，机动车辆还包含其他种类车辆。我国针对机动车辆分类的在用标准是 GB/T 15089—2001《机动车辆及挂车分类》。它于 2001 年对外发布，2002 年正式实施。此标准代替了旧标准 GB/T 15089—1994。

GB/T 15089—2001《机动车辆及挂车分类》主要用于机动车辆型式认证，是机动车辆型式认证各技术法规适用范围的依据。

GB/T 15089—2001《机动车辆及挂车分类》将机动车辆及挂车分为 L，M，N，O，G 五类。

1）L 类

定义：两轮或者三轮机动车辆。

GB/T 15089—2001《机动车辆及挂车分类》将 L 类中的最高设计车速由原来的 40 km/h 提高到 50 km/h。

2）M 类

定义：至少有四个车轮并且用于载客的机动车辆。

M 类汽车又分为：M_1，M_2，M_3三个类别。

M_1类：包括驾驶员座位在内，座位数不超过 9 座的载客车辆。

M_2类：包括驾驶员座位在内，座位数超过 9 个，且最大设计总质量不超过 5000 kg 的载客车辆。

M_3类：包括驾驶员座位在内，座位数超过 9 个，且最大设计总质量超过 5000 kg 的载客车辆。

其中 M_2，M_3类又细分为 A，B，Ⅰ，Ⅱ，Ⅲ五级：

A 级：可载乘员数(不包括驾驶员)不多于 22 人，并允许乘员站立。

B 级：可载乘员数(不包括驾驶员)不多于 22 人，不允许乘员站立。

Ⅰ级：可载乘员数(不包括驾驶员)多于 22 人，允许乘员站立，并且乘员可以自由走动。

Ⅱ级：可载乘员数(不包括驾驶员)多于 22 人，只允许乘员站立在过道和/或提供不超过相当于两个双人座位的站立面积。

Ⅲ级：可载乘员数(不包括驾驶员)多于 22 人，不允许乘员站立。

【说明】

●包括两个或多个不可分，但却铰接在一起的铰接客车(定义见 GB/T 3730.1—2001 中 2.1.2.1.5)被认为是单个车辆。

●为挂接半挂车而设计的牵引车(即半挂牵引车)。车辆分类所依据的质量是指处于可行驶状态的牵引车的质量，加上半挂车传递到牵引车上最大垂直静载荷，和牵引车自身最大设计装载质量(如果有的话)的和。

3)N 类

定义：至少有四个车轮并且用于载货的机动车辆。

N 类汽车又分为：N_1，N_2，N_3三个类别。

N_1类：最大设计总质量不超过 3500 kg 的载货车辆。

N_2类：最大设计总质量超过 3500 kg，但不超过 12000 kg 的载货车辆。

N_3类：最大设计总质量超过 12000 kg 的载货车辆。

【说明】

●某些专用作业车（例如：汽车起重机、修理工程车、宣传车等）上的设备和装置被视为货物。

4）O 类

定义：挂车，包括半挂车。

O 类汽车又分为：O_1、O_2、O_3、O_4四个类别。

O_1类：最大设计总质量不超过 750 kg 的挂车。

O_2类：最大设计总质量超过 750 kg，但不超过 3500 kg 的挂车。

O_3类：最大设计总质量超过 3500 kg，但不超过 10000 kg 的挂车。

O_4类：最大设计总质量超过 10000 kg 的挂车。

【说明】

●O_2 类、O_3 类、O_4 类挂车是 GB/T 3730.1—2001 中 2.2 挂车中的一种。

●就半挂车或中置轴挂车（见 GB/T 3730.1—2001 中 2.2.2 和 2.2.3）而言，对挂车分类时所依据的质量是半挂车或中置轴挂车在满载并且和牵引车相连的情况下，通过其所有车轴垂直作用于地面的静载荷。

5）G 类

定义：指 M 类、N 类的越野车。

通常将 M 类、N 类、“M 类与 O 类的组合”、“N 类与 O 类的组合”以及 G 类统称为汽车。

2. 依据 GB/T 3730.1—2001 对汽车的分类

汽车的分类是很复杂的，在不同的场合，为了达到不同的目的，可能采用不同的分类方法。在进行二手车鉴定中，为了简化工作，避免混淆，应参照国家标准和公安机关车辆登记中所采用的车辆类型。

我国针对汽车分类的现行标准是 GB/T 3730.1—2001《汽车和挂车类型的术语和定义》。它于 2001 年对外发布，2002 年正式实施，代替了旧标准 GB/T 3730.1—1988。

GB/T 3730.1—2001《汽车和挂车类型的术语和定义》是汽车通用性的分类，适用于汽车一般概念、统计、牌照和保险等，也作为政府制定汽车政策和对汽车进行管理的依据。

GB/T 3730.1—2001《汽车和挂车类型的术语和定义》将汽车作了明确的定义，并且主要按用途作了分类。在该标准中，明确了汽车、挂车、汽车列车的定义及其分类。

1）汽车（motor vehicle）的定义

汽车是指由动力驱动，具有四个或四个以上车轮的非轨道承载的车辆。主要用于：载运人员和/或货物；牵引载运人员和/或货物的车辆；特殊用途。

本术语还包括：①与电力线相联的车辆，如无轨电车；②整车整备质量超过 400 kg 的车辆。

2）汽车的分类

在 GB/T 3730.1—2001《汽车和挂车类型的术语和定义》中，将汽车分为乘用车和商用车辆。

（1）乘用车（passenger car）

在其设计和技术特性上主要用于载运乘客及其随身行李和/或临时物品的汽车，包括驾驶员座位在内最多不超过 9 个座位。它也可以牵引一辆挂车。

乘用车主要有普通乘用车、活顶乘用车、高级乘用车、小型乘用车、敞篷车、舱背乘用车、旅行车、多用途乘用车、短头乘用车、越野乘用车、专用乘用车 11 种。通俗地讲，乘用车主要代表有小轿车、小型客车、商务车等。

①普通乘用车(saloon 或 sedan)

车身：封闭式，侧窗中柱有或无。

车顶(顶盖)：固定式，硬顶。有的顶盖一部分可开启。

座位：4 个或 1 个以上座位，至少两排。后座椅可折叠或移动，以形成装载空间。

车门：2 个或 4 个侧门，可有一后启门。

②活顶乘用车(convertible saloon)

车身：具有固定侧围框架可开启式车身。

车顶(顶盖)：车顶为硬顶或软顶，至少有两个位置：第一个位置封闭，第二个位置开启或拆除。可开启式车身可以通过使用一个或数个硬顶部件和/或合拢软顶将开启的车身关闭。

座位：4 个或 4 个以上座位，至少两排。

车门：2 个或 4 个侧门。

车窗：4 个或 4 个以上侧窗。

③高级乘用车(pullman saloon)

车身：封闭式。前后座之间可以设有隔板。

车顶(顶盖)：固定式，硬顶。有的顶盖一部分可开启。座位：4 个或4 个以上座位，至少两排。后排座椅前可安装折叠式座椅。

车门：4 个或 6 个侧门，也可有一个后开启门。

车窗：6 个或 6 个以上侧窗。

④小型乘用车(coupe)

车身：封闭式，通常后部空间较小。

车顶(顶盖)：固定式，硬顶。有的顶盖一部分可开启。

座位：2 个或 2 个以上的座位，至少一排。

车门：2 个侧门，也可有一个后开启门。

车窗：2 个或 2 个以上侧窗。

⑤敞篷车(convertible 或 open tourer)

车身：可开启式。

车顶(顶盖)：车顶可为软顶或硬顶，至少有两个位置：第一个位置遮覆车身；第二个位置车顶卷收或可拆除。

座位：2 个或 2 个以上的座位，至少一排。

车门：2 个或 4 个侧门。

车窗：2 个或 2 个以上侧窗。

⑥舱背乘用车(hatchback)

车身：封闭式，侧窗中柱可有可无。

车顶(顶盖)：固定式，硬顶。有的顶盖一部分可以开启。

座位：4 个或 4 个以上的座位，至少两排。后座椅可折叠或可移动，以形成一个装载空间。

车门：2 个或 4 个侧门，车身后部有一舱门。

⑦旅行车（station wagon）

车身：封闭式。车尾外形可提供较大的内部空间。

车顶（顶盖）：固定式，硬顶。有的顶盖一部分可以开启。

座位：4 个或 4 个以上的座位，至少两排。座椅的一排或多排可拆除，或装有向前翻倒的座椅靠背，以提供装载平台。

车门：2 个或 4 个侧门，并有一后开启门。

车窗：4 个或 4 个以上侧窗。

⑧多用途乘用车（multipurpose passenger car）

上述①～⑦以外的、只有单一车室载运乘客及其行李或物品的乘用车。但是，如果这种车辆同时具有下列两个条件，则不属于乘用车而属于货车：

a. 除驾驶员以外的座位数不超过 6 个；只要车辆具有可使用的座椅安装点，就应算“座位”存在。

b. $P-(M+N\times 68)>N\times 68$

式中：P——最大设计总质量；

M——整车整备质量与 1 位驾驶员质量之和；

N——除驾驶员以外的座位数。

⑨短头乘用车（forward control passenger car）

一种乘用车，它一半以上的发动机长度位于车辆前风窗玻璃最前点以后，并且方向盘的中心位于车辆总长的前四分之一部分内。

⑩越野乘用车（off－road passenger car）

在其设计上所有车轮同时驱动（包括一个驱动轴可以脱开的车辆），或其几何特性（接近角、离去角、纵向通过角，最小离地间隙）、技术特性（驱动轴数、差速锁止机构或其他形式机构）和它的性能（爬坡度）允许在非道路上行驶的一种乘用车。

⑪专用乘用车（special purpose passenger car）

运载乘员或物品并完成特定功能的乘用车，它具备完成特定功能所需的特殊车身和/或装备。例如：旅居车、防弹车、救护车、殡仪车等。

a. 旅居车（motor caravan）。是一种至少具有下列生活设施结构的乘用车：座椅和桌子；睡具，可由座椅转换而来；炊事设施；储藏设施。

b. 防弹车（armoured passenger car）。用于保护所运送的乘员和/或物品并符合装甲防弹要求的乘用车。

c. 救护车（ambulance）。用于运送病人或伤员，并为此目的配有专用设备的乘用车。

d. 殡仪车（hearse）。用于运送死者，并为此目的而配有专用设备的乘用车。

（2）商用车辆（commercial vehicle）

在设计和技术特性上用于运送人员和货物的汽车，并且可以牵引挂车，乘用车不包括在内。商用车辆主要有客车、半挂牵引车、货车三类。

①客车（bus）

在设计和技术特性上用于载运乘客及其随身行李的商用车辆，包括驾驶员座位在内座位数超过9座。客车有单层的或双层的，也可牵引一个挂车。

a. 小型客车(minibus)。用于载运乘客，除驾驶员座位外，座位数不超过16座的客车。

b. 城市客车(city - bus)。一种为城市外运输而设计和装备的客车。这种车辆设有座椅及站立乘客的位置，并有足够的空间供频繁停站时乘客上下车走动用。

c. 长途客车(interurban coach)。一种为城市内运输而设计和装备的客车。这种车辆没有专供乘客站立的位置，但在其通道内可载运短途站立的乘客。

d. 旅游客车(touring coach)。一种为旅游而设计和装备的客车。这种车辆的布置要确保乘客的舒适性，不载运站立的乘客。

e. 铰接客车(articulated bus)。一种由两节刚性车厢铰接组成的客车。这种车辆，两节车厢是相通的，乘客可通过铰接部分在两节车厢之间自由走动。这种车辆可以按城市客车、长途客车、旅游客车进行装备。两节刚性车厢永久联结，只有在工厂车间使用专用的设施才能将其拆开。

f. 无轨电车(trolley bus)。一种经架线由电力驱动的客车。这种电车可指定用作多种用途，并按城市客车、长途客车、铰接客车进行装备。

g. 越野客车(off - road bus)。在其设计上所有车轮同时进行驱动(包括一个驱动轴可以脱开的车辆)或其几何特性(接近角、离去角、纵向通过角、最小离地间隙)、技术特性(驱动轴数、差速锁止机构或其他形式机构)和它的性能(爬坡度)允许在非道路上行驶的一种车辆。

h. 专用客车(special bus)。在其设计和技术特性上只适用于需经特殊布置安排后才能载运人员的车辆。

②半挂牵引车(semi - trailer towing vehicle)

装备有特殊装置用于牵引半挂车的商用车辆。

③货车(goods vehicle)

一种主要为载运货物而设计和装备的商用车辆，能否牵引一个挂车均可。

a. 普通货车(general purpose goods vehicle)。一种在敞开(平板式)或封闭(厢式)载货空间内载运货物的货车。

b. 多用途货车(multipurpose goods vehicle)。在其设计和结构上主要用于载运货物，但在驾驶员座椅后带有固定或折叠式座椅，可载运3个以上乘客的货车。

c. 全挂牵引车(trailer towing vehicle)。一种牵引杆式挂车的货车。它本身可在附属的载运平台上运载货物。

d. 越野货车(off - road goods vehicle)。在其设计上所有车轮同时进行驱动(包括一个驱动轴可以脱开的车辆)或其几何特性(接近角、离去角、纵向通过角、最小离地间隙)、技术特性(驱动轴数、差速锁止机构或其他形式机构)和它的性能(爬坡度)允许在非道路上行驶的一种车辆。

e. 专用作业车(special goods vehicle)。在其设计和技术特性上用于特殊工作的货车。例如：消防车、救险车、垃圾车、应急车、街道清洗车、扫雪车、清洁车等。

f. 专用货车(specialized goods vehicle)。在其设计和技术特性上用于运输特殊物品的货车。例如：罐式车、乘用车运输车、集装箱运输车等。

3. 挂车的定义及其分类

1)挂车(trailer)的定义

就其设计和技术特性需由汽车牵引，才能正常使用的一种无动力的道路车辆，用于载运人员、货物或特殊用途。

2)挂车的分类

(1)牵引杆挂车(draw - bar trailer)

至少有两根轴的挂车，具有：一轴可转向；通过角向移动的牵引杆与牵引车联结；牵引杆可垂直移动，联结到底盘上，因此不能承受任何垂直力。具有隐藏支地架的半挂车也作为牵引杆挂车。

①客车挂车(bus trailer)。在其设计和技术特性上用于载运人员及其随身行李的牵引杆挂车。它可按半挂牵引车和货车装备。

②牵引杆货车挂车(goods draw - bar trailer)。在其设计和技术特性上用于载运货物的牵引杆挂车。

③通用牵引杆挂车(general purpose draw - bar trailer)。一种在敞开(平板式)或封闭(厢式)载货空间内载运货物的牵引挂车。

④专用牵引杆挂车(special draw - bar trailer)。一种牵引杆挂车，按其设计和技术特性用作：需经特殊布置后才能载运人员和/或货物；只执行某种规定的运输任务(例如：乘用车运输挂车、消防挂车、低地板挂车、空气压缩机挂车等，不限于本表所列)。

(2)半挂车(semi - trailer)

车轴置于车辆重心(当车辆均匀受载时)后面，并且装有可将水平或垂直力传递到牵引车的联结装置的挂车。

①客车半挂车(bus semi - trailer)。在其设计和技术特性上用于载运乘客及其随身行李的半挂车。这种半挂车可按客车、半挂牵引车、货车加以装备。

②通用货车半挂车(general purpose goods semi - trailer)。一种在敞开(平板式)或封闭(厢式)载货空间内载运货物的半挂车。

③专用半挂车(special semi - trailer)。一种半挂车，按其设计和技术特性用作：需经特殊布置后才能载运人员和/或货物；只执行某种规定的运输任务。例如：原木半挂车、消防半挂车、低地板半挂车、空气压缩机半挂车等，不限于本表所列。

④旅居半挂车(caravan semi - trailer)。能够提供活动睡具的半挂车。

(3)中置轴挂车(centre axle trailer)

牵引装置不能垂直移动(相对于挂车)，车轴位于紧靠挂车的重心(当均匀载荷时)的挂车，这种车辆只有较小的垂直静载荷作用于牵引车，不超过相当于挂车最大质量的10%或1000 N的载荷(两者取较小者)。其中一轴或多轴可由牵引车来驱动。如旅居挂车(caravan)，它是能够提供活动睡具的中置轴挂车。

4. 按公安机关的管理对汽车的分类

为了便于机动车辆技术检验、核发牌证和登记管理，公安机关根据按车辆规格分类的车辆类型见表1-1，按车辆结构分类的车辆类型见表1-2。在公安机关公布的机动车保有量公报中，选用的统计分类就是这两种类型。

表 1－1 按车辆规格分类的车辆类型

分类		规格术语	说明
汽车	载客	大型	车长大于等于 6 m 或者乘坐人数大于等于 20 人。乘坐人数可变的，以上限确定。乘坐人数包括驾驶员(下同)
		中型	车长小于 6 m，乘坐人数大于 9 人且小于 20 人
		小型	车长小于 6 m，乘坐人数小于等于 9 人
		微型	车长小于等于 3.5 m，发动机气缸总排量小于等于 1 L
	载货	重型	车长大于等于 6 m，总质量大于等于 12000 kg
		中型	车长大于等于 6 m，总质量大于等于 4500 kg 且小于 12000 kg
		轻型	车长小于 6 m，总质量小于 4500 kg
		微型	车长小于等于 3.5 m，载质量小于等于 750 kg
	三轮汽车（原三轮农用运输车）		以柴油机为动力，最高设计车速小于等于 50 km/h，最大设计总质量不大于 2000 kg，长度小于等于 4.6 m，宽度小于等于 1.6 m，高度小于等于 2 m，具有 3 个车轮的货车
	低速货车（原四轮农用运输车）		以柴油机为动力，最高设计车速小于等于 70 km/h，最大设计总质量小于等于 4500 kg，长度小于等于 6 m，宽度小于等于 2 m，高度小于等于 2.5 m，具有 4 个车轮的货车
摩托车		普通	最大设计时速大于 50 km/h 或者发动机气缸总排量大于 50 mL
		轻便	最大设计时速小于等于 50 km/h，发动机气缸总排量小于等于 50 mL
挂车		重型	最大总质量大于等于 12000 kg
		中型	最大总质量大于等于 4500 kg 且小于 12000 kg
		轻型	最大总质量小于 4500 kg

表 1－2　按车辆结构分类的车辆类型

分类		规格术语	说明
汽车	载客	普通客车	车身为长方体或近似长方体，单层地板，一厢或两厢式结构，安装座椅的载客汽车
		双层客车	车身为长方体或近似长方体，双层地板，一厢或两厢式结构，安装座椅的载客汽车
		卧铺客车	车身为长方体或近似长方体，单层地板，一厢或两厢式结构，安装卧铺的载客汽车
		铰接客车	车身为长方体或近似长方体，单层地板，由铰接装置连接两个车厢且连通，安装座椅的载客汽车
		越野客车	车身结构为一厢式或者两厢式，所有车轮能够同时驱动，接近角、离去角、纵向通过角、最小离地间隙等技术参数按照高通过性设计的载客汽车
		轿车	车身结构为两厢式且乘坐人数不超过 5 人，或者车身结构为三厢式且乘坐人数不超过 7 人的载客汽车。但同一型号车辆可增加乘坐人数的除外
	载货	普通货车	载货部位的结构为栏板的载货汽车，不包括具有自动倾卸装置的载货汽车
		厢式货车	载货部位的结构为封闭厢体且与驾驶室各自独立的载货汽车
		封闭货车	载货部位的结构为封闭厢体且与驾驶室联成一体，车身结构为一厢式载货汽车
		罐式货车	载货部位的结构为封闭罐体的载货汽车
		平板货车	载货部位的地板为平板结构且无栏板的载货汽车
		集装箱车	载货部位为框架结构且无地板，专门运输集装箱的载货汽车
		自卸货车	载货部位具有自动倾卸装置的载货汽车
		特殊结构货车	载货部位为特殊结构，专门运输特定物品的载货汽车。如，运输小轿车的双层结构载货汽车，运输活禽畜的多层结构载货汽车
	其他	半挂牵引车	不具有载货结构，专门用于牵引半挂车的汽车
		专项作业车	装置有专用设备或器具，用于专项作业的汽车。如洒水车、吸污车、水泥搅拌车、起重车、医疗车等
		三轮汽车	载货部位为栏板结构，具有三个车轮的货车
		普通低速货车	载货部位为栏板结构，具有四个车轮的货车
		厢式低速货车	载货部位为封闭厢体结构且与驾驶室各自独立，具有四个车轮的货车
		罐式低速货车	载货部位为封闭罐体结构，具有四个车轮的货车
		自卸低速货车	载货部位具有自动倾卸装置，具有四个车轮的货车
电车		无轨电车	以电动机驱动，设有集电杆，驾线供电的电车
		有轨电车	以电动机驱动，设有集电杆，驾线供电，有轨道的电车

续表 1-2

分类	规格术语	说明
挂车	普通全挂车	载货部位为栏板结构的全挂车
	厢式全挂车	载货部位为封闭厢体结构的全挂车
	罐式全挂车	载货部位为封闭罐体结构的全挂车
	平板全挂车	载货部位的地板为平板结构且无栏板的全挂车
	集装箱全挂车	载货部位为框架结构且无地板，专门运输集装箱的全挂车
	自卸全挂车	载货部位具有自动倾卸装置的全挂车
	普通半挂车	载货部位为栏板结构的半挂车
	厢式半挂车	载货部位为封闭厢体结构的半挂车
	罐式半挂车	载货部位为封闭罐体结构的半挂车
	平板半挂车	载货部位的地板为平板结构且无栏板的半挂车
	集装箱半挂车	载货部位为框架结构且无地板，专门运输集装厢的半挂车
	自卸半挂车	载货部位具有自动倾卸装置的半挂车
	特殊结构半挂车	载货部位为特殊结构，专门运输特定物品的半挂车

5. 按结构分类

1)按汽车行走方式分类

(1)轮式汽车：用车轮作为行走装置的汽车。

(2)履带式汽车：用履带作为行走装置的汽车。

2)按动力装置分类

(1)内燃机汽车：用内燃机作为动力装置的汽车。它又分为：汽油机汽车、柴油机汽车、气体燃料汽车、液化气体汽车、双燃料汽车。

气体燃料汽车是指使用天然气、煤气等作为发动机燃料的汽车。

液化气体汽车是指使用液化石油气作为发动机燃料的汽车。

双燃料汽车是用两种燃料(如汽油和天然气)作为发动机燃料的汽车。

(2)电动汽车：由电动机作为动力装置的汽车。根据电源形式可将电动汽车分为无轨电车和电瓶车。

无轨电车是指从架空线接受电力，以电动机开动的大客车。

电瓶车是以蓄电池为电源的电动汽车。

(3)混合动力汽车：由传统的内燃机和电动机作为动力源，通过混合使用热能和电能两套系统驱动汽车，即油电混合动力(hybrid - electric vehicle，HEV)。混合动力汽车的最大特点是油、电发动机的互补工作模式。在起步或低速行驶时，汽车仅依靠电力驱动，此时汽油发动机关闭，汽车的燃油消耗量是零；当汽车行驶速度升高(一般达 40 km/h 以上)或者需要紧急加速时，汽油发动机和电动机同时启动并开始输出动力；在汽车制动时，混合动力系统能将动能转化为电能，并储存在蓄电池中以备下次低速行驶时使用。这些特点使得混合动力汽车在遇到堵车时的燃油消耗量和尾气排放量要远远低于仅靠汽、柴油内燃机驱动的车，尾气排放下降约80%，燃油消耗量下降约50%。而与纯电动车和燃料电动车相比，混合动力车在动力性能、续行里程、使用方便性等方面具有优势，因而最具商业和实用价值。

3)按发动机的位置分类

(1)前置发动机：将发动机安装在前部的汽车。

(2)后置发动机：将发动机安装在后部的汽车。

(3)中置发动机：将发动机安装在前后桥之间地板下方的汽车。

4)按驱动方式分类

(1)前轮驱动汽车：用前轮作为驱动轮的汽车。

(2)后轮驱动汽车：用后轮作为驱动轮的汽车。

(3)全轮驱动汽车：前后轮都可以作为驱动轮的汽车。

5)按发动机的位置和驱动方式分类

(1)前置前驱(FF)汽车：发动机前置，由前轮驱动的汽车。

(2)前置后驱(FR)汽车：发动机前置，由后轮驱动的汽车。

(3)后置后驱(RR)汽车：发动机后置，由后轮驱动的汽车。

(4)中置后驱(MR)汽车：发动机中置，由后轮驱动的汽车。

6)按承载方式分类

(1)承载式车身汽车：车身作为承载基础件，无车架的汽车。

(2)非承载式车身汽车：车架作为承载基础件的汽车。

1.1.2　车辆识别代号编码

现在世界各国汽车公司生产的汽车大部分都使用了车辆识别代号VIN(Vehicle Identification Number)编码。车辆识别代号VIN编码由字母和数字组成，共17位，又称车辆17位识别代号编码，简称车辆17位码，它是识别一辆汽车不可缺少的工具。

1. VIN编码的作用

17位识别代号编码经过排列组合可以使全世界生产的车辆在30年内不会发生重号现象。因为现在的汽车车型生产年限在逐渐缩短，一般8～12年就被淘汰不再生产，所以17位识别代号编码已足够应用。所以车辆识别代号VIN编码又称为汽车身份证。许多国家明确规定没有VIN编码的车辆不准进口。

各国机动车管理部门办理车辆牌照时，可以将车辆的17位识别代号编码输入电脑，以备需要时调用，如处理交通事故、保险索赔、被盗车辆的报案与归还等。

由于汽车修理逐步实现了电脑管理和故障诊断，在各种测试仪表和维修设备中都可以存储汽车的VIN编码数据，记录汽车的维修数据，为今后的维修提供参考和依据，从而提高维修的质量和效率。

VIN编码在汽车配件的经营管理上也起着重要作用。例如，在查找目录中的汽车零件之前，首先确认17位识别代号的车型年款，以免误选、错装汽车零配件。

在汽车评估时，通过车辆的VIN编码，不仅可以获得车辆的车型年款、发动机型号、车身形式等必要的技术资料，而且可以查询其故障维修记录。汽车 VIN 编码一般以标牌的形式，装贴在汽车的不同部位。利用汽车 VIN 编码还可以鉴别出拼装车、走私车。

2. VIN 编码管理规则

1）概述

各国政府以及各汽车公司对本国或本公司生产的汽车，从不同的层面具体规定了 VIN 编码的管理规定。

各国的技术法规一般只规定车辆识别代号的基本要求。这些要求主要是：车辆 VIN 编码应由 17 位代号编码组成，并且应保证 30 年内不会重号，VIN 编码字母和数字的尺寸、书写形式、排列位置和安装位置应该符合相应规定。除对个别的符号有硬性规定之外，对具体符号的含义一般不作硬性规定，而由生产厂家自行规定其代表的含义。

各汽车公司对于 VIN 编码的规定，会随着车型年款的不同和汽车落户国家的不同（各国政府对 VIN 编码有不同的规定和要求）而有所不同。有的汽车公司按不同汽车分部分别进行规定（如美国通用汽车公司）；有的汽车公司直接按车形或车名分别进行规定（如日本丰田汽车）。

1996 年，我国原机械工业局颁布了《车辆识别代号（VIN）管理规则》，规定从 1999 年 1 月 1 日起，适用范围内所有新生产的车必须使用车辆识别代号。

2004 年，国家发展和改革委员会公告（2004 年第 66 号），颁布了新的《车辆识别代号管理办法（试行）》，自 2004 年 12 月 1 日起施行。原国家机械工业局《车辆识别代号（VIN）管理规则》同时废止。同年，《车辆识别代号管理办法（试行）》中引用的国家标准 GB 16735—2004《道路车辆车辆识别代号（VIN）》和国家标准 GB 16737—2004《道路车辆世界制造厂识别代号（WMI）》也由国家标准总局、国家标准化委员会正式批准实施，配套使用，在全国范围内规范车辆的生产，并为车辆管理提供依据。

2）我国的《车辆识别代号管理办法（试行）》

（1）基本要求

①每一辆汽车、挂车、摩托车都必须具有车辆识别代号。

②在 30 年内生产任何车辆的识别代号不得重复。

③车辆识别代号应尽量标示在车辆右侧的前半部分、易于看到、且能防止磨损或替换的结构件上。

④对于不超过 9 人座的车辆或者最大总质量不超过 3.5 t 的货车，车辆识别代号应永久地标示在仪表板上靠近风窗立柱的位置，在白天不需移动任何部件从车外能够分辨出车辆识别代号。

⑤车辆识别代号的字码在任何情况下都应字迹清楚、坚固耐久、不易替换。

⑥车辆识别代号的字码高度：若直接打印在车辆结构件（车架、车身等部件）上，则字高至少应为 7 mm，深度至少应为 0.3 mm；其他情况字高至少应为 4 mm。

⑦车辆识别代号中仅能采用下列阿拉伯数字和大写罗马字母：

1 2 3 4 5 6 7 8 9 0 A B C D E F G H J K L M N P R S T U V W X Y Z（字母 I，O，Q 不能使用）。

⑧车辆识别代号在车辆或标牌上应尽量标示在一行，此时不可使用分隔符。特殊情况下，因技术原因必须标示在两行时，两行之间不应有空行，每行的开始与终止位应选用一个

分隔符表示。分隔符必须是不同于车辆识别代号所用的任何字码，且不易与车辆识别代号中的字码混淆。

⑨车辆识别代号在文件上表示时应标示在一行，不允许有空格，不允许使用分隔符。

⑩车辆识别代号还应标示在产品标牌上（两轮/轻便摩托车可除外）。

⑪车辆识别代号可采用人工可读码形式或机器可读的条码形式进行标示。若采用条形码，应符合 GB/T 18410—2001 的要求。

（2）基本内容

车辆识别代号由三个部分组成。

对年产量大于等于 500 辆的制造厂，车辆识别代号的第一部分为世界制造厂识别代号（WMI）；第二部分为车辆说明部分（VDS）；第三部分为车辆指示部分（VIS），如图 1-1 所示。

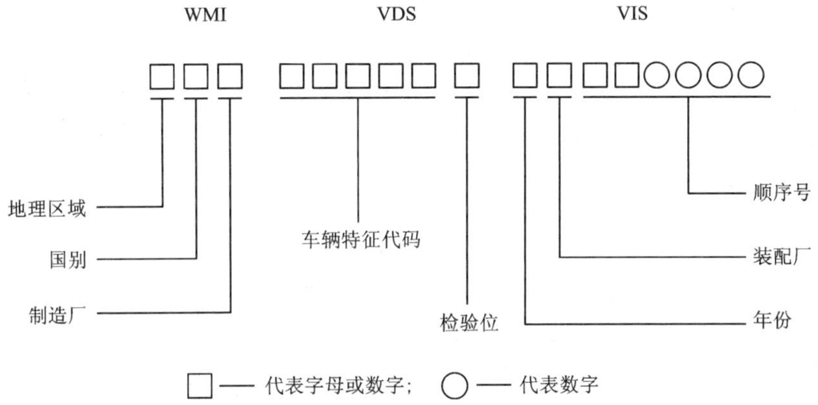

图 1-1 年产量大于或等于 500 辆的制造厂的车辆识别代号

对年产量小于 500 辆的制造厂，车辆识别代号的第一部分为世界制造厂识别代号（WMI）；第二部分为车辆说明部分（VDS）；第三部分的第三、四、五位同第一部分的三位字码一起构成世界制造厂识别代号（WMI），其余五位为车辆指示部分（VIS），如图 1-2 所示。

第一部分（WMI）为世界制造厂识别代号，必须经过申请、批准、备案后才能使用。

①第一位码：标明地理区域，如非洲、亚洲、欧洲、大洋洲、北美洲和南美洲。

②第二位码：标明一个特定地区内的一个国家。美国汽车工程师协会（SAE）负责分配国家代码。第一、二位字码的组合可以保证国家识别标志的唯一性。

③第三位码：标明某个特定的制造厂，由各国的授权机构负责分配。如果某制造厂的年产量少于 500 辆，其识别代码的第三个字码就是阿拉伯数字 9。第一、二、三位字码的组合可以保证汽车制造厂识别标志的唯一性。

美国的 WMI 前两位区段为 1A ~ 10，4A ~ 40，5A ~ 50；中国的 WMI 前两位区段为 LA ~ L0，它规定了所有在中国境内生产的汽车产品的 WMI 编号必须在该区段内。

常见部分国内外汽车制造厂的 WMI 编号见表 1-3。

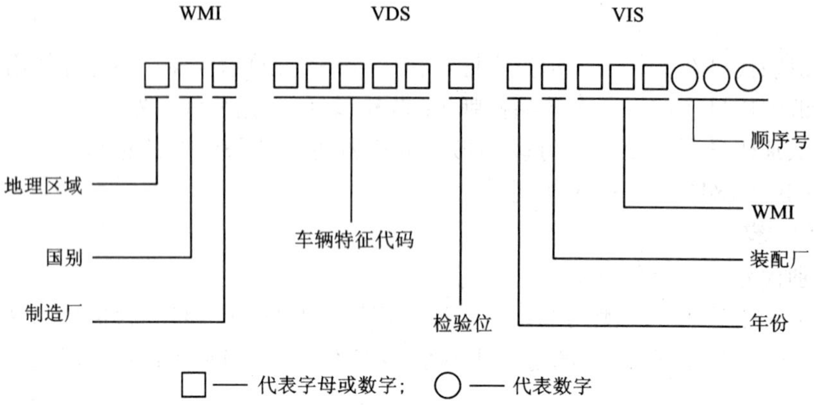

图 1－2 年产量小于 500 辆的制造厂的车辆识别代号

表 1－3 常见部分国内外汽车制造厂的 WMI 编号

汽车制造厂名	WMI 编号	汽车制造厂名	WMI 编号	汽车制造厂名	WMI 编号
美国通用雪佛兰分部	1G1	美国福特福特分部	1LA	匈牙利奥迪	TRU
美国通用别克分部	1G4	美国克莱斯勒道奇部	1B3	德国大众	WVW
美国通用凯迪拉克分部	1G6	德国奥迪	WAU	德国宝马	WBA/WBS
德国宝马美国公司	4US	戴姆勒－奔驰	WDB/WDC	德国保时捷	WPO/WP1
日本丰田乘用车公司	JT2	德国欧宝	WOL	瑞典沃尔沃	YV1
丰田美国乘用车公司	4T1	英国捷豹	SAJ	英国路虎	SAL
丰田凌志乘用车	JT8	日本本田 HONDA 车系	JHM	日本三菱乘用车系	JA3
日本富士重工轿车	JF1	日本本田 Acura 车系	JH4	日本五十铃	JAB
韩国现代	KMH	韩国大宇	KLA	韩国起亚	KNA
上海大众	LVS	一汽大众	LFV	神龙富康	LDC
北京吉普	LEN	广州本田	LHG	北汽福田	LHB
哈飞汽车	LKD	广州丰田	LVG	上海通用	LSG
吉利汽车	LB3	天津丰田	LTV	长安福特	LVS
北京现代	LBE	广州五十铃	LZU	上海华普	LJU
奇瑞汽车	LVV	上汽通用五菱	LZW	东风风神	LGB
北京奔驰	LE4	一汽奥迪	LFV	东风雪铁龙	LDC
兰州电源车辆研究所	LA9/LDY	中国重汽集团福建海西汽车制造有限公司	LEZ	东风裕隆汽车有限公司	LUX
庆铃汽车有限公司	LA9/LWJ	长安汽车	LS5	东风汽车公司	LLU

第二部分(VDS)是车辆说明部分，识别车辆的一般特性。VDS 部分由 6 位字码组成，代号顺序由制造厂决定。如果制造厂不用其中的一位或者几位，应在该位置填入占位符(由制造厂自选的字母或数字)。

①此部分第一至第五位按表 1 -4 规定识别车辆的一般特征，其代号及顺序由厂家决定。

表 1 -4　识别车辆的一般特征

车型	特征
乘用车	品牌、类型、种类、系列、车身类型、发动机类型及约束系统的类型
载货车	车辆形式或品牌、类型、种类、系列、底盘类型、驾驶室类型、发动机类型、制动系统及车辆最大(或额定)总质量
客车	车辆形式或品牌、类型、种类、系列、车身类型、发动机类型及制动系统
挂车(包括散装挂车)	挂车形式或品牌、类型、种类、系列、车身类型、长度及轴的布置
摩托车和轻便摩托车	品牌、类型、种类、发动机类型及静制动功率
除挂车以外的非完整车辆	车辆形式或品牌、类型、种类、系列、驾驶室类型、发动机类型及制动系统

※知识拓展※

检验位的计算方法

制造厂在确定了 VIN 的其他 16 位字码后，检验位应由以下方法计算得出。

(1) VIN 中的数字和字母及其对应值，见表 1 -5 和表 1 -6。

表 1 -5　VIN 中的数字及其对应值

VIN 中的数字	1	2	3	4	5	6	7	8	9
对应值	1	2	3	4	5	6	7	8	9

表 1 -6　VIN 中的字母及其对应值

VIN 中的字母	A	B	C	D	E	F	G	H	J	K	L	M	N	P	R	S	T	U	V	W	X	Y	Z
对应值	1	2	3	4	5	6	7	8	1	2	3	4	5	7	9	2	3	4	5	6	7	8	9

(2) 按表 1 -7 给 VIN 中的每一位指定一个加权系数。

表 1 -7　VIN 中每一位的加权系数

VIN 中的位数	1	2	3	4	5	6	7	8	9	10	11	12	13	14	15	16	17
加权系数	8	7	6	5	4	3	2	10	*	9	8	7	6	5	4	3	2

(3) 将检验位之外的 16 位每一位的加权系数乘以此位数字或字母的对应值，再将各乘积相加，求得的和被 11 除得到的余数即为检验位，如果余数是 10，检验位应为字母。

②此部分的最后一位(即 VIN 的第 9 位字码)为检验位，检验位可为 0 ~ 9 中任何一个数字或字母“X”。校验位提供校验 VIN 编码正确性的方式，在车辆的识别过程中起着极其重要的作用。通过检验校验位可以核定整个 VIN 码是否正确。例如，一部富康 1.4i 轿车的 VIN 编码为 LDC131D2010020808，如果其中的一位或几位被涂改，那么通过车辆识别系统软件，经过针对校验位的一系列运算，就能判定该 VIN 编码为非法代码，从而帮助识别车辆的合法性。

第三部分(VIS)是车辆指示部分，由 8 位字码组成，最后 4 位应是数字。

①第一位(即 VIN 编码的第 10 位)：指示年份，具体规定见表 1 - 8(30 年循环一次)。

表 1 - 8　年份代码表

年份	代码	年份	代码	年份	代码	年份	代码
2001	1	2011	B	2021	M	2031	1
2002	2	2012	C	2022	N	2032	2
2003	3	2013	D	2023	P	2033	3
2004	4	2014	E	2024	R	2034	4
2005	5	2015	F	2025	S	.2035	5
2006	6	2016	G	2026	T	2036	6
2007	7	2017	H	2027	V	2037	7
2008	8	2018	J	2028	W	2038	8
2009	9	2019	K	2029	X	2039	9
2010	A	2020	L	2030	Y	2040	A

②第二位(即 VIN 编码的第 11 位)：可用来指示装配厂。若无装配厂，制造厂可规定其他的内容。

③如果车辆制造厂生产的完整车辆和/或非完整车辆年产量不少于 500 辆，此部分的第 3 ~ 8位字码(即 VIN 编码的第 12 ~ 17 位)用来表示生产顺序号。如果车辆制造厂生产的完整车辆和/或非完整车辆年产量少于 500 辆，则此部分的第 3 ~ 5 位字码(即 VIN 编码的第 12 ~ 14 位)应与第一部分的三位字码一同表示一个车辆制造厂，第 6 ~ 8 位字码(即 VIN 编码的第 15 ~ 17 位)用来表示生产顺序号。

(3)车辆识别代号示例

①德国奥迪的 VIN 见表 1 - 9。

表 1 - 9　德国奥迪的 VIN

VIN 码的组成	WMI			VDS						VIS							
VIN 码	W	A	U	Z	Z	Z	4	D	0	M	N	0	0	6	2	3	5
VIN 码的位数	1	2	3	4	5	6	7	8	9	10	11	12	13	14	15	16	17

第 1 ~3 位：世界制造厂识别代码。WAU 为德国奥迪汽车公司。

第 4 ~6 位：占位代码，始终为“ZZZ”。

第 7 ~8 位：车型系列代码（节选）。

43——Audi 100/200 5000；53——Scirocco；

81、85——Audi 80/4000/Coupe；4D——Audi A8。

第 9 位：检验位。校验代码为“0”。

第 10 位：年份代码。M 为 2011 年。

第 11 位：装配厂代码。

A——Ingolstadt；B——布鲁塞尔；E——Emden；G——奥地利；H——Hanover

M——Mexico；N——Neckarsulm；W——Wolfsburg；Y——西班牙。

第 12 ~17 位：车辆制造顺序号。2011 年下线的第 006235 辆。

②一汽大众的 VIN 见表 1 -10。

表 1 -10　一汽大众的 VIN

VIN 码的组成	WMI			VDS						VIS							
VIN 码	L	F	V	4	A	2	4	F	5	9	3	0	3	9	5	5	2
VIN 码的位数	1	2	3	4	5	6	7	8	9	10	11	12	13	14	15	16	17

第 1 ~3 位：世界制造厂识别代码。原机械工业部汽车工业司批准给一汽大众汽车有限公司的 WMI 代号为 LFV。车辆出口时，应按进口国法规执行，大众如果是奥迪汽车，将 LFV 改为 WAU；如果是大众车系，将 LFV 改为 WVW。

第 4 位：表示车辆的发动机排量。

1——L≤1.2；2——1.2 < L≤1.6；3——1.6 < L≤2.0；4——2.0 < L≤2.4；5——2.4 < L≤2.8；6——2.8 < L≤3.2；7——3.2 < L≤3.6；8——3.6 < L≤4.0；9——4.0 < L≤4.4；A——4.4 < L≤4.8；B——L >4.8

第 5 位：表示车身类型。

A——四门折背式；B——四门直背式；C——五门舱背式。

第 6 位：发动机和变速器类型。

汽车发动机：1——手动变速器；2——自动变速器。

柴油发动机：3——手动变速器；4——自动变速器。

两用燃料发动机：5——手动变速器；6——自动变速器。

气体燃料发动机（LPG 或 CNG）：7——手动变速器；8——自动变速器。

第 7 ~8 位：车型系列代码。

4B——Audi A6；8E——Audi A4；4F——Audi C6；1G——Jetta；

1J——BORA A4/Golf A4；1K——BORA A5；2K——CADDY。

第 9 位：检验位。校验代码为“5”。

第 10 位：年份代码。9 为 2009 年。

第 11 位：装配厂代码。

3——一汽-大众汽车有限公司(中国长春)。

第12~17位：车辆制造顺序号。2009年生产的第039552辆。

③中国第一汽车集团公司轿车VIN见表1-11。

表1-11 中国第一汽车集团公司轿车VIN

VIN码的组成	WMI			VDS						VIS							
VIN码	L	F	P	H	5	A	B	A	9	A	3	0	0	3	7	5	3
VIN码的位数	1	2	3	4	5	6	7	8	9	10	11	12	13	14	15	16	17

第1~3位：世界制造厂识别代码。分别表示生产国别、制造厂商和车型类型，具体含义如下：

LFW——载货汽车；LFD——备用；LFB——客车；LFS——特种车；LFV——轿车(一汽一大众公司生产)；LFN——非完整车辆；LFT——挂车；LFP——轿车(中国第一汽车集团公司)；LFM——多用途乘用车。

第4位：车辆品牌。

J——解放；H——红旗；A——环都；B——罗福；C——长白山；D——德力；E——凤凰；F——先锋；G——星光；K——远达；L——吉林；M——红塔；N——蓝箭；P——蓬翔；R——西南五十铃；S——四环；T——太湖；U——凌河；X——雄风；Y——远征；Z——中海。

第5位：表示发动机排量。

1——小于等于1 L；2——1.1~1.3 L；3——1.4~1.6 L；4——1.7~2.0 L；

5——2.1~2.5 L；6——2.6~3.0 L；7——3.1~3.5 L；8——3.6~4.0 L；

A——4.1~4.5 L；B——4.6~5.0 L；C——大于5.0 L

第6位：表示发动机类型及驱动形式。

A——汽油机，前置，前轮驱动；B——汽油机，前置，后轮驱动；

C——汽油机，前置，全轮驱动；D——汽油机，后置，前轮驱动；

E——汽油机，后置，后轮驱动；F——汽油机，后置，全轮驱动；

1——柴油机，前置，前轮驱动；2——柴油机，前置，后轮驱动；

3——柴油机，前置，全轮驱动；4——柴油机，后置，前轮驱动；

5——柴油机，后置，后轮驱动；6——柴油机，后置，全轮驱动。

第7位：表示车身形式。

A——二门折背式；B——四门折背式；C——六门折背式；D——二门直背式；

E——四门直背式；F——六门直背式；G——二门舱背式；H——四门舱背式；

J——六门舱背式；K——二门短背式；L——四门短背式 M——六门短背式；

N——二门敞篷车；P——四门敞篷车；R——六门敞篷车；S——检阅车。

第8位：表示安全保护装置。

A——手动安全带；B——手动安全带，驾驶员气囊；C——手动安全带，驾驶员气囊及乘员气囊；1——自动安全带；2——自动安全带，驾驶员气囊；3——自动安全带，驾驶员气囊及乘员气囊。

第9位：检验位。校验代码为“9”。

第10位：年份代码。A为2010年。

第11位：表示生产装配工厂。

L——总装配厂；2——变型车厂；3——专用车厂；4——客车底盘厂；6——汽研中实改装车厂；8——第一轿车厂；9——第二轿车厂；10——重型车厂；A——青岛汽车厂；B——顺德汽车厂；C——长春轻型车厂；D——大连客车厂；E——成都汽车厂；F——延边汽车厂；G——一汽三友汽车制造有限责任公司；H——哈尔滨轻型车厂；J——吉林轻型车厂；K——凌源汽车制造有限公司；L——柳州特种车厂；M——芜湖一汽扬子汽车厂；N——一汽北京汽车制造有限责任公司；P——四平专用车厂；R——山东汽车改装厂；S——一汽四环股份公司机动车厂；T——红塔云南汽车制造有限公司；W——无锡汽车厂；X——无锡柴油机厂；Z——四川专用车厂。

第12~17位：车辆制造顺序号。2010年生产的第003753辆。

(4) VIN的位置

①位置1。VIN码以标牌的形式装贴在仪表板上面的左前方，在车外从前向后看，在前风窗玻璃的右下角处，透过风窗玻璃可以清楚地看见，如图1－3所示。大多数乘用车采用这种形式。

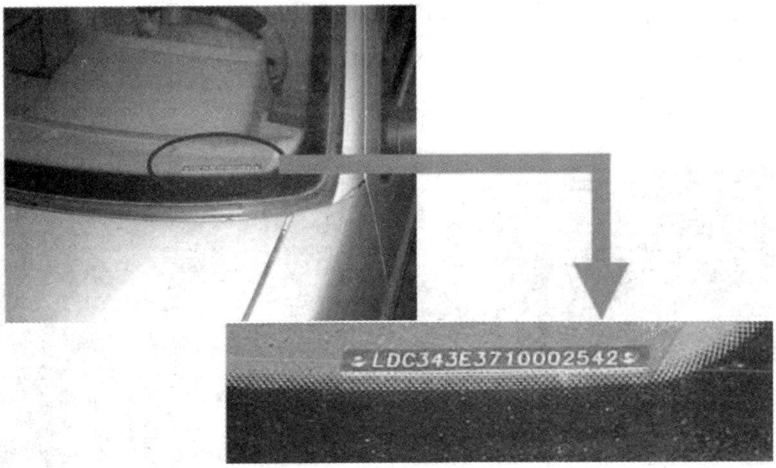

图1－3　VIN码在前风窗玻璃右下角处

②位置2。VIN码以标牌的形式装贴在仪表板上面的右前方，在车外从前向后看，在前风窗玻璃的左下角处，透过风窗玻璃可以清楚地看见，如图1－4所示，例如奇瑞乘用车。

③位置3。VIN码刻制在发动机舱内前围挡板上部中间，如图1－5所示，大多数乘用车采用这种形式。

④位置4。VIN码刻制在发动机舱内悬架塔上，如图1－6所示，例如富康乘用车。

⑤其他位置。副驾驶座前方支架上；发动机的前梁支架上；散热器的横梁上；行李舱尾板上；车门左、右立柱(B柱)中下部前外侧；发动机舱内翼子板上；前后车轮附近的纵梁外侧；车架左、右后侧中部或后端。

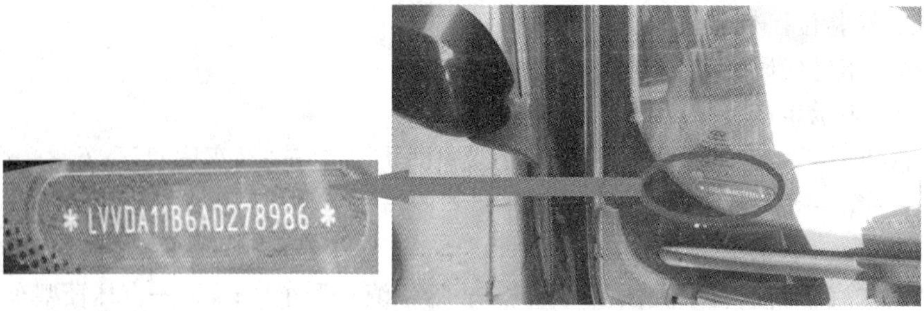

图 1－4 VIN 码在前风窗玻璃左下角处

※知识拓展※

汽车 VIN 码的查验

可以查找汽车 VIN 码的 APP 软件，有苹果的 IOS 系统、谷歌的 Android 系统。

《力洋汽车 VIN 码识别系统》是一套包含中国、日本、美国、欧款等全球汽车厂家乘用车车型 VIN 码识别系统。目前支持 1990 — 2013 年在中国国内销售车型信息。使用前请先到 http://www.vin114.net 网站进行注册免费账户。本系统广泛应用于二手车交易、汽配采购、汽车保险、汽车维修等领域。

在"中国汽车网/车辆识别代号查询/VIN 车辆识别代码查询"查询，网址：

http://www.chinacar.com.cn/vin_index.html

图 1－5 VIN 码在发动机舱内前围挡板上部中间

图 1－6 VIN 码在发动机舱内悬架塔上

1.1.3 我国汽车型号编制规则

我国虽然有 GB/T 3730.1—2001《汽车和挂车类型的术语和定义》和 GB/T 15089—2001《机动车辆及挂车分类》两个国家标准，但国内许多制造厂仍采用 GB 9417—1988《汽车产品型号编制规则》对其生产的车辆按照用途和结构特征进行编号，该标准适用于汽车和半挂车，不包括军用特种车。

1. 汽车型号构成

GB9417—1998《汽车产品型号编制规则》规定汽车产品的型号由名称代号、车辆类别代号、主参数代号和产品序号组成。必要时可以附加企业自定代号，如图 1 -7 所示。

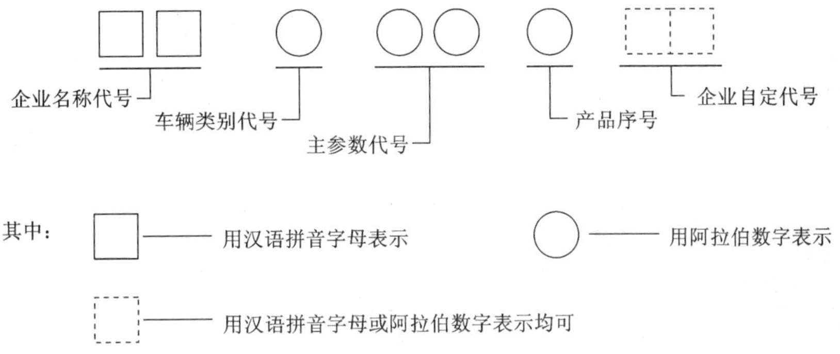

图 1 -7　汽车型号构成示意图

对于专用汽车及专用半挂车，其型号构成中增加了专用汽车分类代号，如图 1 -8 所示。

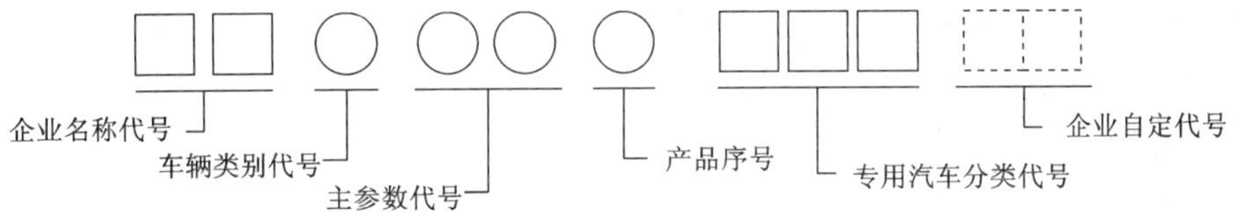

图 1 -8　专用汽车及专用半挂车型号构成示意图

为了避免与数字混淆，以上代号中不能采用汉语拼音字母中的“O”和“I”。

2. 汽车型号基本内容

汽车型号应能表明汽车的厂牌、类型和主要特征参数等。汽车型号均应由汉语拼音字母和阿拉伯数字组成。汽车型号包括如下三部分：

1）首部

首部是识别企业名称的代号，由 2 个或 3 个汉语拼音字母组成，如图 1 -8 所示。例如，CA 代表第一汽车制造厂、EQ 代表第二汽车制造厂、TJ 代表天津汽车制造厂、HMC 代表海南马自达汽车制造公司、SGM 代表上海通用汽车有限公司、SVW 代表上海大众汽车有限公司等。

2）中部

中部由 4 位阿拉伯数字组成，第 1 位表示车辆类别代号，第 2、3 位代表车辆主参数（见表1 -12），第 4 位代表产品序号。

表 1－12　车辆类别代号和主要参数特征代号

车辆种类	车辆类型代号	主参数代号
载货汽车	1	表示汽车总质量(t)的数值。当汽车总质量大于 100 t 时，允许使用 3 位数字；当汽车总质量小于 10 t 时，前面以“0”占位
越野汽车	2	
自卸汽车	3	
牵引汽车	4	
专用汽车	5	
客车	6	表示汽车总长度(0.1 m)的数值，当汽车总长度大于 10 m 时，计算单位是 m
轿车	7	表示发动机排量(0.1 L)的数值
(备用)	8	
半挂车及专用半挂车	9	表示汽车总质量(t)的数值

3)尾部

尾部分为两部分，前部由汉语拼音字母组成，表示专用汽车分类代号，例如 X 表示厢式汽车，G 表示罐式汽车等；后部是企业自定代号，可用汉语拼音字母或阿拉伯数字表示。如图 1－7、图 1－8 所示。

基本型汽车的编号一般没有尾部。为了将其变型车(如采用不同的发动机、加长轴距、双排座驾驶室等)与基本型区别，常在尾部加 A、B、C 等企业自定代号。有些车在 4 位数字后还有一些字母，这些字母没有准确的定义，是由生产厂家自定义的。

3. 汽车型号示例

1) BJ2020S

BJ 代表北京汽车制造厂；2 代表越野车；02 代表该车总质量为 2 t；0 代表该车为第一代产品；S 为厂家自定义。

2) FV7241CVT

FV7241CVT 代表一汽奥迪；7 表示轿车；24 代表排量 2.4L；1 代表该车第二代产品(A6L 型)；CVT 是厂家自定义的，含义为无级变速。

3) SVW7167ASD

SVW 代表上海大众汽车有限公司，7 代表轿车，16 代表排气量为 1.6L，7 代表该车为第八代产品，ASD 为厂家自定义。

1.1.4　汽车铭牌

汽车制造厂商除了在其产品上装置整车标志外，一般还装置至少一个能永久保存的汽车铭牌，图 1－9 所示为江铃汽车铭牌。国家标准 GB/T 18411—2001《道路车辆产品标牌》对汽车铭牌作了明确规定，汽车铭牌要固定在显而易见、不受更换部件影响的部位，其内容应该编写规范、字码清晰、防腐耐磨并且易于阅读。车型铭牌是二手车交易中认识了解车辆的重要手段之一，所以不仅要熟练地找到车型铭牌，还要正确理解车型铭牌的含义及其透露出的信息。

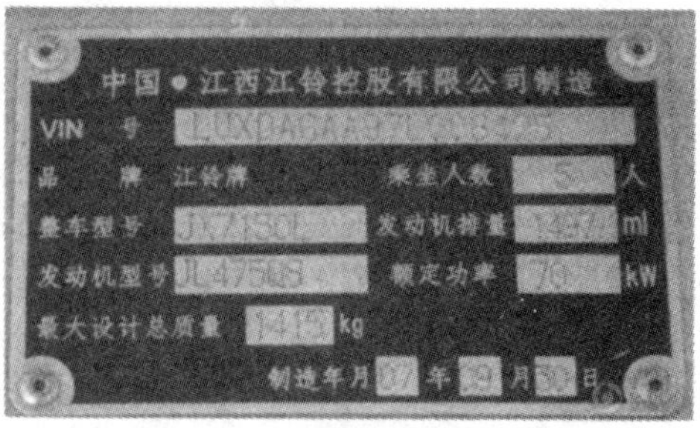

图 1－9　江铃汽车铭牌

1. 汽车铭牌内容

汽车铭牌上主要有以下内容：

(1)制造厂或装配厂的厂标、商标或品牌的文字或图案。

(2)车辆制造厂名称全称以及车辆识别代号(VIN)。

(3)车辆制造厂编制的车辆的产品型号。

(4)车辆使用的发动机型号、最大净功率或排量(半挂车、全挂车除外)。

(5)车辆的主要参数：

①对于载货汽车，应标示出最大设计总质量、最大设计装载质量、座位数；对于客车，应标示出最大设计总质量、额定载客人数。

②对于乘用车，应标示出最大设计总质量、座位数；对于半挂牵引车，应标示出牵引座上最大设计静载荷、牵引销孔直径、最大设计牵引质量。

③对于特种汽车，应标示出能够反应其主要功能的技术参数。

④对于非完整车辆，应标示出整备质量、最大设计总质量。

⑤对于半挂车，应标示出牵引销工作直径、作用在牵引车上的最大设计静载荷、最大设计总质量、外形尺寸(长×宽×高)；对于全挂车，应标示出作用在连接装置上的最大设计静载荷、最大设计总质量、外形尺寸(长×宽×高)。

2. 铭牌的位置

1)基本要求

车辆铭牌应位于车辆前进方向的右侧；如受结构限制，亦可放在便于接近和观察的其他位置，例如，半承载式车身、非承载式车身结构的车辆在右纵梁上；一厢式车身的车辆在车身内部右侧；两厢式车身、三厢式车身的车辆在发动机舱内右侧；两轮摩托车、轻便摩托车在右侧或中部等。对于经过两个或两个以上阶段制造完成的车辆，中间制造厂、最后阶段制造厂应负责编制相应的车辆标牌，标牌应固定在其制造或改装的部件上。

2)具体位置

乘用车的铭牌所处位置常见的有：发动机舱内前围挡板上，如图1－5所示；发动机舱内悬架塔上，如图1－10所示；行李舱尾板上；车门左立柱(B柱)中下部前侧、内侧或外侧；车门右立柱(B柱)中下部前侧、内侧或外侧，如图1－11所示；前门后侧面；发动机舱内翼子板上。大客车的铭牌位置大部在前门踏板通道两侧，如图1－12所示，或前门框架下部附近等。载货车的铭牌位置在车门后侧面；驾驶室底板左右外侧面，如图1－13所示；驾驶室左右立柱的内侧；前后车轮附近的纵梁外侧等。

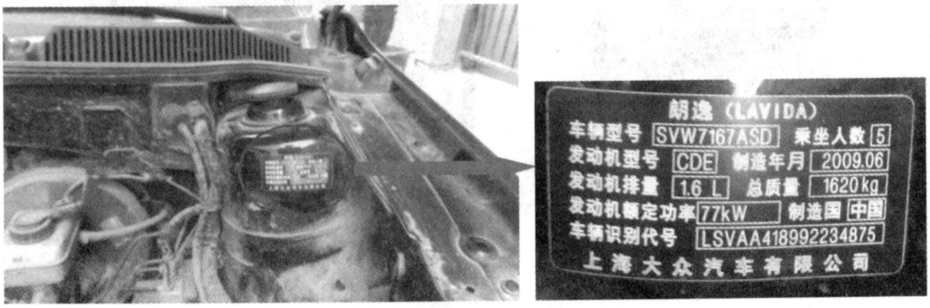

图1－10　发动机舱内悬架塔上的铭牌

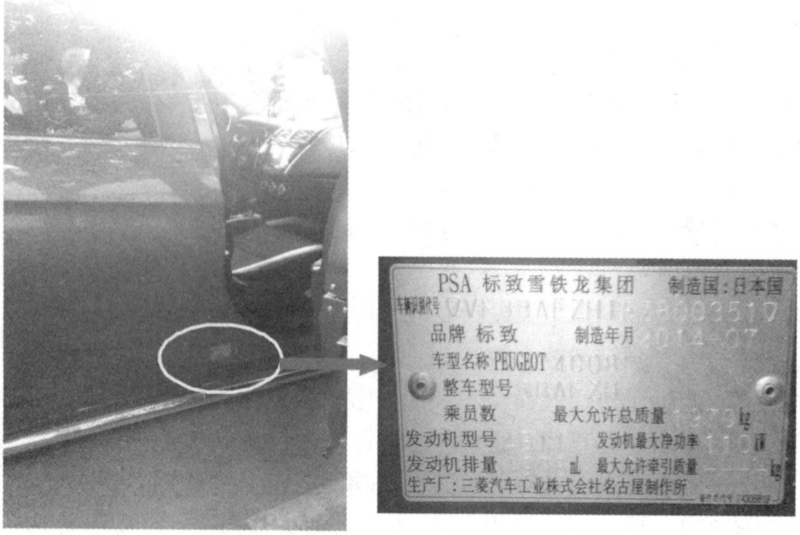

图 1－11　车门右立柱下部的铭牌

3. 汽车铭牌示例

1）乘用车铭牌示例

上海大众汽车有限公司生产的某一型号的朗逸车铭牌，如图 1－10 所示。

日本三菱汽车工业株式会社名古屋制造所生产，出口到我国的标志乘用车的铭牌，如图 1－11 所示。

2）客车铭牌示例

苏州金龙大客车铭牌如图 1－12 所示。

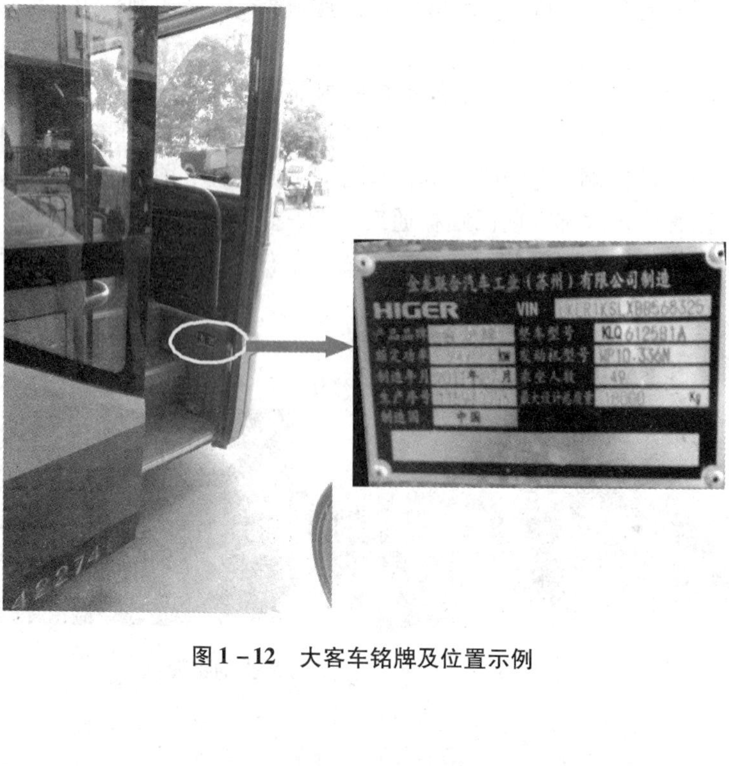

图 1－12　大客车铭牌及位置示例

3）载货汽车铭牌示例

东风载货车铭牌及位置如图 1－13 所示。

图 1－13　载货车铭牌及位置示例

1.2　汽车技术参数和性能指标

评价汽车技术水平的高低以及其性能的好坏，最重要、最直接的办法是查看、检测和比较其技术参数与性能指标。汽车技术参数分为汽车结构参数和汽车质量参数两大类：汽车的主结构参数有车长、车高、车宽、轴距、轮距、前悬和后悬、最小离地间隙、接近角与离去角、最小转弯半径等；汽车的主要性能指标包括动力性、燃油经济性、制动性、通过性、操纵性和稳定性、行驶平顺性、排放污染、噪声、可靠性及耐久性等。

1.2.1　汽车的主要结构参数

1. 车长

汽车车长是指垂直于车辆纵向对称平面，并分别抵靠在汽车前、后最外端突出部位的两垂直面之间的距离。简单地说，就是沿着汽车前进的方向，从汽车最前端到最后端的距离。

汽车长度大稳定性好。对于乘用车来说，车身长意味着纵向可利用空间大，前后排腿部活动空间就比较大，乘车人不会有局促感。但车身太长会给转弯、调头和停车造成不便，相反，如果车身较短，会使得乘坐在前排人的腿没有办法伸直，使坐在后排乘客的膝盖顶到前排座椅背部，都很容易产生疲劳感。

对于全挂车，有包括和不包括牵引杆长度两个车长数值。按国家标准规定，第二个数值写在括号内。

对于半挂车，除全长外，还有牵引杆销中心至半挂车后端之间的距离，此值按国家标准规定写在括号内。

国家标准 GB1589—2004《道路车辆外廓尺寸、轴荷及质量限值》以及国家标准 GB7258—2012《机动车运行安全技术条件》均对各种车辆车长有限值规定。其中规定极限总长：货车（含越野车）≤12 m；一般客车≤12 m；铰接大客车≤18 m；半挂牵引车（含挂车）≤16 m；汽车拖挂后总长≤20 m。

2. 车高

车高是指车辆没有装载且处于可运行状态时，汽车支撑平面与汽车最高突出部位相抵靠的水平面之间的距离，简单地说，就是从地面到汽车最高点的距离。

汽车越高，其内部空间越大、惯性越大、风阻系数也越大，同时重心也随之增高。大部分轿车高度在 1.5 m 以下，与人体的自然坐姿高度大体相当。有些乘用车高度太低，会让乘坐者感觉头部空间不足，有压抑感，但车高低全车重心低，能确保汽车高速转弯时不会侧翻，同时能降低风阻系数，所以通常跑车的高度比较低。而 MPV、面包车等为了营造宽阔的头部空间和载货空间，车身高度一般在 1.6 m 以上，但整车重心随之升高，高速转弯时容易翻车。此外，大部分的室内停车场有高度限制，一般为 1.6 m，这也为车身高的车种带来了某种限制。

国家标准 GB1589—2004《道路车辆外廓尺寸、轴荷及质量限值》以及国家标准 GB7258—2012《机动车运行安全技术条件》均对各种车辆车高有限值规定。汽车极限最高值为4.2 m，此值与道路桥梁通过高度有关。

3. 车宽

车宽是指平行于车辆纵向对称平面，并且分别抵靠车辆两侧固定突出部位（除后视镜、侧面标志灯、示位灯、转向指示灯、挠性挡泥板、防滑链以及轮胎与地面接触部分的变形外）的两平面之间的距离。简单地说，就是汽车最左端到最右端的距离。

宽度主要影响乘坐空间和灵活性。汽车宽度大稳定性好。对于乘用车，如果要求横向布置的三个座位都有宽阔的乘坐感（有足够的肩宽），那么车宽通常要达到 1.8 m。近年由于对安全性的要求提高，车门壁的厚度有所增加，因此车宽也普遍增加。车身宽的好处是乘坐在后排的乘客不会感到拥挤，大大提高了乘坐舒适性，但这会降低车在市区行走、停泊的方便性，因此对于轿车来说，车宽 2 m 是一个公认的上限。但汽车的宽度也不能过窄，过窄会使前后排的乘客感到拥挤，长时间行驶容易使人疲劳。

国家标准 GB1589—2004《道路车辆外廓尺寸、轴荷及质量限值》以及国家标准 GB7258—2012《机动车运行安全技术条件》均对各种车辆车宽有限值规定。所有车型的极限总宽（不含后视镜）不超过 2.5 m。

4. 轴距

轴距是指通过车辆同一侧相邻两车轮的中点，并且垂直于车辆纵向平面的两垂直线之间的距离。通俗地说，就是汽车两轴中心之间的距离。

汽车轴距长的优点是空间容易布置、稳定性较好、感觉气派，缺点是通过能力差。反之，汽车的轴距短，则车长短、自重轻、最小转弯半径小，灵活方便，通过能力强，适合在道路条件较差的、停车面积狭小的城市使用。但是，如果汽车轴距过短，则会带来一系列缺点，如车厢长度不足或后悬过长、汽车行驶时纵摆和横摆都较大、在制动时或上坡时质量转移较大，使汽车的操纵性和稳定性恶化。

5. 轮距

当车轴两端为单车轮时，轮距为车轮在支撑平面上留下轨迹的中心线之间的距离；当车轴两端为双车轮时，轮距是指两双胎接地点连线中点之间的距离。

轮距对汽车的总宽、总重、横向稳定性和机动性影响较大。汽车轮距越大，横向稳定性越好。加大轮距对增加车厢内宽度有利，可以使车厢内部空间宽敞，乘坐舒适度提高。但轮距宽了，汽车的总宽和总重也加大，而且容易产生向车身侧面甩泥的缺点。此外，轮距过宽会影响汽车的安全性，因此，轮距应与车身宽度相适应。

6. 前悬和后悬

前悬是指汽车最前端(除灯罩、后视镜等非刚性固定部分外)至前轴中心之间的水平距离。前悬的长度应足以固定和安装驾驶室前支点、发动机、水箱、转向机、弹簧前托架和保险杠等零件和部件。前悬不宜过长，否则，汽车的接近角将变得太小。

后悬是指汽车最后端(除灯罩等非刚性固定部分外)至后桥中心之间的水平距离。后悬的长度主要决定于后厢长度、轴距和轴荷分配情况，同时要保证适当的离去角。

国家标准 GB7258—2012《机动车运行安全技术条件》对汽车后悬的规定：对于客车及封闭式车厢，后悬不超过65%轴距；对于其他机动车，后悬不超过55%轴距；同时规定所有后悬不超过3.5 m；对于多轴汽车，轴距按总轴距计算，后悬从最后一轴算起。

7. 最小离地间隙

最小离地间隙是指汽车满载静止时，汽车中间区域内最低点(除了车轮)距地面的距离。它与汽车无碰撞通过有障碍物或凹凸不平地面的能力有关。

最小离地间隙越大，汽车通过有障碍物或凹凸不平地面的能力就越强，但使得重心增高，降低汽车行驶稳定性；最小离地间隙越小，车辆通过有障碍物或凹凸不平地面的能力就越弱，但重心降低，可增加汽车行驶稳定性。

最小离地间隙与车型的功能、空气动力学性能有关，例如跑车的最小离地间隙比较小，而越野车的最小离地间隙比较大。

8. 接近角与离去角

接近角是汽车满载静止时，汽车前端突出点的下沿向汽车前轮所引切线与地面的夹角。

离去角是汽车满载静止时，汽车后端突出点的下沿向汽车后轮所引的切线与地面的夹角。

汽车的接近角和离去角都反映汽车的通过能力，也就是汽车的最大爬坡度和最大下坡度。汽车的最大爬坡度不可能超过其接近角，汽车的最大下坡度不可能超过其离去角。由于对越野车的通过性要求比较高，因此越野车的接近角和离去角相对较大。

9. 最小转弯半径

最小转弯半径是指当汽车的转向盘转到极限位置，汽车以最低稳定车速转向行驶时，外侧转向轮的中心平面在支承平面上滚过的轨迹圆半径。最小转弯半径表征了汽车通过狭窄弯曲地带或绕过不可越过的障碍物的能力。汽车最小转弯半径越小，其机动性能越好，弯道通过性能越强，停车和调头越方便。汽车最小转弯半径有左/右最小转弯半径不同的区别。

1.2.2 汽车的质量参数

1. 汽车的整备质量

汽车的整备质量是指汽车按出厂技术条件装备完整(如备胎、工具等安装齐备),各种油液添满后的质量。以前惯称"空车质量"(即没有载货或载人)。

汽车的整备质量是汽车的一个重要设计指标。该指标既要先进又要切实可行,它与汽车的设计水平、制造水平以及工业化水平密切相关。在同等车型条件下,采用优化的设计方法、先进的生产工艺和技术,能够降低汽车的整备质量。

2. 额定载质量

汽车的额定装载量是指汽车在硬质良好(水泥混凝土或者沥青混凝土)的路面上行驶时所允许的额定载质量。乘用车的额定载质量是以座位数表示的。城市客车载客量包括站立乘客和座位数两部分,站立人数按 8 ~ 10 人/m^2计算。长途和旅游客车的载客量等于座位数。

3. 汽车总质量

汽车总质量是指汽车装备齐全,并按规定装满客、货时的整车质量。

汽车总质量 = 汽车整备质量 + 汽车额定载质量

4. 整备质量利用系数

整备质量利用系数是指汽车额定载质量与整车整备质量的比值。

整备质量利用系数取决于每个部件、总成、结构的完善程度,以及结构中轻质材料的使用率。它反映了该车型的设计水平、制造水平以及经济性。整备质量利用系数高,说明该车型的材料利用率和制造水平高。

5. 轴荷

轴荷是指汽车满载时,各车轴对地面的垂直载荷。

为了使轮胎均匀磨损,一般希望满载时每个轮胎的负荷大致相等。

国家标准 GB1589—2004《道路车辆外廓尺寸、轴荷及质量限值》以及国家标准 GB7258—2012《机动车运行安全技术条件》均对各种车辆轴荷的最大限值有相关规定。

1.2.3 汽车的主要性能指标

1. 汽车的动力性

这是汽车首要的使用性能指标。汽车必须有足够的牵引力才能克服各种行驶阻力,保证一定的平均速度以正常行驶。这取决于汽车动力性能的优劣。

汽车的动力性评价指标主要有最高车速、加速时间、最大爬坡度。

1)最高车速

最高车速是指汽车以最大总质量在风速小于等于 3 m/s 的条件下,在干燥、清洁、平坦的混凝土或沥青路面上所能达到的最高稳定行驶速度。

2)加速时间

汽车的加速能力指汽车在各种使用条件下迅速增加汽车行驶速度的能力。加速过程中加速用的时间越短、加速度越大或加速距离越短的汽车,加速性能就越好。常用加速时间评价加速能力。

加速时间是指汽车以最大总质量在风速小于等于3m/s 的条件下,在干燥、清洁、平坦的混凝土或沥青路面上，由某一低速度加速到另一高速度所需的时间。加速时间分为原地起步加速时间和超车加速时间。

（1）原地起步加速时间：是指汽车用规定的低挡起步，选择适当的换挡时机逐步换挡到最高档后以最大的加速度加速到某一规定车速或达到某一规定距离所需要的时间。常用从静止状态加速到100 km/h，或从静止状态加速行驶400 m距离所需要的时间表示。原地起步加速时间越短，汽车的动力性能越好。

（2）超车加速时间：是指汽车用最高档或次高档，由某一预定车速全力加速到另一预定高速所需要的时间。汽车超车加速时间越短，说明其高档位加速性能越好，动力性能越佳。这段时间短，说明汽车的超车加速性能强大，可以减少超车过程中两车并行的时间，有利于安全行驶。

3）最大爬坡度

汽车的爬坡能力常用汽车最大爬坡度来衡量。汽车最大爬坡度是指汽车以最大总质量在风速小于或等于3 m/s的条件下，在干燥、清洁的混凝土或沥青坡道路面上，以最低挡前进能够爬上的最大坡度。

汽车的爬坡能力反映汽车最大牵引力的大小。不同类型的汽车对上述三项指标要求各有不同：轿车与客车偏重于最高车速和加速能力，载重汽车和越野汽车对最大爬坡度要求较高。但不论何种汽车，为在公路上能正常行驶，必须具备一定的平均速度和加速能力。

2. 汽车的燃油经济性

为降低汽车运输成本，要求汽车以最少的燃料消耗，完成尽量多的运输量。汽车在一定的使用条件下，以最少的燃油消耗量完成单位运输工作量的能力，称为燃油经济性。

汽车的燃油经济性评价指标有两种形式：

1）百公里耗油量

百公里耗油量是指汽车在一定的使用条件下，每行驶100 km消耗掉的燃油量，单位为L/100 km。我国及欧洲常用此指标，例如，由工信部公布的2016款280TSI手动尊雅版帕萨特的L/100 km综合油耗为5.9，此指标的数值越大，反映汽车的燃油经济性越差。

2）单位耗油量行驶的里程

单位耗油量行驶的里程是指汽车在一定的使用条件下，每加仑燃油行驶的里程数，单位为mile/gal。美国常用此指标，此值越高越好。

3. 汽车的制动性

汽车具有良好的制动性是安全行驶的保证，也是汽车动力性得以发挥的前提。汽车制动性有下述三方面的内容：

1）制动效能

制动效能是汽车迅速减低行驶速度直至停车的能力，是汽车制动性能最基本的评价指标。制动效能常用一定初速度下，制动过程中的制动时间、制动减速度和制动距离来评价。

汽车的制动效能除和汽车技术状况有关外，还与汽车制动时的速度以及轮胎和路面的情况有关。制动距离与行车安全有直接的关系，同时也是评价汽车制动性能最直观的指标。

2）制动效能的恒定性

制动效能的恒定性是指汽车高速行驶或下坡连续制动时制动效能保持的程度，即抗热衰退性。

汽车在短时间内连续制动后，制动器温度升高，导致制动效能下降，这称为制动器的热衰退性。

汽车涉水后制动效能也会下降。汽车涉水后制动效能的保持程度用汽车制动系统抗水衰退性来表示。

3)制动时汽车的方向稳定性

方向稳定性是指汽车在制动过程中按指定的路线行驶，不发生跑偏、侧滑和失去方向的能力。

当汽车的左右侧制动力不一样时，容易发生跑偏。而当汽车车轮因制动而趋于抱死时，易发生侧滑并失去方向稳定性和操纵性。为防止上述现象发生，现代汽车设有制动防抱死系统(ABS)，防止紧急制动时因车轮抱死而发生危险。

4.汽车的通过性

汽车在一定的载质量下能以较高的平均速度通过各种坏路及无路地带和克服各种障碍物的能力，称为汽车的通过性。

汽车通过性的几何参数主要有最小离地间隙、接近角、离去角、车轮半径和较小的转弯半径、横向通过半径和较大的纵向通过角等。

影响汽车通过性的因素有很多：采用较宽断面的胎，多胎可以减小滚动阻力；采用较深的轮胎花纹可以增加附着系数而不容易打滑；采用四轮驱动的方式可使汽车的动力性得以充分发挥。

5.汽车的操纵性和稳定性

1)汽车的操纵性

汽车的操纵性是指汽车对驾驶员转向指令的响应能力，直接影响到行车安全。汽车轮胎的气压和弹性、悬挂装置的刚度以及汽车重心的高低都对汽车的操纵性有重要影响。

2)汽车的稳定性

汽车的稳定性是汽车在受到外界扰动后恢复原来运动状态以及汽车抵御发生倾覆和侧滑的能力。对于汽车来说，侧向稳定性尤为重要。当汽车在横向坡道上行驶、转弯以及受其他侧向力时，容易发生侧滑或者侧翻。汽车重心的高度越低，稳定性越好。

合适的前轮定位角度可以使汽车具有自动回正和保持直线行驶的能力，提高汽车直线行驶的稳定性。如果汽车装载超高超重、转弯时车速过快、横向坡道角过大或者偏载，都会严重降低汽车的稳定性，造成汽车侧滑及侧翻。

6.汽车的行驶平顺性

汽车行驶平顺性是指汽车在一般行驶速度范围内，能保证乘员不会因车身振动而引起不舒服和疲劳的感觉，以及保持所运货物完整无损的性能。由于它主要是根据乘坐者的舒适程度来评价，所以有时又称为乘坐舒适性。汽车在行驶中，由于路面不平，会使汽车产生振动。当这种振动达到一定程度时，将对驾驶员及旅客的生理反应或所运送的货物的完整无损产生十分不利的影响。当人们在行走时，身体的重心在不断地振动，但由于人体已适应步行的平均速度的振动频率，所以并没有引起人体不舒适的感觉。据研究表明，振动频率在60～85次/min的范围内，对人体是最舒适的；如果振动频率低于50次/min，就会产生“晕”的现象；如振动频率高于130次/min以上，则会产生突然冲击的感觉。如果汽车车身的振动频率在人的步行振动频率范围之内，就不会引起驾驶员和乘客不舒适的感觉。汽车在坏路面上行驶时，其平均技术速度不仅取决于汽车的动力性，而且还受行驶平顺性的限制。驾驶员为了保证行驶安全和乘坐舒适性及货物完好，只得降低行驶速度，从而使运输生产率降低。由于汽车的振动，加速了零件的磨损，降低了汽车的使用寿命。此外，还关系到运输生产率、燃料经济性、使用寿命和工作可靠性等。其有效办法是适当降低汽车的行驶速度，或避开汽车产生共振的车速，维护好减振装置和悬架弹簧，合理的轮胎气压等。

国际标准协会提出的ISO2631标准是根据人体对不同方向、不同频率、不同振动强度机械振动的反应制定出三个评定界限，用于评价汽车行驶平顺性，它们分别是：暴露极限、疲劳—工效降低界限、舒适降低界限。

1）暴露极限

当人体承受的振动强度在这个极限之内，将保持健康或安全，通常把此极限作为人体可以承受振动量的上限。

2）疲劳—工效降低界限

"疲劳—工效降低界限"与保持工作效率有关。当驾驶员承受的振动在此界限内，能保持正常地进行驾驶。

3）舒适降低界限

舒适降低界限与保持舒适度有关，它影响人在车上的正常感受。在极限之内，人对所暴露的振动环境主观感受良好。

汽车车身的固有频率也与行驶平顺性有关。从舒适性出发，车身的固有频率在600～850 Hz的范围内较好。良好的轮胎弹性、性能优越的悬挂装置、座椅的降振性能以及尽量小的非悬挂质量，都可以提高汽车的行驶平顺性。

7.汽车可靠性

汽车的可靠性分为狭义可靠性和广义可靠性。

1）狭义可靠性

指汽车在规定的使用条件下，在规定的时间或者规定的里程内完成规定功能的能力。汽车的狭义可靠性是汽车在正常的驾驶和道路条件下，一定时间或行驶里程内能够保证正常行驶的程度。例如，报废条件相同的汽车，有些行驶了几千千米就屡出毛病，或者雨刮器出问题、或者门锁扣不上、或者丧失了部分功能等，而有些行驶了几万千米没有出现什么问题，一切功能正常。那么前者的可靠性差，后者的可靠性高。同样是汽车，可靠性差带给用户的是烦恼，可靠性高带给用户的是享受。

2）广义可靠性

指汽车在规定的使用条件下，在整个寿命期内完成规定功能的能力。国家标准GB/T 12678—1990《汽车可靠性行驶试验方法》规定了汽车可靠性的评价指标，常用的有平均首次故障里程、平均故障间隔里程、千千米维修时间、千千米维修费用等。

购买汽车的人最关注的问题之一是汽车质量，汽车质量的一项重要指标就是汽车的可靠性。

8.汽车的耐久性

汽车的耐久性是指汽车在规定的使用和维修条件下，达到某种技术或经济指标极限时，完成规定功能的能力。国家标准GB/T 12679—1990《汽车耐久性行驶试验方法》规定了汽车耐久性的综合评价指标是耐久度。

汽车的耐久度是指汽车在规定的使用和维修条件下，能够达到预定的初次大修里程而不发生耐久性损坏的概率。汽车的耐久性损坏是指汽车零件的疲劳损坏已变得异常频繁、磨损超过极限、材料锈蚀老化严重、汽车主要性能下降超过规定的限值、维修费用不断大幅度增长，并已达到经济上不合算或安全得不到保证的程度。汽车耐久性损坏的结果是需要更换主要总成或对汽车进行大修。一般只有大批量生产的汽车才进行耐久性试验。

1.3 二手车市场的现状与发展

1.3.1 二手车的定义

二手车，英文表达为“Second Hand Vehicle”或“used car”，意为“第二手的汽车”或“使用过的汽车”，在中国也称为“旧机动车”。“中古车”是日本的叫法。在美国，二手车经营者为了更好地卖出二手车，改变消费者对二手车质量差的看法，给二手车定义为“曾经被拥有过的车”。北美是二手车最发达的市场，因为平民百姓购买旧车时不一定就能买到“第二”手的，而且大多是小轿车和家用吉普车，所以在北美二手车有一种很通俗的叫法，称为“用过的汽车”。

二手车的定义直接关系到所涉及车辆的范围，在某种程度上也关系到二手车评估体系的科学性和市场交易的规范性，所以有必要给出明确的定义。

2005 年 10 月 1 日，由商务部、公安部、工商总局、税务总局联合发布的《二手车流通管理办法》正式实施，此办法总则的第二条对二手车定义为：二手车是指办理完注册登记手续到达国家制度报废标准之前进行交易并转移所有权的汽车(包括三轮汽车、低速载货车，即原农用车)、挂车和摩托车。

实际上现在很多七八成新的汽车也流入二手车市场，有些市场甚至出现刚上牌，甚至还没上牌的二手车。例如，不少国家对新车销售年限有严格规定，新车销售时间过了规定的年限，就不能再进入新车的渠道销售，这些车就只能进入拍卖场，也就归入二手车的范畴了。有些经销商为了完成年终任务，获得较为丰厚的年终奖，不得不将少量尚未实际销售出去的车上牌，以冲抵销售量，而这些已经上牌的车就不能作为新车销售了，也会流入二手车市场。

可见，二手车并不一定就是我们传统认为的“旧车”，只要是办完注册登记手续再进行交易的车就称之为二手车，与车辆本身的新旧无关。

1.3.2 二手车交易市场

1. 二手车交易市场的内涵

二手车交易是指买方与卖方进行二手车商品交换和产权交易。由于政府对机动车辆实行严格管理，二手车的产权只能在二手车市场中进行交易、转换。因而，为满足二手车的产权流动而建立的二手车产权交易市场，其主要业务就是接受产权交易双方委托并撮合成交，以及对二手车交易及产权转换的合法性进行审查。

2. 二手车交易市场的功能

二手车交易市场是机动车商品二次流通的场所，它具有中介服务商和商品经营者的双重属性。具体而言，二手车交易市场的功能有二手车鉴定评估、收购、销售、寄售、代购代销、租赁、置换、拍卖、检测维修、配件供应、美容装饰、售后服务，以及为客户提供过户、转籍、上牌、保险等服务。此外，二手车交易市场还应严格按国家有关法律、法规审查二手车交易的合法性，坚决杜绝盗抢车、走私车、非法拼装车和证照与规费凭证不全的车辆上市交易。

3. 二手车交易市场的形式

目前在我国已有多种二手车交易市场形式，常见的有二手车交易市场、二手车经营公司、二手车置换公司、二手车经纪公司和经纪人等。但二手车经纪公司和经纪人只能在二手车市场中进行二手车的撮合成交。

随着我国机动车保有量的不断增加，二手车市场的发展和壮大，二手车超市和二手车园区也在逐渐形成和发展。其主要功能是在一般二手车市场的基础上，引入了汽车文化、科技、科普教育、展示、旅游、娱乐等多项功能。

由于2005年出台的《二手车流通管理办法》凸显的是二手车有形交易市场，现在二手车的经营主体早已不再只有有形交易市场，而且从某种程度上讲，今天的二手车有形交易市场更多体现的是服务主体的功能，而非经营主体。如今，二手车经营主体已呈现多元化的态势，多种经营业态同时存在且蓬勃发展。比如：在有形交易市场内的二手车经纪公司，有形交易市场外独立的二手车商，经销商集团的二手车业务，以及互联网、电商、C2C平台的出现等。可以说，多种经营模式、服务模式，包括互联网金融、延保、物流等，这些在2005年版的《二手车流通管理办法》中较少甚至未有涉及，因此，国家相关部门已于2015年11月决定对《二手车流通管理办法》进行修订。

1.3.3　二手车产生的原因

1. 喜新厌旧的消费心理

二手车交易市场买卖双方的需求不同，其心理动机也不一样，他们都有各自的政治经济背景。作为购卖者，有的受求新心理动机的驱使，不断玩新车、卖旧车；有的是在政治或经济上到位后，为满足自尊和显耀心理的需要，要求换挡次更高的名牌车辆，以象征自己的名誉、地位和个人能力。作为二手车的买者，则受求实、求便、求廉等心理动机的驱使，他们重视车辆的实际效用，以图省钱省事。买卖双方虽有不同心理，但有一点是相通的，那就是都认识到，汽车不再是一种单纯的交通运输工具，而且还是人们地位和财富的象征，是自尊、显耀心理的外部表现，同时也是求快、求便、求美、求舒适、求健康心理的体现。

此外，提倡超前消费，今天花明天甚至后天钱的观念，越来越被广大中、青年所接受。再加上方便的车辆信贷服务，这些都为汽车消费市场起了推波助澜的作用。

在西方发达国家，中产阶级是一个主要的庞大消费群体，他们购车以新车为主，注重的是新车的挡次、品质、安全和可靠性，而非价格。通常在4~5年更新一次，条件更好点的3年就更新车辆。在日本，绝大多数人5年肯定要卖旧车，换新车；条件更好一点的2~3年就换新车；条件差的7年也一定要更换车辆；极个别、经济条件很差的用到10年才换新车。在我国，目前也有很多的经济条件较好的车主，新车使用4~5年就进行更换了。为此，世界上大的汽车公司，一个新的品牌型号的车辆，通常只生产5年，甚至2年就下线，不再生产。例如，奥拓轿车，1985年投入生产，到1990年生产线上一天才有两辆车下线，该车型基本下线停产了。另外，西方发达国家多数家庭不止拥有一辆车，通常有两辆车，甚至三辆车，我国的城市家庭也已出现这种趋势。这样更新时间短，更新率就高，产出的二手车就多，这是二手车产生的主要渠道。

2. 车主收支失衡

无论在国外还是国内，许多车主都是通过银行贷款购车。由于各种各样的原因，如由于车的挡次较高，车价高，每月还贷超出车主的实际承受能力，难于还贷。又如车主买车时只考虑到买车的钱，而未仔细考虑使用过程中各种规费及维护保养等各项支出，使用中发现超出自己的支付能力，这样的使用中的车辆就可能成为欲出售的二手车。

3. 消费观念不成熟

一方面，消费观念不成熟，即理性消费欠缺。经历市场经济的时间越长，消费者成熟程度也越高，消费起来就更理性一些。但总有一部分人过分的自尊、求新或显耀心理作祟，过分地追求时髦，盲目攀比，购车时考虑不周，对车辆缺乏全面了解，一时冲动买了新车。使用后，发现新买的“爱车”并不值得善爱，一些毛病使自己心里不痛快，例如，乘坐并不舒适，车内空间小，动力不足，提速慢，油耗高等，就想处置现有车辆，从而将车送入二手车市场。还有的人见过去的同学、同事或邻居买了新车，就觉得条件不比人差，随即产生要买一辆比其高一档次的新车炫耀一下的念头，并没有考虑到购车的用途以及车辆的养护和维修等使用开支。车的档次越高，使用费用也越高。若车辆闲置不用，车辆也有自然老化的损耗，时间越长，贬值率越高。这样，只好将车送入二手车市场。汽车就像计算机一样，是一种消耗性商品，它不可能保值(除古董车外)，更不可能升值，随着时间的推移，只会越来越贬值，消费者必须清楚这一点。

另一方面，我国的用车环境还不是很理想，过桥费、过路费、停车费等还是不少的，特别是在一些大城市，如北京、上海等一费用更高。还有就是国家宏观政策的影响，例如环境政策的变化，汽车尾气排放由原来的国Ⅰ标准提高到国Ⅲ标准，这些都将使已有车辆产生贬值，从而提高汽车的使用费用。

消费者在购车时，对上述实际情况考虑不周，缺乏理性，则容易成为二手车的车源点。

4. 企业、政府部门或个人的产权变动

有的企业或公司在进行合作、合资、合并、兼并、联营、企业分设、企业出售、股份经营、租赁、破产时，也可能会产生欲出售的机动车辆，这些欲出售的机动车辆也是二手车的重要来源。

此外，我国政府部门按规定配备了大量的公务用车，由于公车改革或其他由于各种原因，需要更换。这些公务用车也将流入二手车市场，但多半以拍卖方式出售。

而个人由于资金发生困难，需要将车辆抵押或典当来进行融资，当事人用自己的车辆作为抵押物与融资的贷款方签订合同。这样提供车辆的一方为抵押人，接受抵押车辆的一方为抵押权人。当抵押人不能履行合同的义务时，抵押权人有权将抵押车辆根据合同的有关条款，在法律允许的范围内，将抵押车辆变卖，从变卖的价款中优先受偿。这些欲变卖的车辆也是二手车的一个重要来源。

1.3.4 购买二手车的优势

1. 经济实惠

二手车最大的优点是便宜。不同年份的二手车价格仅相当于新车的二分之一到三分之一，甚至更少。二手车一般都不是时下车市最新的车型，一般要落后两年，同一品牌同一车型的二手车，晚买一到两年，就可以节省几千元钱。另外，随着油价的上涨，市民出行成本不断加大，如果市民经济不是很宽裕，买车只为了代步，买台二手车还是很划算的。

2. 折价率低

任何一辆汽车，只要在车管所登记落地后，不管你用还是不用，或者你用多还是用少，它每一年的价值都在不断下降。新车前两年折旧率比较高，一般来说，一年后要贬值20%，两年后要贬值35%，三年后贬值达50%。越是高档车折价越大，每年折价就会越高。如果购买二手车，就相当于别人在给自己的折价率埋单，买一台新车的钱，可以买两台不错的二手车，即使你用了几年后，再将车卖掉，也不会赔很多。

3. 刮碰不心疼

现在不少买车的人都是新手，由于驾车经验不足、驾驶技术不高，在路上难免会刮刮碰碰，如果是新车碰一下就得喷漆、维护，累加起来这也是不小的一笔费用。而买台二手车，即使发生刮碰，这种心疼的感觉也会小很多。小刮小碰只要无伤大雅，就能将就着用，等毛病大了，给车做一次大的翻新、美容就可以了。

4. 配件充足

新上市的车辆，一旦出现故障，采购配件相对较难，如果买台二手车，就不再用为买汽车零配件难而担心。因为一般的二手车都是两年以前的车型，针对该车的零配、美容、保养等汽车服务行业已经非常健全和成熟，有关汽车的配件也比较充足，车主一般都不用再为买不到汽车配件而四处奔波。

5. 选择余地大

经济不宽裕的购车人，如果想买台新车，仅有的钱未必能买到称心如意的新车。但如果转为买二手车，不多的钱也可以选择不少好的车型。也就是说，相同的钱，购买二手车的选择空间和余地要比新车的选购空间大。

1.3.5　二手车市场发展策略

1. 实施规范化的售后服务标准

在二手车售后的服务环节上，应借鉴发达国家的经验实行二手车规范化的售后服务标准，只有构建一套完善、安心的售后服务体系，才能给消费者一个好的环境和信心去购买二手车，也只有做到这点，才能较快地推动二手车市场的快速发展。所以，我国应该借鉴发达国家这方面的经验，尽可能完善我国二手车市场的售后服务问题。

2. 规范二手车交易行为

在交易过程中，售车人要向二手车交易市场提供居民身份证或单位介绍信、原始购车发票、机动车行驶证、成交发票、购置附加凭证、车船使用税"税讫"标志等凭证，购车人要持个人身份证或单位介绍信，双方共同到工商行政管理部门凭二手车交易市场的交易凭证予以验证，再由车管部门据此办理转籍过户手续。

3. 建立规范的二手车评估体系

任何一个人卖车，最关心的无疑是质量问题，我国也应该借鉴发达国家的经验，在发达国家的二手车市场，一般均形成一套比较完善的收购和销售体制。各种评估机构公正、高效的运作，使消费者不必担心车辆价值评估可能不合理。它们能够实现二手车交易信息的透明化，与评估监管体系较为健全有着密切的关系。各式各样的评估协会，二手车协会在促进二手车行业健康发展中起到举足轻重的作用。

4. 建立二手车信息系统

适时准确地建立一套包括汽车购买注册、使用维修、出卖过户、停用报废等一系列情况的记录查询数据库系统，方便买卖双方进行查询。这方面国外很多先进经验值得借鉴，目前欧美国家已经有关于汽车从生产到报废回炉的整套记录，其中包括某一品牌的汽车何时设计，何时投产，消费者何时购买，维修登记日期，更换机器零部件，是否有交通事故发生等有关档案资料。建立完整的信息数据库，将汽车的使用信息透明化，一定程度上就可以减少二手车在交易时的价格欺诈行为。

5. 建立二手车交易诚信系统

如何避免置换二手车辆中出现盗抢车、组装车、拼装车、走私车等，成为了经销商从事二手车交易很大障碍。此外，交易中的假身份证、假代码证书、假公章、假合同也会给经销商造成非常大的麻烦和风险，这些都严重制约了二手车市场的发展。要克服这些问题，就要通过建立二手车信息系统，将汽车的使用信息透明化，才可以获得解决。此外，还应该按照市场经济加强社会诚信体系的建设。

1.4 二手车鉴定评估概述

二手车鉴定评估是指依法设立、具有职业资质的二手车鉴定评估机构和二手车鉴定评估师，接受国家机关和各类市场主体的委托，按照特定的目的，遵循法定或公允的标准和程序，运用科学的方法，对经济和社会活动中涉及的车辆进行的技术鉴定，并根据鉴定结果对汽车在鉴定评估基准日的价值进行评定估算的过程。

(1) 二手车鉴定评估既是科学也是艺术与经验的结合。正确的二手车技术状况鉴定，二手车价格的估计、推测与判断，必须依赖于一套科学严谨的二手车鉴定评估理论和方法，但又不能完全拘泥于有关的理论和方法，还必须依赖于评估人员的经验，因为二手车价格形成的因素复杂、多变，不是任何人用数学公式能够计算出的。

(2) 二手车鉴定评估不是对评估对象的主观给定，而是把二手车客观实在的价值通过评估活动正确地反映出来。二手车鉴定评估是基于对二手车客观实在的价值认识以后，运用科学的评估理论方法和长期积累的评估经验将其表达出来，而不是把某一个主观想象的数据强加给评估对象，尽管评估表现为一种主观活动，甚至带有一些主观色彩。

做好二手车鉴定评估工作，不仅有利于引导企业正确做出价格决策，有利于保障司法诉讼和行政执法等活动的顺利进行，有利于维护法人和公民合法叔益，而且对维护正常的社会经济秩序，促进经挤开展具有重要意义。因此，深入认真研究、探讨二手车鉴定评估问题，建立一套完整、科学、适用的二手车鉴定评估方法，以保证其鉴定评估结论客观、公正、合理就显得更为重要。

1.4.1　二手车鉴定评估的主体和客体

1. 二手车鉴定评估的主体

二手车鉴定评估的主体是指二手车鉴定评估业务的承担者，即从事汽车鉴定评估的机构及专业鉴定评估人员。由于二手车鉴定评估直接涉及当事人双方的利益，是一项政策性、专业性都很强的工作，因此，无论是对专业评估机构还是对专业评估人员都有较高的要求。

1）对二手车评估机构的要求

按照我国1991年11月颁布的《国有资产评估管理办法》第九条的规定，资产评估公司、会计师事务所、审计师事务所、财务咨询公司，必须获得省级以上国有资产评估资格证书，才能从事国有资产评估业务。

2）对二手车专业评估人员的要求

（1）二手车专业评估人员必须掌握一定的资产评估业务理论，熟悉并掌握国家颁布的与二手车交易相关的政策、法规、行业管理制度及有关的技术标准。

（2）具有一定的二手车专业知识和实际的检测技能，能够借助必要的检测工具，对二手车的技术状况进行准确的判断和坚定。

（3）具有较高的收集、分析和运用信息资料的能力及一定的评估技巧。

（4）具备经济预测、财务会计、市场、金融、物价、法律等多方面的知识。

（5）具有良好的职业道德，遵纪守法，公正严明，保证二手车的评估质量。

此外，二手车鉴定评估的从业人员还需要经过严格的考试或考核，取得国家劳动和社会保障部发的“二手车鉴定评估师”职业资格证书。

2. 二手车鉴定评估的客体

二手车鉴定评估的客体是指被评估的车辆，它是鉴定评估的具体对象。被评估车辆又可以按照不同的标准分类，可分为汽车、电动车、摩托车、农用运输车、拖拉机和挂车等；按照车辆的使用用途，可以将机动车辆分为营运车辆、非营运车辆和特种车辆。二手车鉴定评估的一个主要目的就是在二手车的交易过程中，准确地确定二手车的价格，并以此作为买卖成交的参考低价。据商务部2005年8月发布的《二手车流通管理办法》的规定，以下车辆不允许进行交易：

（1）已报废或者达到国家强制报废标准的车辆；

（2）在抵押期间或者未经海关批准交易的海关监管车辆；

（3）在人民法院、人民检察院、行政执法部门依法查封、扣押期间的车辆；

（4）通过盗窃、抢劫、诈骗等违法犯罪手段获得的车辆；

（5）发动机号码、车辆识别代码或者车架号码与登记号码不相符合的，或者有凿改迹象的车辆；

（6）走私、非法拼（组）装的车辆；

（7）不具有2005年8月发布的《二手车流通管理办法》第二十二条所列证明、凭证的车辆；

（8）在本行政辖区以外的公安机关交通管理部门注册登记的车辆；

（9）国家法律、行政法规禁止经营的车辆。

此外，车辆上市交易前，必须先到公安交通管理机关申请临时检验，经检验合格，在其行驶证上签注合格记录后，方可进行交易。二手车交易市场经营者和二手车经营主体发现车辆具有(4)、(5)、(6)情形之一的应当及时报告公安机关、工商行政管理部门等执法机关。

对交易违法车辆的二手车交易市场经营者和二手车经营主体应当承担连带赔偿责任和其他相应的法律责任。

1.4.2 二手车鉴定评估的目的和任务

二手车鉴定评估的目的是为了正确反映二手车的价值及变动，为将要发生的经济行为提供公平的价格尺度。在二手车鉴定评估市场，二手车鉴定评估的主要目的可分为两大类：一类为变动二手车产权；另一类为不变动二手车产权。

1. 变动二手车产权

变动二手车产权是指车辆所有权发生转移的经济行为，它包括二手车的交易、置换、转让、并购、拍卖、投资、抵债、捐赠等。

1)车辆的交易转让

二手车在交易市场上进行买卖时，买卖双方对二手车交易价格的期望是不同的，甚至相差甚远。因此需要鉴定评估人员对被交易的二手车进行鉴定评估，评估的价格作为买卖双方成交的参考底价。

2)车辆置换

置换的概念源于海外，它强调的是旧物品(或次等的、较差的)与新物品(较好的)进行交换，这种交换是不等价性由置换方给予差额补贴。置换业务有两种情况：一种是以旧换新业务，另一种是以旧换旧业务。两种情况都会涉及对置换车辆的鉴定评估。对二手车鉴定评估结果的水平如何，直接关系到置换双方的利益。车辆的置换业务尤其是以旧换新业务在我国的二手车市场是一个崭新的业务，有着广阔的市场前景。

3)车辆拍卖

拍卖是指以公开竞价的形式，将特定物品或者财产权利转让给最高应价者的买卖方式。对于公务车、执法机关罚没车辆、抵押车辆、企业清算车辆、海关获得的抵税、放弃车辆和私家车等，都需要对车辆进行鉴定评估，为拍卖车辆活动提供拍卖底价。此外，还有与拍卖方式基本类似的招标底价。

4)其他

其他经济行为如在企业发生联营、兼并、出售、股份经营或破产清算，也需要对企业所拥有的二手车进行鉴定评估，以充分保证企业的资产权益。

2. 不变动二手车产权

不变动二手车产权是指车辆所有权未发生转移的经济行为，它包括二手车的车辆保险、抵押贷款、担保典当、纳税评估、司法鉴定(海关罚没、盗抢、财产纠纷)等。

1)车辆保险

在对车辆进行投保时，所缴纳的保险费高低直接与车辆成本的价值大小有关。同样，当被保险车辆发生保险事故，保险公司需要对事故进行理赔。为了保障双方的利益，也需要对核保理赔的车辆进行公平的鉴定评估。除一般的车损评估外，还包括火烧车和浸水车的鉴定评估。

2)抵押贷款

银行为了确保放贷安全，要求贷款人以机动车作为贷款抵押。银行为了确保贷款的安全性，要对二手车进行鉴定评估。而这种贷款安全性的高低在一定程度上取决于对抵押车辆评估的准确性。一般情况下要比市价略低。

3)担保

担保是指车辆所有单位或所有人，以其拥有的二手车为其他单位或个人的经济行为提供担保，并承担连带责任的行为。

4)典当

当典当双方当物车辆的价值有较大的悬殊时，为了保障典当业务的正常进行，可以委托二手车鉴定评估人员对当物车辆的价值进行评估，典当行以此可以作为放款的依据。当当物车辆发生绝当时，对绝当车辆的处理同样也需要委托二手车鉴定评估人员为其提供鉴定评估服务。

5)纳税评估

纳税评估是指政府为纳税赋税，由评估人员估定的作为机动车纳税基础的价格。具体纳税价格如何由纳税政策而定。

6)司法鉴定

司法鉴定按性质的不同可分为刑事案件和民事案件。

(1)刑事案件一般是指盗抢车辆、走私车辆、受贿车辆等。其委托方一般是指国家司法机关和行政机关，其委托目的是为取证需要。

(2)民事案件是指法院执行阶段的各种车辆，其委托方一般是人民法院，委托目的是案件执行需要选行抵债变现。

上述两种情况都要求鉴定评估人员对车辆进行评估，有助于把握事实的真相，确保司法公正，因此司法鉴定对鉴定评估要求极高。

在接受车辆评估委托时，明确车辆的评估目的，十分重要。对车辆的鉴定评估是一种市场价格的评估，所以对客户提出不同的委托目的，有不同的评估方法。对于同一辆车，由于不同的评估目的，可使其评估出来的结果有所不同。

1.4.3　二手车鉴定评估的业务类型和价值概念

1. 二手车鉴定评估的业务类型

二手车鉴定评估业务类型是指鉴定评估的业务性质。按鉴定评估服务对象不同，把鉴定评估的业务类型分为交易类和咨询服务类业务。交易类业务是服务于二手车交易市场内部的交易业务，它是一种收取交易管理费的有偿服务；咨询服务类业务是服务于二手车交易市场外部的非交易业务，它是一种按各地方政府物价管理部门制订的有关规定，对二手车鉴定评估的有偿服务。如融资业务的抵押贷款评估、为法院提供的咨询服务等。

2. 二手车鉴定评估的价值概念

二手车评估中的价值与价格，从目前应用状况上看远不及经济学中定义的那样严格。二手车评估中的价值与价格概念经常处于混用状态，一般地讲可以理解为交换价值或市场价格的概念。

1)二手车评估的价值是交易价值

从某种意义上讲，二手车评估的价值是效用价值，是从“有用即值钱”的角度去探究它值多少钱。二手车评估值从表面上看是鉴定评估从业人员判定、估算的价值，但车辆价值的真实体现是产权交易发生时的交易价值，而交易价值的最终判定者是交易双方当事人。成功和正确的价值估定是交易双方当事人都认为合理并被认同的价值，因而二手车鉴定评估人员也应从交易双方当事人角度考虑二手车的价值问题。

2）二手车评估的价值是市场价值

从某种意义上说，被评估车辆价值的真正意义是其作为市场价值的货币表现。因为，二手车的评估依据来源于市场，具有现实的、接受市场检验的特征；二手车的价值是一个动态的概念，因而对其评估中的价值是指特定时间、地点和市场条件下的价值，具有很强的时效性，即二手车评估值是指评估基准日的市场价值。

1.4.4 二手车鉴定评估的原则

二手车鉴定评估的基本原则是对二手车鉴定评估行为的规范。正确理解和把握二手车鉴定评估的原则，对于选择科学、合理的二手车鉴定评估方法，提高评估效率和质量具有十分重要的意义。二手车鉴定评估的原则分为工作原则和经济原则两大类。

1. 工作原则

二手车鉴定评估的工作原则是评估机构与评估工作人员在评估工作中应遵循的基本原则，包括合法性原则、独立性原则、客观性原则、科学性原则、公平性原则、规范性原则、专业化原则和评估时点原则等。

1）合法性原则

二手车鉴定评估行为必须符合国家法律、法规，必须遵循国家对机动车户籍管理、报废标准、税费征收等政策要求，这是开展二手车鉴定评估的前提。

2）独立性原则

独立性原则，一是要求二手车鉴定评估机构和工作人员应该依据国家的法规和规章制度及可靠的资料数据，对被评估的二手车价格独立地做出评估结论，且不受外界干扰和委托者的意图影响，保持独立公正；二是评估行为对于委托当事人应具有非利害和非利益关系。评估机构必须是独立的评估中介机构，评估人员必须与评估对象的利益涉及者没有任何利益关系。绝不能既从事交易服务经营，又从事交易评估。

3）客观性原则

客观性原则要求鉴定或评估结果应以充分的事实为依据，在鉴定评估过程中的预测推理和逻辑判断等只能建立在市场和现实的基础资料以及现实的技术状态上。

4）科学性原则

科学性原则是指二手车鉴定评估机构和人员就运用科学的方法、程序、技术标准和工作方案开展活动。即根据评估的基准日、特定目的、选择适用的方法和标准，遵循规定的程序实施操作。

5）公平性原则

公平、公正、公开是二手车鉴定评估机构和工作人员应遵守的一项最基本的道德规范。要求鉴定评估人员的思想作风态度应当公正无私，评估结果应该是公道、合理，绝不能偏向任何一方。

6）规范性原则

规范性原则是要求鉴定评估机构建立完整、完善的管理制度，严谨的鉴定作业流程。管理上要建立回避制度、审复制度、监督制度；作业流程制度要科学、严谨。

7）专业化原则

专业化原则要求二手车鉴定评估工作尽量由专业的鉴定评估机构来承担。同时还要求二手车鉴定评估行业内部存在专业技术竞争，以便为委托方提供广阔的选择余地，并要求鉴定评估人员接受国家专门的职业培训，以职业技能鉴定合格后由国家统一颁发执业证书，持证上岗。

8）评估时点原则

评估时点，又称评估基准日、评估期日、评估时日，是一个具体日期，通常用年、月、日表示，评估额是在该日期的价格。二手车市场是不断变化的，二手车价格具有很强的时间性，它是某一时点的价格。在不同时点同一辆二手车往往会有不同的价格。

评估时点原则是要说明，评估实际上只是求取某一时点上的价格，所以在评估一辆二手车的价格时，必须假定市场情况停止在评估时点上，同时评估对象即二手车的状况通常也是以其在该时点时的状况为准。“评估时点”并非总是与“评估作业日期”（进行评估的日期）相一致的。一般将评估人员进行实车勘察的日期定为评估时点，或因特殊需要将其他日期指定为评估时点。确立评估时点原则的意义在于，评估时点是责任交待的界限和评估二手车时值的界限。

2. 经济原则

二手车鉴定评估的经济原则是指在二手车鉴定评估过程中，进行具体技术处理的原则。它是二手车鉴定评估原则的具体体现，是在总结二手车鉴定评估经验及市场能够接受的评估准则的基础上形成的，主要包括预期收益原则、替代原则、最佳效用原则。

1）预期收益原则

预期收益原则是指在对营运性车辆评估时，车辆的价值可以不按照其过去形成的成本或购置价格决定，但必须充分考虑它在未来可能为投资者带来的经济效益。车辆的市场价格，主要取决于其未来的有用性或获利能力。未来效用越大，评估值越高。

预期收益原则要求在进行评估时，必须合理预测车辆的未来获利能力及取得获利能力的有效期限。

2）替代原则

替代原则是商品交换的普遍规律，即价格最低的同质商品对其他同质商品具有替代性。据此原理，二手车鉴定评估的替代原则是指在评估中，面对几个相同或相似车辆的不同价格时，应取较低者为评估值，或者说评估值不应高于替代物的价格。这一原则要求评估人员从购买者角度进行二手车鉴定评估，因为评估值应是车辆潜在购买者愿意支付的价格。

3）最佳效用原则

最佳效用原则是指若一辆二手车同时具有多种用途，在公开市场条件下进行评估时，应按照其最佳用途来评估车辆价值。这样既可保证车辆出售方的利益，又有利于车辆的合理使用。

1.4.5　二手车评估的依据

二手车鉴定评估的工作和其他的工作一样，在评估时必须有正确的科学依据，这样才能得出较正确的结论。

1. 理论依据

二手车鉴定评估的理论依据是资产评估学，其具体操作是按国家规定的方法进行。

2. 政策法规依据

二手车鉴定评估工作政策性强，依据的主要政策法规有《固有资产评估管理办法》、《国有资产评估管理办法实施细则》《二手车流通管理办法》《汽车报废标准》等，以及其他方面的政策法规。

3. 价格依据

一是历史依据，主要是二手车的账面价值、净值等资料，它具有一定的客观性，但不能作为评估的直接依据；二是现实依据，即在评价评估值时都要以基准日这一时点的现时条件为准，即现时的价格、现时的车辆功能状态等。

【思考与练习】

一、名词解释

1. 汽车　2. 乘用车　3. 商用车　4. 车高　5. 车宽　6. 前悬
7. 后悬　8. 最小离地间隙　9. 接近角　10. 离去角　11. 最小转弯半径
12. 整备质量利用系数　13. 最高车速　14. 汽车的通过性　15. 二手车

二、填空题

1. GB/T 15089—2001《机动车辆及挂车分类》主要用于机动车辆__________，是机动车辆____________________范围的依据。

2. GB/T 15089—2001《机动车辆及挂车分类》将机动车辆及挂车分为______五类。

3. GB/T 3730. 1—2001《汽车和挂车类型的术语和定义》是汽车通用性的分类，适用于汽车__________________等，也作为政府制定汽车政策和对汽车进行管理的依据。

4. 在 GB/T 3730. 1—2001《汽车和挂车类型的术语和定义》中，将汽车分为____和____。

5. 在 GB/T 3730. 1—2001《汽车和挂车类型的术语和定义》中，客车分为____________、__________、________、______、________、________、______、________。

6. 为了便于机动车辆技术检验、核发牌证和登记管理，公安机关按车辆规格分类，汽车分________、________、__________、__________；按车辆结构分类，汽车分为________、________、________三大类。

7. 车辆识别代号 VIN 编码由 17 位______和______组成。

8. 说明下列 WMI 编号的含义：WAU——_________、WVW——_________、1LA——________、YV1——________、LVS——________、LFV——________、LVS——________、LDC——________。

9. 后悬的长度主要决定于______、______和______，同时要保证适当的________。

10. 汽车的动力性评价指标主要有________、________、________。

11. 加速时间是指汽车以__________________的条件下，在______________的混凝土或沥青路面上，由某一低速度加速到另一高速度所需的时间。加速时间分为____________时间和________时间。

12. 汽车的爬坡能力常用______来衡量。最大爬坡度是指汽车以最大总质量在______的条件下，在干燥、清洁的混凝土或沥青坡道路面上，以______挡前进能够爬上的最大坡度。

13. 汽车行驶平顺性的评价指标有__________、__________________、____________。

14. 二手车鉴定评估的主体是_____________；二手车鉴定评估的客体是________。

15. 汽车的燃油经济性评价指标有__________和____________两种形式。

16. 二手车鉴定评估的原则分为________和________两大类。

17. 按鉴定评估服务对象不同，把鉴定评估的业务类型分为______和______业务。

18. 二手车交易是指买主和卖主进行二手车____________和__________。

19. 二手车鉴定评估的目的是为了正确反映二手车的____________，为将要发生的经济行为提供________。

20. 变动二手车产权是指__________发生转移的经济行为。

三、判断题

(　　)1. 家用小轿车属于乘用车。

(　　)2. 出租车也是一种乘用车。

(　　)3. 在 GB/T 3730.1—2001《汽车和挂车类型的术语和定义》中，客车(bus)是指在设计和技术特性上用于载运乘客及其随身行李的商用车辆，包括驾驶员座位在内座位数不超过 9 座。

(　　)4. 前悬不宜过长，否则，汽车的接近角将变得太小。

(　　)5. 汽车的左右最小转弯半径是相等的。

(　　)6. 汽车最小转弯半径越小，其机动性能越好，弯道通过性能越强，停车和调头越方便。

(　　)7. 汽车的整备质量是指汽车按出厂技术条件装备完整的质量，包括备胎、工具等的质量，但不包括各种油液的质量。

(　　)8. 最小离地间隙越大，汽车通过有障碍物或凹凸不平地面的能力就越强，但使得重心增高，降低汽车行驶稳定性。

(　　)9. 如果汽车车身的振动频率在人的步行振动频率范围之内，就不会引起驾驶员和乘客不舒适的感觉。

(　　)10. 二手车的价值是一个动态的概念，因而对其评估中的价值是指特定时间、地点和市场条件下的价值，具有很强的时效性，即二手车评估值是指评估基准日的市场价值。

四、选择题

1. 小型客车的座位数应为(　　)。

A. 5 座以上　　B. 6 ~ 16 座

C. 10 ~ 16 座　　D. 9 座以上

2. 所有车型的极限总宽(不含后视镜)不超过(　　)m。

A. 2.5　　B. 1.5

C. 1.8　　D. 3

3. 汽车的爬坡能力常用汽车最大爬坡度来衡量。汽车最大爬坡度是指汽车以最大总质量在风速小于等于 3 m/s 的条件下，在干燥、清洁的混凝土或沥青坡道路面上，以(　　)挡前进能够爬上的最大坡度。

A. 最高　　B. 直接
C. 倒挡　　D. 最低

4. 据研究表明，振动频率在(　　)次/min 的范围内，对人体是最舒适的。
A. 60～85　　B. 60～80
C. 50～100　　D. 80～100

5. 不属于二手车经济原则的是(　　)。
A. 预期收益原则　　B. 评估时点原则
C. 最佳效用原则　　D. 替代原则

6. 不属于车辆所有权发生转移经济行为的是(　　)。
A. 转让　　B. 置换
C. 赠予　　D. 以车辆入股投资

7. (　　)属于变动二手车产权的行为。
A. 车辆直接交易　　B. 纳税评估
C. 司法鉴定　　D. 资产评估

8. 二手车鉴定评估的替代原则是指在评估中，面对几个相同或相似车辆的不同价格时，评估值不应(　　)替代物的价格。
A. 高于　　B. 等于
C. 低于　　D. 关联

9. 在车辆 VIN 码中可能识别不到的信息是(　　)。
A. 生产国家　　B. 车辆类型
C. 生产年份　　D. 发动机排量

10. 下列指标中，不属于汽车动力性指标的是(　　)。
A. 加速时间　　B. 最小转弯半径
C. 最高车速　　D. 最大爬坡度

五、简答题

1. 乘用车主要有哪几种？

2. 如图 1－14 所示，为某款车的 VIN 码，请问该车的制造商是哪家公司？是哪年生产的？

图 1－14　某款车的 VIN 码

3. 汽车铭牌的常见位置在哪里？
4. 购买二手车的优势有哪些？
5. 汽车制动性包含哪三个方面？
6. 变动二手车产权的形式主要有哪些？

六、问答题

1. 根据《车辆识别代号管理办法(试行)》，我国对车辆识别代号的基本要求有哪些？
2. 二手车交易市场的功能有哪些？

七、综合题

1. 以表1－10为例，请查阅相关资料，说明图1－10中车辆VIN码的字母和数字的含义。
2. 详述二手车鉴定评估的原则。

模块二 汽车的贬值与使用寿命及报废

【学习目标】

知识目标

1. 了解汽车技术状况常用评估指标。
2. 熟悉汽车技术状况变化的原因。
3. 掌握汽车技术状况变化的规律。
4. 了解汽车损耗的各种形式及其产生的机理。
5. 知道汽车贬值的类型。
6. 熟悉汽车使用寿命的定义及类型。
7. 掌握机动车报废的条件。
8. 熟悉机动车使用年限规定
9. 熟悉机动车行驶里程规定。

能力目标

1. 会确定汽车的各种贬值。
2. 会判断机动车是否达到报废条件。

2.1 汽车技术状况的变化

2.1.1 汽车技术状况的定义与评价指标

1. 汽车技术状况的定义

汽车技术状况是指定量测得的、表征某一时刻汽车的外观和性能的参数值的总和。

汽车是由机构和总成组成的，而机构和总成又由零件组成，所以零件是汽车的基本组成单元。零件性能下降，汽车的技术状况受到影响，因此汽车技术状况的变化取决于零件的综合性能。

随着汽车行驶里程的增加，汽车的技术状况将逐渐变坏，致使汽车的动力性下降、经济性变坏、使用方便性下降、行驶安全性和使用可靠性变差，直至最后达到使用极限。其主要外观症状表现为：汽车最高行驶速度降低；加速时间与加速距离增长；燃料与润滑油消耗量增加；制动迟缓、失灵；转向沉重；行驶中出现振抖、摇摆或异常声响；排黑烟或有异常气味；运行中因技术故障而停歇的时间增多等。

2. 汽车技术状况的常用评价指标

汽车技术状况可用工作能力或运用性能来评价。汽车的运用性能包括动力性、使用经济性、使用方便性、行驶安全性、使用可靠性等。

汽车技术状况的常用评价指标见表2－1。

表2－1　汽车技术状况的常用评价指标

序号	运用性能	评价指标
1	动力性	最高车速、加速时间、加速距离、最大爬坡能力、平均技术速度以及低挡使用时间
2	使用经济性	燃料消耗量、润滑油消耗量以及维修费用
3	使用方便性	每100 km平均操纵作业次数、操纵力；灯光、信号的完好程度；起动热车时间；最大续驶里程
4	行驶安全性	制动距离，制动力，制动减速度，制动时的方向稳定性，侧滑量
5	使用可靠性	故障率和小修频率，维修工作量，因技术故障停歇时间

2.1.2　汽车技术状况变化的原因与规律

1. 汽车技术状况的变化的原因

汽车技术状况的变化是汽车自身内在原因综合作用的结果，主要原因有以下几点。

(1)零件之间相互摩擦而产生的磨损。它是零件的主要损坏形式，磨损现象只发生在零件表面。

(2)零件与有害物质接触而产生的腐蚀。汽车车身、车架、燃油供给系统和冷却系统的管道等都是容易产生腐蚀的主要部件。

(3)零件在交变载荷作用下产生疲劳。

(4)零件在外载、温度和残余内应力作用下发生变形。零件在制造加工过程中产生的残余应力、以及零件受热不均而产生的热应力足够大时，也会导致零件变形或加剧变形。

(5)橡胶及塑料等非金属零件和电器元件因长时间使用而老化。老化不仅在汽车的使用过程中，也发生在汽车闲置过程中。

(6)由于偶然事件造成零件损伤等。这些原因使零件原有尺寸和几何形状及表面质量发生改变，破坏了零件原来的配合特性和正确位置关系，从而引起汽车(或总成)技术状况变坏。值得注意的是因汽车零件运行材料性能的变化，而引起汽车技术性能逐渐变坏的现象，不仅发生在汽车的使用过程中，而且也发生在汽车的闲置过程中。

2. 汽车技术状况变化的规律

汽车技术状况变化规律是指汽车技术状况与其行驶里程或行驶时间之间的函数关系。

汽车在使用过程中受到外部环境和内部条件多种因素的作用，其结构强度和使用条件的变化既有平稳变化的一面，又有不确定的一面，反映在汽车技术状况变化规律上，表现为渐发性和突发性两种变化规律。

渐发性变化规律指汽车技术状况的变化随行驶时间或行驶里程单调变化，从而可用函数式表示的变化规律。

突发性变化规律表示汽车或总成出现故障或达到极限状态的时间是随机的、偶发的，没有必然的变化规律，对其变化过程独立地进行观察所得结果呈现不确定性，但在大量重复观察中又具有一定的统计规律。渐发性变化规律又称为汽车技术状况随行程的变化规律；突发性变化规律又称为汽车技术状况的随机变化规律。

如果汽车运用合理，则汽车主要技术状况的变化按使用时间或行驶里程而逐渐变化，而汽车在使用过程中出现的某些具体故障则是随机发生的。

1)汽车技术状况逐渐变化的规律

在按使用说明书的要求合理运用汽车的前提下，汽车大部分总成、机构技术状况随汽车行驶里程平稳而单调地逐渐变化，其特点是汽车技术状况随行驶里程的变化过程可以用二者之间的函数关系式描述，一般可表示为 n 次多项式或幂函数两种形式。

（1）n 次多项式

$$Y = a_0 + a_1L + a_2L^2 + \cdots + a_nL^n$$

式中：Y——汽车技术状况参考值；

L——汽车行驶里程（或工作时间）；

a_0——汽车技术状况初始值；

$a_1, a_2, \cdots, a_n$——表征函数关系的待定系数。

（2）幂函数

$$Y = a_0 + a_1L^b$$

式中：a_1，b——确定汽车技术状况变化程度的系数。

实践表明：用多项式表征汽车技术状况参数与行驶里程或工作时间的关系时，使用前四项，其精度已经足够；而对制动蹄与制动鼓间的间隙、离合器踏板自由行程等参数变化规律的描述，用前两项，即用线性函数描述已足够精确。对于主要因零件磨损所引起的汽车技术状况参数变化的规律，可用幂函数描述，如曲轴箱窜气量随行驶里程的变化过程等。

图 2-1 所示为汽车技术状况随行驶里程逐渐变化的曲线。

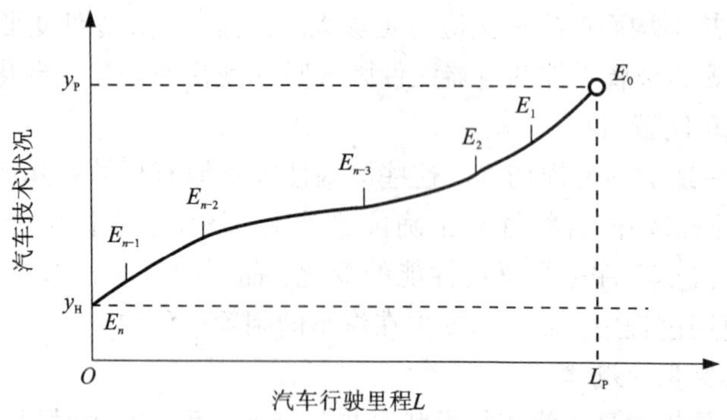

图 2-1 汽车技术状况随行驶里程逐渐变化的曲线

2)汽车技术状况的随机变化

汽车技术状况的随机变化过程受汽车使用中的偶然因素、驾驶操作技术水平、零部件材料的不均匀性和隐蔽缺陷等因素的影响，汽车或某总成技术状况变坏而进入故障状态所对应的行程是随机变量与故障前的状况无直接关系。其本质原因是在上述多种因素影响下，若机件所承受的载荷超过规定的许可标准，可使机件产生损伤并迅速超过极限值而进入故障状态。

技术状况参数随机性变化的特点是各影响因素具有随机性的反映。当给定汽车技术状况参数的极限值时，该随机性变化表现为汽车技术状况参数达到极限值所对应的行程是多种多样的，在同一行驶里程下，汽车技术状况也存在明显差异。

由于汽车技术状况的变化具有随机性，而且对应于不同的驾驶人员、不同的运行条件，即使车款、行驶里程、使用年限都相同，所得出的评估结果也会有相当大的差异。故掌握汽车技术状况参数随机化的规律，对给予汽车一个正确、公正的评估结果是相当重要的。

2.2　汽车的损耗与贬值

2.2.1　汽车的损耗

汽车的损耗分为有形损耗和无形损耗两种形式。

1)有形损耗

汽车的有形损耗是指其本身实物形态上的损耗，又称物质损耗。它是汽车在存放使用过程中，由于物理和化学原因而导致车辆实体发生的价值损耗，亦即为自然力的作用而发生的损耗，有形损耗又有第一种损耗和第二种损耗两种情况。

(1)第一种损耗。汽车在使用过程中，由于零部件发生摩擦、冲击、振动、腐蚀、疲劳和日照老化等现象而产生的损耗。

这种有形损耗通常表现为汽车零部件的原始尺寸、间隙发生变化，公差配合性质和精度降低；零部件变形，产生裂纹，以致断裂损坏等。这种有形损耗具有一定的规律性，大致可分为三个阶段，如图2－2所示。

第一阶段为初期磨损(磨合)阶段。在这个阶段，汽车的行驶速度不能太高，最好不要满载运行，因为汽车零部件在加工装配过程中，其相对运动的表面不可避免地具有一定的粗糙度，当相互配合做相对运动时，表面上的凸峰由于摩擦很快被磨平，磨损速度较快。汽车磨合期的长短，各汽车公司都有严格的规定。使用中，必须按汽车厂家的规定，到达磨合期的里程数，必须按时进行首次维护，使汽车处于最佳状态。

第二阶段为正常磨损阶段。在这个阶段汽车零、部件表面上的高低不平已被磨去，磨损速度较第一阶段缓慢，磨损情况较稳定，磨损量基本随行驶里程的增加而均匀正常地增加，持续时间较长，这段曲线比较平缓。这个阶段车主应严格按汽车制造厂家在使用手册中规定的技术要求使用汽车，也就是通常所说的正常使用，尽可能延长其正常磨损阶段。

第三阶段是急剧磨损阶段。这一阶段由于破坏了正常磨损关系，从而使磨损加剧，磨损量急剧上升。图中曲线较陡，上升快。此时，汽车各零部件的精度、技术性能和效率明显下

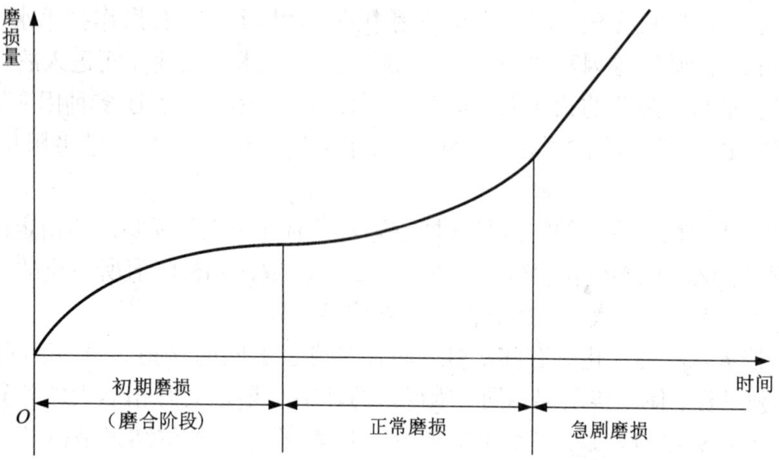

图 2－2　磨损曲线

降，使用费用急剧增加，油耗增加，排放性能变差，此时汽车接近或已达到它的使用寿命，但仍继续使用。

从上述磨损规律可知，如果汽车在使用中加强维护保养，合理使用，则可延长其正常使用阶段的期限，从而可提高经济效益，减少使用费用的支出。此外，对汽车要定期进行检查，发现问题，及时解决，在进入急剧磨损阶段之前就进行修理，以免遭到不可逆转的破坏性损耗。

（2）第二种损耗。汽车在存放闲置过程中，由于自然力的作用，而使汽车受到腐蚀、老化，或由于管理不善和缺乏必要的养护而使其自然丧失精度和工作能力，这些损耗称为第二种损耗。

这种损耗与闲置时间和保管条件有关。例如，蓄电池在长期闲置中，没有定期进行维护，会使其丧失工作能力而报废。汽车在长期的闲置中，每月应起动一次，每两个月应使汽车短距离运行一次，至少每年要进行维护一次，否则就有可能影响其使用寿命。

第一种损耗与汽车使用时间和使用强度成正比，第二种损耗与闲置时间成正比。

汽车存在的上述两种损耗形式往往不是以单一形式表现出来，而是共同作用。其损耗的技术后果是汽车的使用性能变差，价值降低，到一定程度可使汽车完全丧失使用价值。在经济上，显然会导致汽车使用费用不断上升，经济效益则会逐步下降。在有形损耗严重时，若不采取措施会引起行车事故，从而带来极大的经济损失，甚至危及生命。

2）无形损耗

所谓无形损耗，是由于科学技术的进步和发展，从而导致车辆的损耗与贬值。这也分两种情况。

（1）因科学技术不断进步引发劳动生产率的提高，生产制造与原性能和结构相同的车辆，其社会必要劳动时间减少，致使重新生产制造结构相同车辆的成本降低，造成现有车辆的价值损耗而贬值。

这种无形损耗并不会影响汽车本身的技术特性和功能，汽车可以继续使用，一般也不需要更新。但是，若汽车的贬值速度比维修汽车的费用提高的速度还快，修理费用高于贬值后的车辆价值，这时就应考虑更新了。

(2)因科学技术的进步，不断出现性能更完善，运输效率更高的车辆而使原有车辆在技术上显得陈旧和落后，而产生损耗和贬值。这时，如果继续使用原有车辆，就会降低经济效益，这种经济效益的降低，反映在原有车辆使用价值的局部或全部丧失，这就产生了用新的车辆来取代原有旧的车辆的必要性。不过这种更新的经济合理性取决于原有车辆的贬值程度及经济效益下降的幅度。例如，电控燃油喷射系统的成功使用，使汽车的燃油经济性和排放污染都有明显的改善，使原有化油器汽车产生贬值，并逐渐淘汰退出市场。

2.2.2　汽车贬值

汽车的贬值有实体性贬值、功能性贬值、经济性贬值三类。

1. 实体性贬值

1)实体性贬值的定义

实体性贬值也称有形损耗贬值。它是指设备由于运行中的磨损和暴露在自然环境中的侵蚀，造成设备实体形态的损耗引起的贬值。

2)实体性贬值的确定

汽车实体性贬值主要测算方法有观察法和使用年限法两种。

(1)观察法。观察法是汽车专业技术人员通过对被评估汽车实体进行实际观测和技术鉴定取得汽车的有形损耗率，以有形损耗率来推断被评估汽车的新旧程度，从而计算汽车的实体性贬值。计算公式为

$$汽车实体性贬值 = 汽车重置成本 \times 有形损耗率$$

如果用成新率，则为

$$汽车实体性贬值 = 汽车重置成本 \times (1 - 成新率)$$

(2)使用年限法。使用年限法是根据被评估汽车的实际已使用年限与汽车的规定使用年限之比来确定被评估汽车的损耗率，计算公式为

$$汽车实体性贬值 = 汽车重置成本 \times \frac{已使用年限}{规定使用年限}$$

在检查二手车车况时，要仔细确定出需要马上或在不久的将来需要更换的零件，并估计出更换这些零部件需要的费用，这些费用是车辆实体性贬值的一部分，应在交易价格中反映出来。例如，如果普通型桑塔纳的一个轮胎磨损特别明显，那么换一个轮胎加上四轮定位的费用一般在500元左右。试车时，觉得过小坑时汽车硬梆梆的，可能为后减震的问题，换一对减震器的费用大概为700元。若发动机大修则需数千元的费用，这些费用共计6000元左右，谈价时即可有理有据、掌握分寸和技巧将这些潜在费用考虑进去。

车辆发生碰撞事故后，无责任一方除得到修车费赔偿外，还可获得车辆因碰撞而导致的实体性贬值损失，因为即使车辆被修好了，但受过伤的车辆总成、零件或车身的实物状态和技术性能与未受碰时相比，肯定变差。《中华人民共和国民法通则》规定，损坏国家的、集体的或他人财产的，应当恢复原状或折价赔偿。因此在二手车鉴定估价工作中，要仔细检查车辆是否发生过碰撞事故，若发生过，即使修好，仍要计算车辆因此而承受的实体性贬值。

【案例2－1】

1999年11月25日，李某在北京驾驶一辆新车正常行驶，途中遇到红灯制动停车，后面车辆驾驶员张某没有及时制动，从后面撞上前面李某的汽车。经勘查，交警确定张某负追尾事故的全部责任，赔偿650元的修理费。李某让专家对修理过的汽车进行残值评估，获知汽车贬值了26161元。2000年10月，李某将张某告上北京市第一中级人民法院，要求张某全额赔偿车辆的贬值损失26161元和鉴定估价费1000元。2000年3月21日，北京市第一中级人民法院判决李某胜诉，要求事故责任方全额赔偿李某车辆的贬值损失和鉴定估价费。

2. 功能性贬值

1）功能性贬值的定义

车辆的功能性贬值是指由于科学技术的发展和生产力水平的提高使车辆发生无形损耗导致的车辆贬值。导致车辆无形损耗的外部原因很多，而车辆的功能性贬值特指由于科学技术和汽车制造技术的进步而引起的车辆贬值。由于车辆制造技术的进步和劳动生产力的提高，现在制造与被评估车辆相同或基本相同的新车的社会必要劳动时间会明显缩短，制造成本也会降低，而且随着同一车型的产量和销量的增加，制造成本还会进一步降低而产生相应的降价空间，这是市场上同一车型的价格不断降低的主要原因。同型号新车价格越低，二手车的功能性贬值越大。车辆的功能性贬值是由车辆外部因素而不是内部因素引起的车辆现时价值的降低。

2）功能性贬值的类型

功能性贬值可分为一次性功能贬值和营运性功能贬值。

（1）一次性功能贬值

一次性功能贬值是由于技术进步引起劳动生产率的提高，现在再生产制造与原功能相同的车辆的社会必要劳动时间减少，成本降低而造成原车辆的价值贬值。

对一次性功能贬值的测定分两种情况：

①对于市场上能买到，厂家继续生产的全新汽车，可直接采用当前市场价格作为其评估值，这样的评估值就已经包含了功能性贬值因素。

②若被评估汽车已经淘汰或停产，无法得到其当前的实际市场价，则只能采用参照汽车的价格，按现行市价法（现行市价法是二手车价值评估方法之一，将在模块四中介绍）进行估算，然而，参照车辆是指与被评估车辆的类别、主要性能参数、结构特征相同，只是生产序号不同并做局部改动的车辆，这些替代车辆的功能通常比原有车型有所改进和增加，因此其价值通常会比原车型价格所反映的价值要高。所以应根据参照车辆，利用类比法对原车型进行鉴定估价，一定要了解参照车辆在结构上的改进和性能上的提高等因素，测算全新的原车辆在目前市场上的价格。

新车降价对二手车价格有直接的影响，不仅发生在相同品牌的车型上，不同品牌车型降价同样也有交叉影响。新车每降价5%，二手车就跟着折旧3%～5%；使用5年以上的二手车型，如果新车一次降价超过10%，那么二手车也将出现2%以上的无形贬值；使用10年以上的老车，受低价位车型降价的影响较大，如果低价位车型价格下调，就会有客户选择新车而不使用10年的二手车，造成二手车价格下降。

对目前在市场上能购买到的且有制造厂家继续生产的全新车辆，一般采用市场价即可认为已包含了该车辆的功能性贬值，在计算中采用的新车价格就包含了一次性功能贬值。由于科学技术日新月异，车辆的改型换代很快，大部分车辆都有这两种贬值。比如桑塔纳，老款桑塔纳发动机性能要差一些，变速器为手动四速，无安全气囊、无 ABS、无 EBD、无 OBD 系统等，如果现在评估老款桑塔纳，采用评估基准日的新车价格，由于新车现在有了大幅度改进，而被评估车辆却技术落后了，如果直接采用新车价格作为计算基础显然不准确，所以还要对被评估车辆进行营运性功能贬值的确认。

【案例 2－2】

王先生于 2014 年以 103 万元购买宝马 X6 一辆，2016 年在二手车市场，该车被估价 67 万，王先生认为按照第一年折旧 20%，第二年折旧 10% 的行业规则，评估价应为 73 万元，但目前这款车的新车价格不到 96 万元，应按新车市场价而不是原始购车价进行评估，所以两种计算方法相差 6 万元，这 6 万元是随着新车降价凭空蒸发了，它就是该车的功能性贬值。

◆风险提示◆

新车“出乎意料”的降价，对二手车经营公司带来的损失是灾难性的，2005 某二手车商以 135 万元的价格收购了一辆顶级宝马。几天后这款车的价格降了 30 万元，车商不得已，以不到 100 万元的价格出手，一次损失 30 多万元。

(2)营运性功能贬值

营运性功能贬值是由于科学技术进步，出现了新的、性能更优的车辆，它们的燃油消耗、故障率和配件价格等更低，致使原有车辆的功能相对新车型已经落后，从而导致车辆营运成本增加，增加的营运成本即为车辆的营运性贬值。营运性贬值是指原有车辆在完成相同工作任务时，在燃油、润滑油、配件和维修等方面的消耗增加，产生了一部分超额营运成本。在对经营性车辆进行鉴定估价时不能忽视车辆的营运性贬值。下面通过例题说明车辆营运性贬值的计算方法。例题中车辆的更新重置成本是指在现时市场上购置一辆相同或基本相同的全新汽车所支付的全部成本。

测定营运性功能贬值的步骤为：

①选定参照物，并与参照物对比找出营运成本有差别的内容和有差别的量值。

②确定原车辆尚可继续使用的年限。

③查明当前的折现率。

④通过计算超额收益或成本降低额，最后计算出营运性功能贬值。

【例题 2－1】

A、B 两辆 8 t 载货汽车，假设 A、B 载货汽车还有 5 年的经济使用寿命，成本基本相同，各项营运成本的差别如下：

项目	A 车	B 车
每百公里耗油量	25 L	22 L
每年维修费用	3.5 万元	2.8 万元

求 A 车相对于 B 车的营运性贬值。

解：两辆载货汽车按每天营运 150 km，每年平均出车 250 天计算。则 A 车相对 B 车每年超额燃油费用为

$$(25-22)\times 3.5\times 150/100\times 250=3937.5(\text{元})$$

A 车每年超额维修费用为 $35000-28000=7000$(元)

A 车总的超额营运成本为 $3937.5+7000=10937.5$(元)

所得税率为33%，则税后或者税务局退还给卖方先前交的33%所得税后的超额营运成本为

$$10937.5\times(1-33\%)=7328.125(元)$$

分析：此处的税后超额营运成本7328.125元是指车主先用已经交了33%的所得税的个人收入垫付了10937.5元的超额营运成本。由于是再营运性投入，不应双重征税，所交的33%所得税得到退还。简单地讲就是，A车的所有者对有购买意愿的买主说：你将来每年实际支出的超额营运成本不是10937.5元，而是扣除了所交所得税的7328.125元。

取载货汽车预期收益的折现率为11%，在此后的3年经济使用寿命期中，A车和B车的每百公里耗油量、每年维修费用、燃油的价格等都保持不变。则按11%的折现率可计算出5年的折现系数为3.696。那么A车相对B车的营运性贬值为

$$7328.125\times3.696 = 27084.75(元)$$

在其他条件基本相同的情况下，由于A车相对于B车在以后5年的营运期内需要多支出27084.75元，因此，A车的交易价格中应扣除它的这一营运性贬值额，它的交易价格应比B车少27084.75元。如果A车和B车的每百公里耗油量、维修费用等都不一样，两车的预期收益折现率也不相同，根据现值收益法原理可以计算出两车在营运成本上的差别，只是计算过程要复杂些。

3.经济性贬值

1)经济性贬值的定义

经济性贬值就是由于外部经济环境的变化所造成的贬值，外部经济环境包含经济政策、市场需求、通货膨胀、环境保护等方面。外界经济环境的变化对车辆价值的影响不但是客观存在的而且对车辆价值影响还相当大，在二手车的评估中不可忽视。

2)经济性贬值的确定

经济性贬值通常用经济性损耗评定。对于营运性车辆，通常采用以下两种方式计量其经济性损耗：一种是利用车辆年收益损失额折现累加计算；另一种是通过车辆利用率的变化估算。

【例题2-2】

某一被评估车辆甲，其出厂时的燃料经济性指标为每百公里耗油量14 L，平均年维修费用为2.5万元。以目前新出厂的同型车辆乙为参照车辆，该车出厂时燃料经济性指标为每百公里耗油量12 L，平均每年维修费用为2万元。如果甲、乙两车在营运成本的支出项目方面大致相同，被评估车辆尚可使用5年，每年平均出车日为300天，每日营运150 km，所得税税率为33%，适用的折现率为10%，试估算被评估车辆的营运性功能损耗(油价格取为7.2元/L)。

根据上述资料，对被评估车辆的功能性损耗估算如下：

①被评估车辆每年油料的超额费用为

$$150\times(14-12)\times7.2\times300/100=6480(元)$$

②被评估车辆每年维修的超额费用为

$$25000-20000=5000(元)$$

③被评估车辆的年超额营运成本为

$$6480+5000=11480(元)$$

④被评估车辆的年超额营运成本的净额为

$$11480\times(1-33\%)=7691.6(\text{元})$$

⑤将被评估车辆在剩余年限内的年超额营运成本净额折现累加，其功能性损耗为

$$7691.6\times\frac{(1+10\%)^5-1}{10\%\times(1+10\%)^5}=7691.7\times3.7908=29157.3(\text{元})$$

(1)利用车辆年收益损失额估算经济性损耗。利用年收益损失额折现累加计算，如果由于外界因素变化，导致车辆营运收益的减少额或投入成本的增加额能够估算出来，可以直接按车辆继续使用期间每年的收益损失额折现累加，以求得车辆的经济性损耗。计算公式为

$$\text{车辆的经济性损耗}=\text{车辆年收益损失额}\times(1-\text{所得税税率})\times\frac{(1+i)^n-1}{i(1+i)^n}$$

式中：n——车辆剩余使用年限；

i——折现率。

使用上述公式应注意，年收益损失额只能因外界因素计量，不能把因技术落后等自身因素所造成的收益损失额归入此类。

经济性贬值是由车辆外部因素引起的。外部因素影响车辆价值的主要表现是造成营运成本上升或导致车辆闲置。由于造成车辆经济性贬值的外部因素很多，并且造成贬值的程度也不尽相同。所以在评估时只能统筹考虑这些因素，而无法单独计算所造成的贬值。其评估的思考方法如下：

①车辆经济性贬值的估算主要以评估基准日以后是否停用、闲置或半闲置作为估算依据。

②已封存或较长时间停用，且在近期内仍将闲置，但今后肯定要继续使用的车辆最简单的估算方法是按其可能闲置时间的长短及其资金成本估算其经济贬值。

③根据市场供求关系估算其贬值。

【例题2-3】

某人欲出售一辆已使用了6年的出租车。由于国家行业政策及检测标准的变化，与过去相比，每年增加投入成本3500元，方能满足有关的规定要求。试估算该出租车的经济性损耗。

根据国家规定，出租车的使用年限为8年。从购车登记日起，至该车的评估基准日止，该车已使用年限为6年，该车的剩余使用年限为2年。取所得税税率33%，适用的折现率为10%，则该车辆的经济性损耗为

$$\text{车辆的经济性损耗}=3500\times(1-33\%)\times\frac{(1+10\%)^2-1}{10\%\times(1+10\%)^2}=3500\times67\%\times1.7355=4069.7(\text{元})$$

(2)通过车辆利用率的变化估算经济性损耗。如果由于外部因素的影响，导致车辆的利用率下降，可以按照以下公式估算车辆的经济性损耗率：

$$\text{车辆的经济性损耗}=\left[1-\left(\frac{\text{汽车的实际工作量}}{\text{汽车的正常工作量}}\right)^x\right]\times100\%$$

在上式中，x效益指数($0<x<1$)。其调整计算的结果，说明车辆的运输量与投入成本之间并非呈线性关系。当车辆的运输量降至正常运输量的一半时，其投入成本却也降至正常投

入成本的一半。x 一般为0.6～0.7。在确定了车辆的经济性损耗率后，可按照以下公式计算车辆的经济性损耗：

车辆的经济损耗＝(重置成本－有形损耗－功能性损耗)×经济性损耗率

【例题2－4】

由于某行业企业生产普遍不景气，工作量不足，某专用汽车的利用率仅为正常工作量的55%，而且在该汽车的剩余使用年限内，这种情况也不会有所改变。经评估汽车的重置成本为20万元，成新率为60%，功能性损耗可以忽略不计，试估算该车辆的经济损耗。具体估算过程如下：

①计算车辆的经济性损耗率：

$$车辆的经济性损耗率=(1-0.6^{x})\times 100\%$$

取 $x=0.7$，则该车辆的经济性损耗率 $=(1-0.6^{0.7})\times 100\% =(1-0.699)=30.1\%$

②车辆扣除有形损耗和功能性损耗后的价值为：

$$200000\times 60\% = 120000(元)$$

③车辆的经济性损耗为：

$$120000\times 30.1\% \approx 36120(元)$$

2.3 汽车的使用寿命与报废

2.3.1 汽车使用寿命的定义和类型

1.汽车使用寿命的定义

汽车使用寿命是指汽车开始投入使用到不能使用的整个时期，指从技术上和经济上汽车使用的极限，用累计使用年限或者累计行驶里程数表示。

2.汽车使用寿命的类型

汽车的使用寿命可分为技术使用寿命、合理使用寿命和经济使用寿命。

1)技术使用寿命

汽车技术使用寿命又称“物理使用寿命”，是指汽车从全新状态开始使用，直到在技术上不能按原有用途继续使用为止的时间。可用总工作时间或总行驶里程表示。

汽车技术使用寿命与汽车的制造质量、材料品质、使用条件、驾驶操作技术及保养、维修质量等因素有关。汽车有时可通过恢复性修理延长车辆的技术使用寿命。但是，随着使用时间的延长，汽车的维修费用也会随着增加。

2)汽车合理使用寿命

汽车合理使用寿命是以汽车经济使用寿命为基础，综合考虑整个国民经济的发展和能源节约等因素，所制订的符合国情的使用期限。也就是说，汽车已达到了经济寿命，但是否要更新还需要根据国情而定，如更新汽车的来源，更新资金等因素，我国在汽车更新政策上充分考虑上述因素，综合我国国情，与国际标准接轨，颁布了新的《汽车报废标准》，这是我们对汽车评估的最重要的法规之一。

3)经济使用寿命

汽车的经济使用寿命是指汽车从全新状态开始，到年平均总费用最低的使用期限。超过这个期限，汽车在技术上仍可继续使用，但年平均总费用上升，在经济上不合算。

汽车技术使用寿命、合理使用寿命、经济使用寿命三者之间的关系可用下式表示：

技术使用寿命 > 合理使用寿命 > 经济使用寿命

2.3.2 汽车经济使用寿命的指标和影响因素

1. 汽车经济使用寿命的分析

如图 2－3 所示，汽车经济使用寿命是从汽车使用总成本出发，分析车辆制造成本、使用与维修成本、管理费、车辆当前的折旧以及市场价格变化等因素，经过分析做出的综合性经济评定。

有关资料表明，在一辆汽车的整个使用期内，汽车的制造费用平均占其整个使用费用的 15% 左右，而汽车的使用、维修费用则占总费用的 85% 左右。业内人士认为，若购买一辆 10 万元的汽车，将该车使用到报废，则还需要花费约 20 万元的费用。所以，现代汽车经济使用寿命的长短，很重要一点是在汽车设计制造时，就应充分考虑到今后可能达到的使用维修费用。如果汽车能在整个使用期内保持使用费用、维修费用较低，则其经济使用寿命就较长，反之则短。

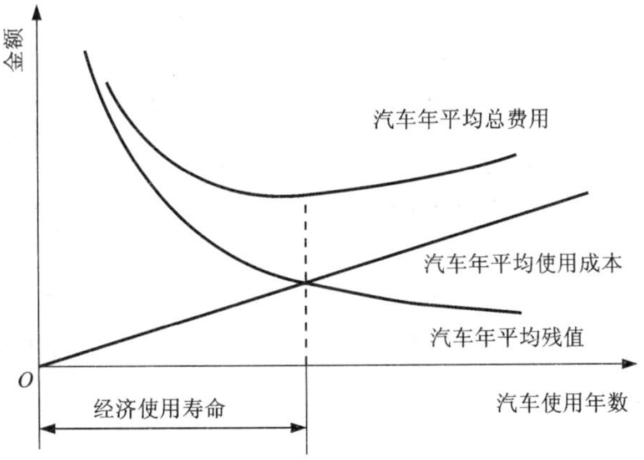

图 2－3 汽车经济使用寿命分析示意图

许多国家的汽车使用期限完全按经济规律确定，除了考虑车辆本身的运行费用增加外，还考虑新车型性能的改进和价格下降等因素，部分国家载重汽车的经济使用寿命见表 2－2。

表 2－2 部分国家载重汽车的经济使用寿命

国别	美国	日本	德国	法国	英国	意大利	中国
平均经济使用寿命	10.3	7.5	11.3	12.1	10.6	11.2	10

2. 汽车经济使用寿命的指标

汽车经济使用寿命的指标有规定使用年限、行驶里程和大修次数。

1)使用年限

汽车使用年数是指汽车从开始投入运行到报废的年数。这个指标除考虑运行时的损耗，还考车辆停放期间的自然损耗。这种方法计算比较简单，但是不能充分真实地反映汽车的使用强度和使用条件，造成同年限的车辆差异较大。

使用年限是把汽车总的行驶里程数除以年平均行驶里程数所得的年限数，也称为折算年限，其计算公式为：

$$T_{折} = \frac{L_{总}}{L_{年}}$$

式中：$T_{折}$——折算年限(年)；

$L_{总}$——总的累计行驶里程(km)；

$L_{年}$——年平均行驶里程(km/年)。

这样计算出的使用年限既反映了车辆的使用情况、使用强度，又包括了运行条件和某些停驶闲置较长汽车的自然损耗，还反映了管理水平、维护水平等，是一个很好的量标。

在折算年限的计算公式中，年平均行驶里程是用统计方法确定的，与汽车的使用性质和技术状况等因素有关。根据有关资料介绍，在我国城市和市郊运输车辆年平均行驶里程一般在4万km左右；长途货运车辆为5万km左右；个体运输车辆则约为3万km；私家生活用车约2万km；公务、商务用车约为3.5万km；出租车高的达12万km，低的也有9万km，平均约为10万km。

上述统计平均值是对全国而言的。由于我国幅员广大，东、西部地区，南、北部地区，无论是道路条件、地理气候条件，还是经济发展水平都相差较大。所以，上述统计数据不可能真实反映各省市汽车使用的实际情况。若从实际的具体情况出发，各省市应有自己的年平均行驶里程的统计数据，这样计算出来的折算使用年限才切合实际，比较公平、合理，可信度更高。

上述量标，无论是对社会运输车辆还是零散车辆都适用。但应注意的是社会零散车辆的管理水平、使用和维修水平一般都比较差，在评估中应注意到这种差异性，在必要时，根据车辆的实际情况作出适当的修正和调整是必要的。

2)行驶里程

行驶里程是指汽车从开始投入运行到报废，这期间累计行驶的里程数。用其作为汽车使用寿命的量标，比较客观地反映了汽车的使用强度，但它也不能反映汽车的使用条件的影响，也未考虑停驶闲置期间的自然损耗。例如，有的汽车长年在大、中城市中行驶，道路全为铺设路面。而有的汽车则长期在山区、边远地区行驶，道路条件较差。使用行驶里程这个量标，则没有考虑这种差异。

应该说，汽车累计行驶里程数是考核汽车各项技术性能指标的重要参数，是一个很实用、很实际的量标，充分反映了汽车的使用强度的大小。汽车使用性质不同，同年限的汽车其累计行驶里程数相差是很大的。一般来说，同年限的专业运输车辆，行驶里程数较大。

在二手车的评估中，车主往往在里程表上做手脚，把行驶里程数做小，以便卖个好价格，这在国内外都是常见的不法行为。所以，行驶里程数的可信度受到质疑。鉴定评估人员应结合车况和使用年限作出判断，防止上当受骗，不让消费者吃亏，这是鉴定评估师的职责。

3)大修次数

汽车在使用中，当动力性和经济性指标下降到一定程度后，已无法用正常的维修的方法使其恢复正常的技术状况时，就要进行大修。在我国，汽车大修有严格的报修标准，未达到大修标准的，不得随意进行大修。相反，已达大修标准的汽车，必须进行大修，以防发生交通事故，造成人员的生命和财产损失。

汽车报废前，截止到第几次大修最为经济，这就要权衡“买新车的费用加旧车未折旧完的损失”与“大修费用加经营费用的损失”两者的损失，综合衡量后，确定大修的必要性，否则，就应报废更新车辆。

3. 影响汽车经济使用寿命的因素

从提高汽车的经济效益出发，找出影响汽车经济使用寿命的主要因素，从而提高人们正确使用汽车的自觉性，也可提高对二手车评估的质量。

影响汽车经济使用寿命的主要因素有汽车的损耗、使用条件、汽车的使用强度、经济水平等。

1）汽车的损耗

汽车的损耗有两种形式，即有形损耗和无形损耗。

2）使用条件

（1）道路条件。道路对汽车的使用寿命影响很大，直接影响车辆技术速度。道路条件差，车辆技术速度就慢，燃料消耗增大，车辆磨损增大，经济使用寿命则短。

（2）自然条件。我国地域辽阔，各地除自然条件差别很大外，道路条件的差别也极大。道路条件对汽车寿命影响较大。对汽车使用寿命有较大影响的道路条件主要是道路等级和路面情况两个因素。

此外，一些特殊自然、地理条件也给汽车的使用寿命带来不利影响，如高寒地区、沿海、沙漠、高原、山区等。

3）使用强度

汽车的使用强度与汽车的使用性质有很大关系。不同的汽车、不同的使用者、不同的用途，汽车的使用强度差别很大，汽车的经济使用寿命也不一样。

不同的使用性质，使用强度相差很大。表2－3列出了几种车辆年均行驶里程，从表中可以看出，汽车的使用强度在1×10^4 km/a ~ 15×10^4 km/a之间。私家车不仅维护保养较好，而且年平均行驶里程数较小；营运性车辆，年平均行驶里程数很大，使用强度也很大；而公务、商务用车，则介于上述两者之间，使用强度一般。

汽车的使用强度与使用部门有关。交通运输部门、专门从事运输生产的车辆，使用条件复杂，使用强度较大，但车辆维修水平也较高。这部分车辆主要指的是客、货运输车辆，特别是货车，为了提高劳动生产率，通常带有拖挂车，实载率较高，甚至超载。这些车辆一般很少进入二手车流通领域，运输单位通常用到报废为止。城市公共交通车辆使用强度也很大，也不参与二手车市场交易。城市出租车，其使用强度极大，车辆机件磨损上升速率很快，大大影响车辆的使用寿命。而且这些车辆的管理、使用、维修水平差异很大，有少数出租车公司对于车况疏于管理，大多数出租车昼夜两班制。出租车进入二手车市场的不少，对于其车况，在评估中需特别注意。

表 2-3 不同车辆年均行驶里程 (单位: 10^4km/a)

私家车	商用车	出租车	公交车	长途客车	大货车
1~3	2~5	10~15	8~12	10~20	8~12

还有一些机关、企事业单位的公务、商务用车，这些车辆一般没有专业的管理机构和维修基地，使用情况也存在较大差异。这些车辆进入二手车市场的较多。政府有关部门的公务用车更换后，均需进入二手车市场。评估时应注意考虑其实际技术状况，了解其使用维修情况。一般来说，这些车辆使用强度不大，车况也较好。

4)经济水平

不同国家，经济发展水平不同。我国各地经济水平差异也很大，东南沿海经济发达，中西部经济较落后，如出租车的使用年限从 3 年到 8 年不等，有的地方 8 年后还可以使用，这也就造成了车辆经济使用寿命的差异。各地的物价指数、劳动力价格指数等直接影响着汽车的有形损耗和无形损耗，从而影响汽车的经济使用寿命。

2.3.3 机动车报废的规定

目前，我国机动车报废的依据是《机动车强制报废标准规定》。《机动车强制报废标准规定》是在 2012 年 8 月 24 日商务部第 68 次部务会议审议通过的，并经国家发展和改革委员会、公安部、环境保护部同意，2012 年 12 月 27 日商务部、国家发展和改革委员会、公安部、环境保护以 2012 年第 12 号部令发布，自 2013 年 5 月 1 日起施行。

1. 机动车强制报废的条件

(1)达到使用年限。

(2)经修理和调整仍不符合 GB/T 7258《机动车运行安全技术条件》要求。

(3)经修理和调整或者采用排放控制技术后，排气污染物及噪声不符合在用机动车排放国家标准。

(4)因故损坏，车辆发动机、车架(或承载式车身)需要一同更换。

(5)因故损坏，车辆发动机、车架(或承载式车身)之一需要更换，且变速器总成、驱动桥总成、非驱动桥总成、转向系统、前悬架、后悬架中 3 个或 3 个以上总成需要一同更换。

(6)在一个机动车安全技术检验周期内连续三次检验不合格。

(7)在检验合格有效期届满后连续两个机动车安全技术检验周期内未参加检验或者未取得机动车检验合格标志。

(8)小型、微型非营运载客汽车自注册登记后第 21 年起、专项作业车自注册登记后第 16 年起，其安全技术检验应增加功率检验项目。小型、微型非营运载客汽车以及专项作业车在进行功率检验时，底盘输出功率低于发动机额定功率的 60% 或最大净功率的 65%。

2. 机动车使用年限规定

各类机动车达到以下使用年限，应强制报废。

(1)小、微型出租客运汽车使用 8 年，中型出租客运汽车使用 10 年，大型出租客运汽车使用 12 年；

(2)租赁载客汽车使用 15 年；

(3) 小型教练载客汽车使用 10 年，中型教练载客汽车使用 12 年，大型教练载客汽车使用 15 年；

(4) 公交客运汽车使用 13 年；

(5) 其他小、微型营运载客汽车使用 10 年，大、中型营运载客汽车使用 15 年；

(6) 专用校车使用 15 年；

(7) 大、中型非营运载客汽车（大型轿车除外）使用 20 年；

(8) 三轮汽车、装用单缸发动机的低速货车使用 9 年，装用多缸发动机的低速货车以及微型载货汽车使用 12 年，危险品运输载货汽车使用 10 年，其他载货汽车（包括半挂牵引车和全挂牵引车）使用 15 年；

(9) 有载货功能的专项作业车使用 15 年，无载货功能的专项作业车使用 30 年；

(10) 全挂车、危险品运输半挂车使用 10 年，集装箱半挂车 20 年，其他半挂车使用 15 年；

(11) 正三轮摩托车使用 12 年，其他摩托车使用 13 年。

对小、微型出租客运汽车（纯电动汽车除外）和摩托车，省、自治区、直辖市人民政府有关部门可结合本地实际情况，制定严于上述使用年限的规定，但小、微型出租客运汽车不得低于 6 年，正三轮摩托车不得低于 10 年，其他摩托车不得低于 11 年。

小、微型非营运载客汽车、大型非营运轿车、轮式专用机械车无使用年限限制。

机动车使用年限起始日期按照注册登记日期计算，但自出厂之日起超过 2 年未办理注册登记手续的，按照出厂日期计算。

3. 机动车行驶里程规定

机动车使用年限未达到报废年限，但行驶里程达到以下规定时，国家采用引导性报废政策，鼓励报废。

达到下列行驶里程的机动车，其所有人可以将机动车交售给报废机动车回收拆解企业，由报废机动车回收拆解企业按规定进行登记、拆解、销毁等处理，并将报废的机动车登记证书、号牌、行驶证交公安机关交通管理部门注销。

(1) 小、微型出租客运汽车行驶 60 万 km，中型出租客运汽车行驶 50 万 km，大型出租客运汽车行驶 60 万 km；

(2) 租赁载客汽车行驶 60 万 km；

(3) 小型和中型教练载客汽车行驶 50 万 km，大型教练载客汽车行驶 60 万 km；

(4) 公交客运汽车行驶 40 万 km；

(5) 其他小、微型营运载客汽车行驶 60 万 km，中型营运载客汽车行驶 50 万 km，大型营运载客汽车行驶 80 万 km；

(6) 专用校车行驶 40 万 km；

(7) 小、微型非营运载客汽车和大型非营运轿车行驶 60 万 km，中型非营运载客汽车行驶 50 万 km，大型非营运载客汽车行驶 60 万 km；

(8) 微型载货汽车行驶 50 万 km，中、轻型载货汽车行驶 60 万 km，重型载货汽车（包括半挂牵引车和全挂牵引车）行驶 70 万 km，危险品运输载货汽车行驶 40 万 km，装用多缸发动机的低速货车行驶 30 万 km；

(9) 专项作业车、轮式专用机械车行驶 50 万 km；

(10)正三轮摩托车行驶10万km，其他摩托车行驶12万km。

4. 其他规定

变更使用性质或者转移登记的机动车应当按照下列有关要求确定使用年限和报废。

(1)营运载客汽车与非营运载客汽车相互转换的，按照营运载客汽车的规定报废，但小、微型非营运载客汽车和大型非营运轿车转为营运载客汽车的，应按照下面公式计算。

累计使用年限 = 原状态已使用年限 + (1 - 原状态已使用年限/原状态使用年限)
×状态改变后年限

注：公式中原状态已使用年限中不足一年的按一年计算，例如，已使用2.5年按照3年计算；原状态使用年限数值取定值为17；累计使用年限计算结果为整数，且不超过15年。

(2)不同类型的营运载客汽车相互转换，按照使用年限较严的规定报废；

(3)小、微型出租客运汽车和摩托车需要转出登记所属地省、自治区、直辖市范围的，按照使用年限较严的规定报废；

(4)危险品运输载货汽车、半挂车与其他载货汽车、半挂车相互转换的，按照危险品运输载货车、半挂车的规定报废。

(5)距本规定要求使用年限1年以内(含1年)的机动车，不得变更使用性质、转移所有权或者转出登记地所属地市级行政区域。

【思考与练习】

一、名词解释

1. 汽车技术状况　2. 有形损耗　3. 无形损耗　4. 实体性贬值
5. 车辆的功能性贬值　6. 营运性功能贬值　7. 经济性贬值　8. 汽车使用寿命
9. 汽车合理使用寿命　10. 汽车的经济使用寿命　11. 使用年限

二、填空题

1. 汽车技术状况可用___________或__________来评价。

2. 汽车技术状况随行驶里程的变化过程可以用二者之间的函数关系描述，一般可表示为________或______两种形式。

3. 汽车的损耗分为________和______两种形式，有形损耗又有______和______两种情况。

4. 第一种损耗与__________和________成正比，第二种损耗与________成正比。

5. 无形损耗与____________和____________有关。

6. 因科学技术不断进步引发劳动生产率的提高，生产制造与原性能和结构相同的车辆，其社会必要劳动时间减少，致使重新生产制造结构相同车辆的成本降低，造成现有车辆的价值损耗，这种损耗为____________。

7. 汽车的贬值有____________、__________、__________三类。

8. 汽车实体性贬值主要测算方法有__________和________两种。

9. 车辆的功能性贬值是指由于__________和__________使车辆发生无形损耗导致的车辆贬值。

10. 经济性贬值通常用________评定。对于营运性车辆，通常采用以下两种方式计量其经济性损耗：一种是利用____________________；另一种是通过________________。

11. 汽车使用寿命用______________ 或者______________ 表示。

12. 汽车的使用寿命可分为____________、____________和_________。

13. 汽车技术使用寿命与汽车的______、___________、____________、驾驶操作技术及保养及__________ 等因素有关。

14. 小、微型非营运载客汽车和大型非营运轿车行驶____ 万 km，中型非营运载客汽车行驶______万 km，大型非营运载客汽车行驶____万 km

15. 小、微型出租客运汽车使用____ 年，中型出租客运汽车使用______年，大型出租客运汽车使用______年；

16. 使用年限既反映了车辆的__________ 、________ ，又包括了___________ 和某些停驶闲置较长汽车的________ ，还反映了________、________等，是一个很好的量标。

三、判断题

(　　)1. 第一种损耗与闲置时间成正比，第二种损耗与汽车使用时间和使用强度成正比。

(　　)2. 无形损耗并不会影响汽车本身的技术特性和功能，汽车可以继续使用，一般也不需要更新。

(　　)3. 无形损耗与闲置时间有关，与保管条件无关。

(　　)4. 无形损耗并不会影响汽车本身的技术特性和功能，汽车可以继续使用，一般也不需要更新。

(　　)5. 以当前市场价格作为汽车的评估值时，就已经包含了功能性贬值因素。

(　　)6. 同型号新车价格越低，二手车的功能性贬值越大。

(　　)7. 车辆的功能性贬值是由车辆内部因素引起的车辆现时价值的降低。

(　　)8. 经济性贬值就是由于外部经济环境的变化所造成的贬值。

(　　)9. 经济性贬值与外部环境、车辆结构及车辆配置有关。

(　　)10. 使用年限就是指汽车从开始投入运行到报废的年数。

(　　)11. 如果汽车能在整个使用期内保持使用费用、维修费用较低，则其经济使用寿命就较长，反之则短。

(　　)12. 家用乘用车报废年限为 15 年。

(　　)13. 公交客运汽车行驶 40 万 km。

(　　)14. 公交客运汽车规定使用年限为 10 年。

(　　)15. 不同类型的营运载客汽车相互转换，按照使用年限较严的规定报废。

(　　)16. 我国机动车报废使用年限是强制性的，使用里程是鼓励性的。

(　　)17. 行驶里程作为汽车使用寿命的量标，比较客观地反映了汽车的使用强度，但它也不能反映汽车的使用条件的影响，也未考虑停驶闲置期间的自然损耗。

四、选择题

1. (　　)是汽车在存放使用过程中，由于物理和化学原因而导致车辆实体发生的价值损耗，也即为自然力的作用而发生的损耗。

A. 有形损耗　　　　B. 无形损耗

C. 实体性贬值　　　　D. 经济性贬值

2. 由于科学技术的发展和生产力水平的提高使车辆发生无形损耗导致的车辆贬值为(　　)。

A. 功能性贬值　　B. 一次性贬值

C. 实体性贬值　　D. 经济性贬值

3. 汽车技术使用寿命、合理使用寿命、经济使用寿命三者之间的关系可用(　　)表示：

A. 经济使用寿命 > 合理使用寿命 > 技术使用寿命

B. 合理使用寿命 > 经济使用寿命 > 技术使用寿命

C. 合理使用寿命 > 技术使用寿命 > 经济使用寿命

D. 技术使用寿命 > 合理使用寿命 > 经济使用寿命

4. 家用乘用车报废年限为(　　)年。

A. 10　　B. 15

C. 无年限规定　　D. 20

5. 我国载重汽车的平均经济使用寿命为(　　)年。

A. 15　　B. 10　　C. 10.3　　D. 11.3

6. 城市出租车的使用年限为(　　)年。

A. 5　　B. 10　　C. 12　　D. 8

7. 家用乘用车规定行驶里程为(　　)万 km。

A. 50　　B. 60　　C. 70　　D. 无规定

8. (　　)不是影响汽车经济使用寿命的主要因素。

A. 汽车的损耗　　B. 使用条件

C. 汽车的使用强度　　D. 大修次数

9. 一般情况下，专业运输车辆的行驶里程与其他车辆相比，其行驶里程(　　)。

A. 较小　　B. 相等　　C. 相近　　D. 较大

10. 正常磨损阶段的磨损速度与第一阶段的磨损速度相比，两者的关系是(　　)。

A. 相等　　B. 前者大于后者

C. 前者小于后者　　D. 不确定

五、简答题

1. 有形损耗的表现形式有哪些？

2. 汽车经济使用寿命的指标有哪几个？

3. 汽车技术状况的变化的原因主要有哪些？

4. 汽车经济使用寿命的指标有哪些？

六、问答题

1. 什么是一次性功能贬值？如何测定？

2. 影响汽车经济使用寿命的主要因素有哪些？并进行分析。

3. 我国对机动车报废的使用年限是如何规定的？

模块三　二手车技术状况鉴定

【学习目标】

知识目标

1. 清楚二手车静态检查所需的工具和用品及其作用。
2. 掌握汽车合法性检查的方法和技巧。
3. 掌握进口车的识别技巧。
4. 了解盗抢车辆的特点。
5. 掌握事故车的定义及三种事故车的识别方法。
6. 熟知外观检查的部位和项目。
7. 掌握外观检查方法和技巧。
8. 掌握动态检查的内容、项目、方法、技巧及注意事项。
9. 了解1000分检查法的检查项目及评分情况。
10. 掌握二手车100分检查法实施步骤和方法。

能力目标

1. 学会识别车辆身份的真伪。
2. 学会识别进口车的真伪。
3. 学会识别盗抢车辆。
4. 学会识别常见的三种事故车。
5. 会检查车辆外观。
6. 会使用1000分检查法评估车辆。
7. 会使用二手车100分检查法对二手车进行鉴定评估。

3.1　二手车技术状况静态检查

3.1.1　二手车技术状况静态检查概述

1. 二手车技术状况静态检查的含义

二手车技术状况静态检查是评估人员在车辆处于静止状态时，根据自身的经验和技能，利用简单的工具，对车辆的技术状况进行检查和鉴定。

2. 二手车技术状况静态检查的目的

二手车技术状况的好坏，决定了其价值，是二手车估价的基本依据。静态检查的目的是快速、全面地了解车辆的大概技术状况。通过全面检查，发现一些较大的缺陷，如严重碰撞、车身或车架锈蚀或有结构性损坏、发动机或底盘部分有严重磨损、舒适性设施不良、损坏部分维修费用较大等，为价值评估提供依据。

3. 静态检查所需的工具和用品

为了二手车检查时得心应手，在检查之前应该先准备一些工具和用品。需要准备的工具和用品如下：

(1)笔和纸。用来记录看到、听到和闻到的异常情况以及需要进一步检测和考虑的事情。

(2)手电筒。用于照亮自然光源不能到达的车辆相关部位，便于评估人员进行观察。

(3)一些棉纱、抹布或纸巾。用于擦手或用于擦干净将要检查的零件。

(4)一块较大的帆布、塑料布或硬纸板。用于仰面检查汽车下面是否有漏油、磨损或损坏的零件等。

(5)一截500~800 mm长度的细金属杆件。当作“听诊器”用来倾听发动机或其他不可见地方是否有不正常的噪声。

(6)一把5 m的钢卷尺。用于测量车身相应部位的尺寸及车轮之间的距离等级。

(7)一张光盘。用来测试CD或DVD机是否正常工作。

(8)一个小型工具箱。装有常用工具，如带有棘轮扳手的成套套筒、火花塞套筒、尖嘴钳、螺丝刀、小榔头等。

(9)一小块柔性磁铁。用于检查车身油漆、腻子的厚度，以判断局部修复前的损坏程度和维修工艺；检查车身板件是否为金属材料。

(10)一只数字万用表。用来进行辅助电气测试。

4. 静态检查的主要内容

二手车静态检查主要包括合法性检查和外观检查两大部分。其中，合法检查主要包括检查车辆证件、核查车主信息、查看车辆税费单据及识别车辆身份；外观检查包括鉴别事故车辆、检查发动机舱、检查客舱、检查行李箱、检查车底等内容。

3.1.2 合法性检查

汽车合法性检查是为了防止非法走私车、拼装车、组装车及来源不明车辆混入汽车市场。汽车合法性检查包括识别证件和识别车辆。

1. 识别证件

汽车属于特殊商品，它的价值包含汽车实体本身的有形价值和各项手续构成的价值。只有手续齐全，才能发挥汽车的实际效用，才能办理正常的过户、转籍。如果某汽车手续不全，没有按规定年检、交纳各种税费，则该车只能闲置，不能上路行驶，其价值受到很大影响；如果车辆手续不合法，则不能对车辆进行二手车交易。与车辆相关的证件有车辆证件、税费单据、车主证件。

1)车辆证件

在进行二手车评估和交易之前，必须对二手车的各项有效证件进行全面、认真检查，只有手续齐全的车辆才能进入交易。车辆证件主要有机动车来历证明、机动车行驶证、机动车登记证书、机动车号牌、道路运输证、机动车检验合格标志等。

(1)机动车来历证明

机动车来历证明是二手车来源的合法证明。通过检查机动车来历证明可以及时发现车辆是否合法、是否为涉案车辆。机动车来历证明主要包括以下几方面。

①在国内购买的机动车来历证明是购车发票。新车来历证明为机动车销售统一发票，如图 3-1 所示；二手车来历证明为二手车销售统一发票，如图 3-2 所示。

在国外购买的机动车，其来历凭证是该车销售单位开具的销售发票及其翻译文本。

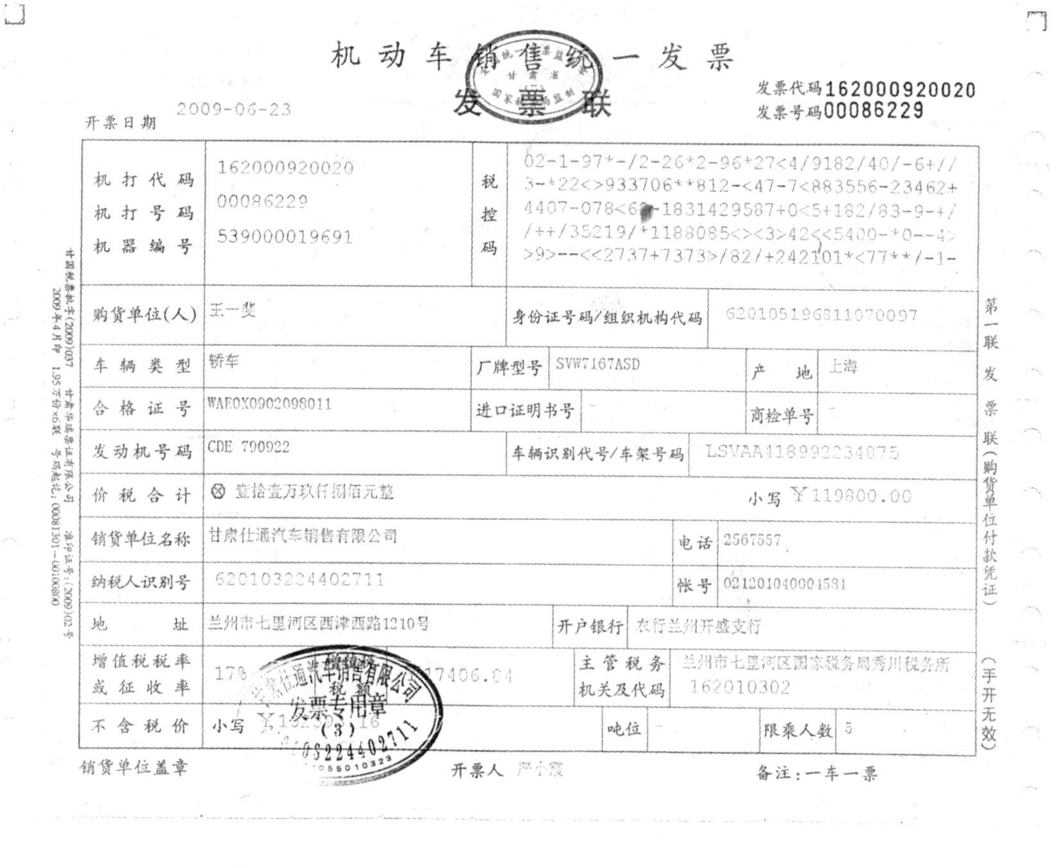

机动车销售统一发票

发票联

开票日期 2009-06-23　　发票代码162000920020　发票号码00086229

机打代码 机打号码 机器编号	162000920020 00086229 539000019691	税控码	02-1-97*-/2-26*2-96*27<4/9182/40/-6+// 3-*22<>933706**812-<47-7<883556-23462+ 4407-078<6[illegible]-1831429587+0<5+162/83-9-+/ /++/35219/*1188085<><3>42<<5400-*0--4> >9>--<<2737+7373>/82/+242101*<77**/-1-		
购货单位(人)	王一斐	身份证号码/组织机构代码	620105196811070097		
车辆类型	轿车	厂牌型号	SVW7167ASD	产地	上海
合格证号	WAEOX0902098011	进口证明书号	-	商检单号	-
发动机号码	CDE 790922	车辆识别代号/车架号码	LSVAA418992234875		
价税合计	⊗壹拾壹万玖仟捌佰元整		小写 ￥119800.00		
销货单位名称	甘肃仕通汽车销售有限公司	电话	2567557		
纳税人识别号	620103224402711	帐号	021201040004581		
地址	兰州市七里河区西津西路1210号	开户银行	农行兰州开盛支行		
增值税税率或征收率	17% 税额 [illegible]17406.84	主管税务机关及代码	兰州市七里河区国家税务局秀川税务所 162010302		
不含税价	小写 ￥1[illegible]16	吨位	-	限乘人数	5

销货单位盖章　　开票人 [illegible]　　备注：一车一票

第一联 发票联（购货单位付款凭证）（手开无效）

甘肃仕通汽车销售有限公司 发票专用章 (3)

图 3-1　机动车销售统一发票

②人民法院调解、裁定或者判决转移的机动车，其来历凭证是指人民法院出具的已经生效的《调解书》《裁定书》或者《判决书》以及相应原《协助执行通知书》。

③仲裁机构仲裁裁决转移的机动车，其来历凭证是《仲裁裁决书》和人民法院出具的《协助执行通知书》。

④继承、赠予、中奖和协议抵偿债务的机动车，其来历凭证是继承、赠予、中奖和协议抵偿债务的相关文书和公证机关出具的《公证书》。

⑤资产重组或者资产整体买卖中包含的机动车，其来历凭证是资产主管部门的批准文件。

⑥国家机关统一采购并调拨到下属单位未注册登记的机动车，其来历凭证是全国通用的机动车销售统一发票和该部门出具的调拨证明。

⑦国家机关已注册登记并调拨到下属单位的机动车，其来历凭证是该部门出具的调拨证明。

⑧经公安机关破案发还的被盗抢且已向原机动车所有人理赔完毕的机动车，其来历凭证是保险公司出具的《权益转让证明书》。

⑨更换发动机、车身、车架的来历凭证，是销售单位开具的发票及修理单位开具的发票。

二手车销售统一发票

发票联

发票代码 121000921131

发票号码 00023486

开票日期：

机打代码 机打号码 机器编号		税控码			
买方单位/个人		单位代码/身份证号码			
买方单位/个人住址		电话			
卖方单位/个人		单位代码/身份证号码			
卖方单位/个人住址		电话			
车牌照号		登记证号		车辆类型	
车架号/车辆识别代码		厂牌型号		转入地车辆管理所名称	
车价合计（大写）		小写			
经营、拍卖单位					
经营、拍卖单位地址		纳税人识别号			
开户银行、账号					
二手车市场		纳税人识别号			
		地址			
开户银行、账号		电话			
备注：					

开票单位（盖章）　　开票人　　手写无效

图 3 – 2　二手车销售统一发票

（2）机动车行驶证

机动车行驶证是由公安局车辆管理部门依法对汽车进行注册登记核发的证件，它是机动车取得合法行驶权的凭证。《中华人民共和国道路交通管理条例》第十七条规定，机动车行驶证是汽车上路行驶必需的证件，《中华人民共和国机动车登记管理办法》规定机动车行驶证是二手车过户、转籍必不可少的证件，《中华人民共和国机动车行驶证》，如图 3 – 3 所示。

二手车评估师要特别注意行驶证上的号牌号码、品牌型号、发动机号码、汽车识别代号等信息与汽车上标有的相关信息是否相符，并作为识别车辆真伪的信息。

《中华人民共和国机动车行驶证证件》（GA37—92）规定，为了防止伪造行驶证，塑封套上有用紫光灯可识别的不规则的与行驶证卡片上图形相同的暗记，并且行驶证上按要求粘贴

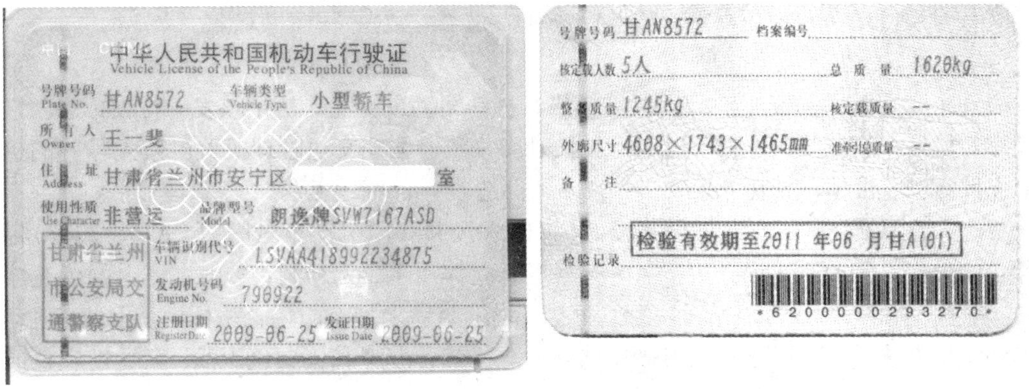

图 3-3　中华人民共和国机动车行驶证

车辆彩色照片，因此机动车行驶证的识伪办法主要有三点：一是查看识伪标记；二是查看车辆彩照与实物是否相符；三是查看行驶证纸质、印刷质量、字体、字号与车辆管理机关核发的行驶证进行比对，对有怀疑的行驶证可去发证的公安车辆管理机关核实。

最常见的伪造是行驶证副页上的检验合格章，车辆没有按规定时间到车辆管理机关去办理检验手续，却私刻公章，私自加盖检验合格章。现在许多地方采用计算机打印检验合格至××××年×月，并加盖检验合格章的办法来增加防伪能力。车辆管理机关规定超过两年未检验的车辆按报废处理。二手车鉴定评估人员要对副页上的检验合格章，即行驶证的有效期特别重视。

(3)机动车登记证书

根据2001年10月1日起实施的《中华人民共和国机动车登记办法》，在我国境内道路上行驶的机动车，应当按规定经机动车登记机构办理登记，核发机动车号牌、机动车行驶证和机动车登记证书，机动车登记证书如图3-4所示。

机动车登记证书同时也是机动车的"户口本"，所有机动车的详细信息及机动车所有人的资料都记载在上面。证书上所记载的原始信息发生变化时，机动车所有人应携证书到车管所做变更登记。二手车交易需要过户，过户记录就会登记在"过户、转入登记摘要信息栏"里。这样，"户口本"上就有机动车从"生"到"死"的一套完整的记录了。机动车登记证书与机动车行驶证相比，它的内容更为详细。因此，应详细检查《机动车登记证书》每个项目的内容及其变更情况。

①核对机动车所有人是否曾为出租公司或租赁公司。

②核对登记日期和出厂日期是否时间跨度很大。

③核对进口车是否为海关进口或海关罚没。

④核对使用性质是非营运、营运、租赁或营转非。机动车使用性质主要有公路客运、公交客运、出租客运、旅游客运、租赁、货运、非营运、警用、消防、救护、工程抢险、营转非、出租营转非等多种。

⑤核对登记栏内是否注明该车已作抵押。

⑥对于货运车辆核对长、宽、高、轮距、轴距、轮胎的规格是否一致。

⑦核对钢板弹簧片数是否一致或有加厚的现象。

⑧核对现机动车登记证书持有人与受委托人是否一致。

(4)机动车号牌

机动车号牌是由公安车辆管理机关依法对机动车辆进行注册登记核发的行驶标志。它和机动车行驶证一同核发，号牌字码和行驶证号牌一致。公安交通管理机关严禁无号牌的机动车辆上路行驶，机动车号牌严禁转借、涂改和伪造。

目前，我国使用的机动车号牌是按照《中华人民共和国机动车号牌》(GA36—2007)标准制作。牌号应无凹凸不平或折痕，字体应清楚有立体质感，无补洞；号牌字体上的荧光漆应清洁、平整、光滑；号牌字体大小一致、间隙匀称；号牌上加有防伪合格标记。因此，机动车号牌的识伪方法是“四看”：一看号牌的防伪标记；二看号牌底漆颜色深浅；三看白底色或白字体是否涂以反光材料；四看号牌是否按规格冲压边框，字体是否模糊。

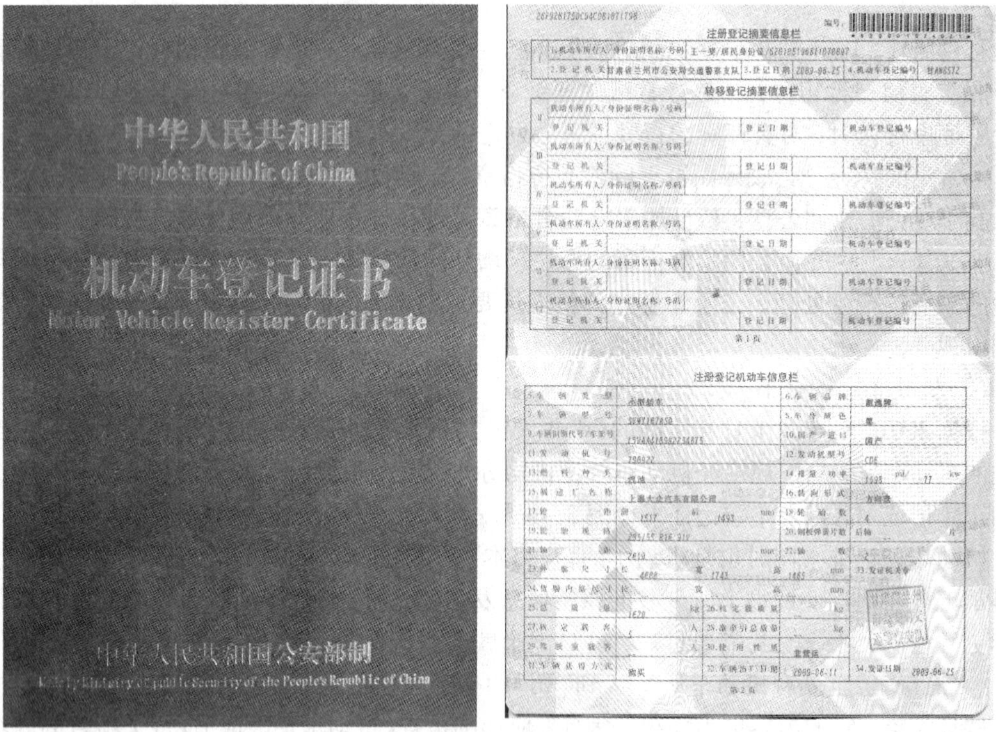

图3-4 机动车登记证书

号牌在安装方面设有固封装置，并规定该装置由发牌机关统一负责装、换，任何单位和个人都无权拆卸，并作为车辆检验的一项内容。对于号牌的固封有被破坏痕迹的车辆，二手车鉴定评估人员要引起必要的重视，查明原因，确认号牌真伪。

(5)道路运输证

道路运输证是县级以上人民政府交通主管部门设置的道路运输管理机构对从事旅客运输(包括城市出租客运)、货物运输的单位和个人核发的随车携带的证件。运营车辆转籍过户时，应到运营机构及相关部门办理运营过户手续。运营车辆均有道路运输证，图3-5为货运车辆道路运输证。

道路运输证上有暗花数字并注明的项目应一一核对，并验证道路运输管理证件专用章，以上字体应清楚，规费交纳的类型应与车辆核载质量(货车)、人数(客车)对应。

图3－5　道路运输证

图3－6　检验合格标志

(6)机动车检验合格标志

机动车必须进行安全技术检验，检验合格后，公安机关发放合格标志，如图3－6所示。

根据《中华人民共和国道路安全法实施管理条例》第十三条规定，机动车检验合格标志应贴在机动车前窗右上角。

※知识拓展※

查验车辆证件的目的

(1)明确车辆使用类型，是私家车、公务用车、商业用车，还是专业运输车、出租车等。

(2)明确车辆配置情况，是否有ABS、涡轮增压、电动车窗、电动天窗、安全气囊及发动机配置情况、变速器类型(手动挡、自动挡)等。

(3)明确车辆名称、型号、生产厂家及出厂日期。

(4)明确车辆初次注册登记日期和行驶里程。

(5)明确车辆手续是否齐全，是否进行了年检、环保尾气检验，是否购买了保险。

(6)明确车辆户籍所在地。

(7)明确车辆来历，是购买车，还是走私罚没处理车、捐赠免税车等。

2)税费单据

合法车辆应具有车辆购置税完税凭证、车船使用税凭证、交强险标志、保险单。

(1)车辆购置税完税凭证。缴税范围包含购买、进口、自产、受赠、获奖或者其他方式取得并自用的应税车辆，在购买二手车的时候千万注意，这些形式下获得的车辆都应该具有车辆购置税完税凭证，车辆购置税完税凭证如图3－7所示，图3－7(a)为证书式，图3－7(b)为收据式。

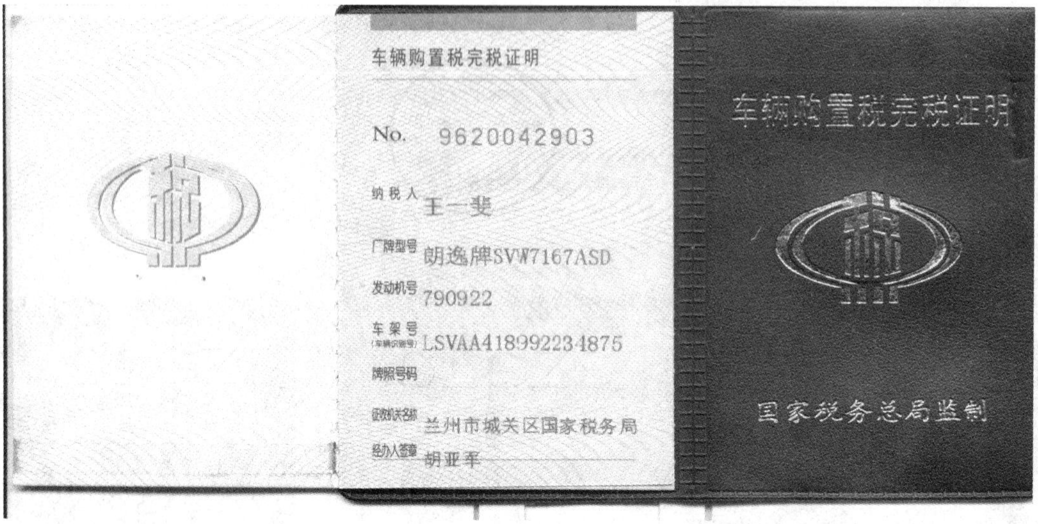

(a)

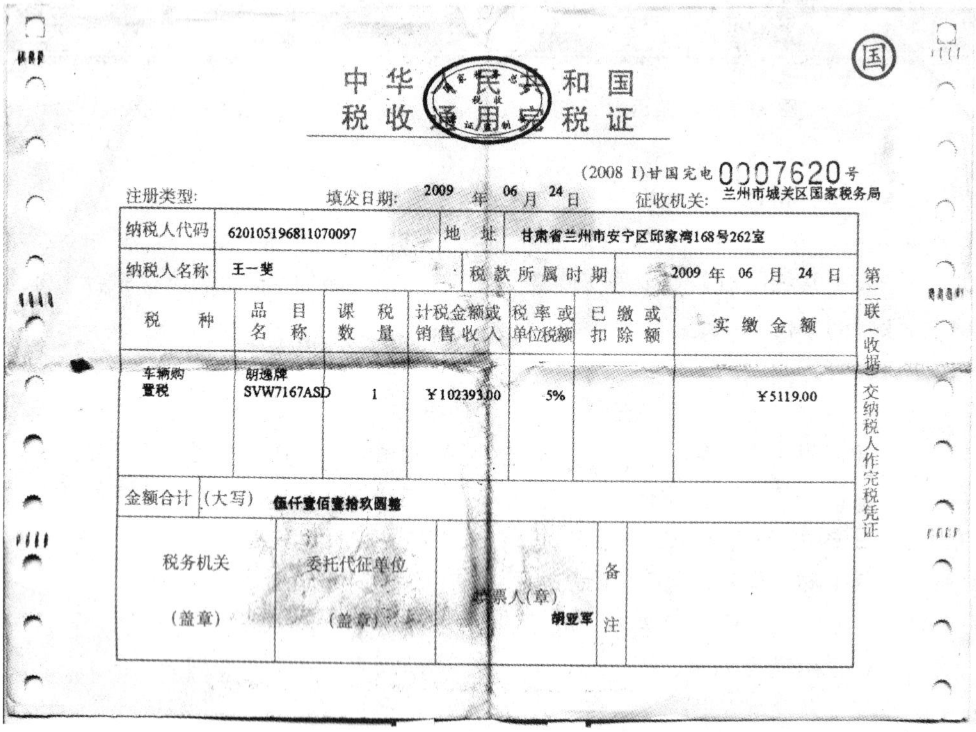

(b)

图 3－7 车辆购置税完税凭证

(2)车船使用税凭证。车船使用税指国家对行驶于我国境内公共道路的车辆和航行于境内河流、湖泊或者领海的船舶，依法征收的一种税。该税是由保险公司代为征收，所以，车船使用税凭证与交强险保单合二为一，在交强险保单上列出了车船使用税。

(3)交强险标志。作为购买了交强险的一个标志，强制保险标志应粘贴在前风窗玻璃内右上角处。

(4)保险单。保险公司为购买了保险的车辆提供的凭证单据，合法车辆才能作为被保险车辆，有保险单的车辆，其合法性已得到保险公司的认可。另外，保单中的保险费用的变化还能反应出车辆出险情况信息，对于判断车辆是否发生过较大事故也有很大帮助。

3)车主证件

在二手车交易时，必须核查车主信息，确保车辆出售行为是车主的真实意愿。

按照机动车行驶证登记信息及委托人的身份证，核查车主下面基本信息，包括以下两点：

(1)通过机动车行驶证和登记证书，确定机动车所有权人与委托人的身份证是否一致，判断委托者是否是现车主，因为只有现车主才有车辆处置权，否则，是没有车辆处置权的。

(2)对于单位车辆，应进一步了解单位名称及隶属关系，核查组织机构代码证和经办人的身份证的有效性。

4)识别证件的注意事项

识别证件应注意以下事项：

(1)核实委托评估的车辆产权。一车一证，所有证件中车主的单位名称或个人姓名、发动机号、车架号应该一致。

(2)检查车辆原始发票或者二手车交易凭证，了解购置日期及账面原值。

(3)交易车辆是否按规定进行年检。查看机动车行驶证副页检验栏目是否盖有检验专用章，填注检验有效时间是否失效。

(4)检查机动车行驶证上的牌号、发动机号、车架号、VIN码与车辆实物是否一致。若发现不一致或有凿痕、锉痕、重新打刻等人为改动或毁坏的，应及时向公安机关报告。

(5)车辆购置附加税是否真实有效。

(6)是否缴纳当年的车船使用税。

(7)是否按国家规定购买交强险。若购买商业险，查看险种、保费及保险有效期限。

(8)检查各种证件的真伪。进行上述查验时，要注意检查的全面性，不得有遗漏项目。若对证件和凭证的真伪有疑问，可在相关机构的官方网站进行查验，必要时请求专门机构协助核实。

2. 识别车辆

1)识别进口汽车

正规的进口汽车是通过合法的贸易渠道进口的，在汽车的前风窗玻璃上有黄色的商检标志。这一类汽车的质量有保证，符合我国的汽车质量标准。同时，正规的进口汽车按照要要求都附有中文的使用手册和维修手册。而非法走私车或拼装车是指通过走私渠道非法进口的汽车，这些车有些是整车走私，有些是散件走私到境内后组装，有些是走私进口国外的废旧汽车，有些是整车切割走私进口后再拼装。这些走私车的使用性能和安全性能完全没有保障，往往留有重大事故隐患。所以，作为二手车评估的第一步，就要将这些非法走私车和拼装车挡在二手车市场门外。

对于非法走私车和拼装车，可以从以下几方面来进行识别。

(1)在相关机构的官网(如：中国汽车网 http：//www.chinacar.com.cn/)上，查验进口汽车的车辆识别代号VIN编码是否正确，同时检查汽车型号是否在我国的进口汽车目录上。

(2)运用公安车管部门的车辆档案资料，查找车辆来源信息，确定车辆的合法性及来源情况，查验二手车的汽车产品合格证、维护保养手册、登记证书、行驶证等。对进口车必须查验货物进口证明书和商验标志。图3－8所示为某一进口车的货物进口证明书。

(3)检查外观是否有重新喷过油漆和梁柱是否有重新焊过的痕迹。常见的走私车有“割顶车”(也叫“飞顶车”“一刀车”)和“两刀车”。

“割顶车”走私者在境外通过将汽车的车顶从车顶下风窗玻璃框处将切成两部分，分别作为汽车配件走私或出口，然后在境内再将两部分焊接起来的车辆。在现有的技术条件下，“割顶车”要想做得天衣无缝还不可能，要注意曲线部分的线条是否流畅，大面是否平整，用手从车顶部向下触摸，主要看左右A、B、C柱是否一致，最直接的方法是把三柱的风俗内饰板、门柱胶边揭开，如果有焊过的痕迹，必定是“割顶车”。

“两刀车”，就是“一刀车”飞顶后再把车拦腰割开，就是割车架，这种车非常危险。鉴别“两刀车”，最好就是到维修厂把车升起，看底盘车架是否焊接过。如果不能升起看，最简单的方法，把车的前轮用千斤顶顶起，离地20～30 cm，试试车门能否关得顺畅，两刀车的车门会有开关不顺畅现象。

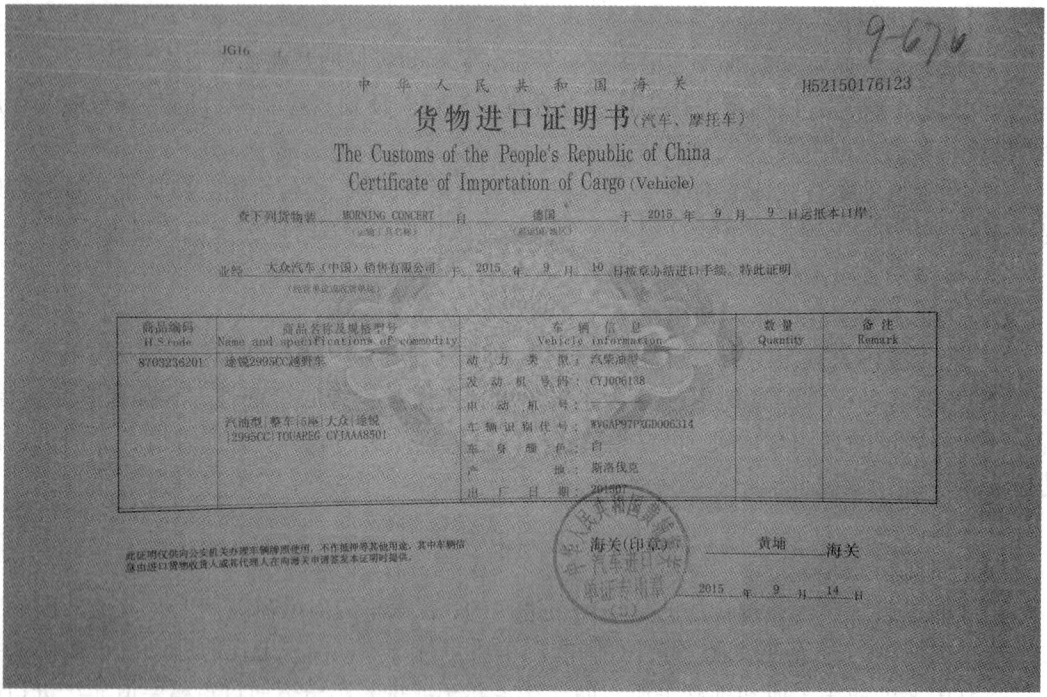
JG16

中华人民共和国海关　H52150176123

货物进口证明书(汽车、摩托车)

The Customs of the People's Republic of China

Certificate of Importation of Cargo (Vehicle)

查下列货物装 MORNING CONCERT 自 德国 于 2015 年 9 月 9 日运抵本口岸，

业经 大众汽车(中国)销售有限公司 于 2015 年 9 月 10 日核章办结进口手续，特此证明

商品编码 H.S.code	商品名称及规格型号 Name and specifications of commodity	车辆信息 Vehicle information	数量 Quantity	备注 Remark
8703236201	途锐2995CC越野车 汽油型|整车|5座|大众|途锐|2995CC|TOUAREG CYJAAA8501	动力类型：汽柴油型 发动机号码：CYJ006138 电动机号：—— 车辆识别代号：WVGAP97PXGD006314 车身颜色：白 产地：斯洛伐克 出厂日期：201507		

此证明仅供向公安机关办理车辆牌照使用，不作抵押等其他用途。其中车辆信息由进口货物收货人或其代理人在向海关申请签发本证明时提供。

海关(印章)　黄埔 海关

2015 年 9 月 14 日

图3－8　货物进口证明书

(4)打开发动机盖，观察发动机室内线路、管路布置是否有条理，是否有重新装配和改装的痕迹。

(5)许多走私车为右置转向系统，右转向结构改左转向结构的车辆大多数是自动变速器的车辆。自动变速器的车右驾改左驾是很容易识别的，为了适应我国的交通管理，走私者为了降低改装成本，不可能更换变速器。所以自动变速器杆上的保险按钮仍在右侧。相似之处还有：音响的开关、自动空调的开关、温度旋钮也在右侧；副驾座椅比正驾座椅高，如果是电动座椅，还可能有副驾座椅可调高度，而正驾座椅不能调高度等情况。

（6）小客车车身防伪检查。小客车车身基本上是承载车身，车架号在车身上。车身是小客车最重要的基础件，同时又是小客车上最重要的一个零部件。根据《机动车登记规定》第九条，申请改变机动车车身颜色、更换车身或车架的，应当填写《机动车变更申请表》，提交法定证明、凭证。属于更换车身或者车架的，还应该核对车辆识别代码的拓印膜，收存车身或者车架的来历凭证。根据《机动车登记规定》第十条，更换发动机，机动车所有人应当于变更后十日内向车辆管理登记所申请变更登记，填写《机动车变更登记申请表》，提交法定证明、凭证，并交验机动车。车辆管理所应该自受理之日起 1 日内确认机动车，收回原行驶证，重新核发行驶证，收存发动机的来历凭证。

许多汽车制造厂为了防止不法分子造假，对汽车车身实行专营，只对特约维修站供应，一般修理厂是购不到汽车车身的。一些修理厂的“高手”采用将原车上的车架号割下，再焊在假车身上的方法，试图混过汽车检验关。二手车鉴定人员只要通过仔细检查和触摸，就能发现造假者留下的痕迹，识别假汽车车身。

2）识别盗抢车辆

盗抢车辆一般是指公安车管部门已登记上牌的，在使用期内丢失的或被不法分子盗窃的，并在公安部门已报案的车辆。由于这类车辆被盗窃方式多种多样，它们被盗窃后所遗留下来的痕迹会不同。如开门锁、砸车窗玻璃和撬转向盘锁等，一般都会留下痕迹。同时，这些被盗车大部分经过一定修饰后再将车卖出，这些车辆很可能会流入二手车交易市场。对这类车辆的识别按照以下方法进行：

（1）根据公安车辆管理部门的档案资料，及时掌握车辆状态情况，防止盗抢车辆进入市场交易。这些车辆从丢失报案到追寻找到为止这段时期内，公安车管部门将车辆档案材料锁定，不许进行车辆过户、转籍等一切交易活动。

（2）根据盗窃的一般手段，主要检查汽车门锁是否过新，锁芯有无被更换过的痕迹，门窗玻璃是为原配正品，窗框四周的防水胶是否有插入玻璃升降器开门的痕迹，转向盘锁或点火开关是否有破坏或调换的痕迹。

（3）不法分子急于对有些盗抢车辆销赃，他们会对车辆或有关证件进行篡改和伪造，使被盗赃车面目全非。检查重点是核对发动机号码和车辆识别代码，看钢印周围是否变形或有折皱现象，钢印正反面是否有焊接的痕迹。

（4）查看车辆外观是否全身重新喷过油漆或者改变原车辆颜色。

（5）打开发动机盖察看线路或管路布置是否有条理，发动机和其他零部件是否正常、有无杂音，空调是否制冷、有无暖风，发动机及其他相关部件有无漏油现象。

（6）内装饰材料是否平整，表面是否干净。尤其是对压条边沿部分要进行特别仔细的检查，经过装配过的车辆内装饰压条边沿部分会有明显手指印或其他工具碾压过后留下的痕迹。车顶装饰材料或多或少要留下弄脏过的印迹。

（7）1991 年 1 月 1 日起，所有国产机动车均有车辆识别代号（即 VIN 编码）。通过检查汽车铭牌、车上 VIN 编码、发动机号、车架号等与行驶证、车辆登记证、保单等证件上的信息是否一致，是否有改动的痕迹。

（8）查看发动机号码和车架号码有无改动痕迹。改变被盗抢车辆的车架号码和发动机号码，也是犯罪分子销赃的常用手段。在识别发动机号码和车架号码有无改动时，可以遵循“看、摸、刮、敲、洗”5 种方法：①查看发动机号码和车架号码是否有焊接、凿改的痕迹；②手摸发动机号码和车架号码处，感觉号码周围是否有大的起伏和凸起，如有则是改动过；③用铁片、螺丝刀等硬物刮发动机号码或车架号码部位。正常号码是先打在金属板上后喷漆处理，刮起来不易损坏，焊接的车号则是用腻子在金属板上堆出号码再喷漆；④用橡皮锤敲几下号码周围，被焊接的车号很可能有不牢固的地方会出现裂缝和脱落现象；⑤如果发现车年限较长，而车架号码部分的漆比较新，则可以用清洗剂清洗车架号码，新上的漆就会脱落，车号被打磨的痕迹就会显现出来。

作为二手车鉴定评估人员，如果发现有可疑车辆时，应尽可能与公安车管部门取得联系，通过公安车管部门进行核实。

3）识别事故车辆

汽车发生事故是常见的，发生过事故的车辆，其使用性能无疑会受到极大的损害，而且还会存在大的隐患。但由于在二手车交易前它们都经过修理，一般非专业人士很难分辨出来。

（1）二手车识别中事故车的定义。事故车是指在使用中曾发生过严重碰撞或撞击，或长时间泡水，或较严重过火，虽然修复并在使用但仍存在安全隐患的车辆。

①严重碰撞或撞击的车辆。只要符合下面任何一条损伤的车辆应认为是事故车。

a. 碰撞或撞击后，车架大梁弯曲变形、断裂后修复。

b. 水箱及水箱支架被撞伤后修复或更换过。

c. 车身后叶子板碰撞后被切割或更换过。

d. 车门及其下边框、B 柱碰撞变形弯曲后修复或更换过。

e. 整个汽车在事故中翻滚，整个车身产生变形凹陷、断裂后修复或做过车身。

②泡水车。泡水车辆与涉水行驶过的车辆不能混为一谈，有许多车辆在遇大雨、暴雨或特大暴雨的恶劣天气时，曾在水中短时间行驶过，这不算泡水车。泡水车一般指全泡车，也叫灭顶车。是指泡水时水线超过发动机盖，水线达到前挡风玻璃的下沿。这样整个发动机都浸泡在水中，绝大部分电器设备、仪表都被浸泡，会造成严重的后果。

③过火车辆。汽车无论是由于自燃还是外燃，只要在发动机舱或乘员舱发生严重火灾，燃烧面积较大，机件损坏严重，就应列为事故车。火灾是个严重的事故，经火烧后，机件很难修复。但对于局部着火，过火的只是个别的非主零部件，并在极短的时间内熄灭，经修复换件后，不能算过火车辆。

（2）事故车的检查与判断。凡是发生严重碰撞、泡水、过火的事故车，到二手车交易市场评估交易前都经过汽车修理厂的恢复和修理，所以必须要经过专业人士进行仔细认真的检查和分析判断才能做出是否为事故车。

关于事故车的鉴定与评估将在“模块五”中详细介绍。

4）识别一般事故车辆

一般事故车辆是指车辆发生过碰撞或撞击事故，但车身的周正性未受到影响。这类车辆的使用性虽然未受到影响，但车辆的价值受到影响，二手车鉴定评估人员在工作时，要仔细分辨，确保评估公正。

车辆是否发生过一般碰撞或撞击事故，判断方法主要有以下四种：

(1)看油漆。查看排气管、镶条、门窗四周和轮胎等处是否有多余的油漆或腻子粉、抛光粉，如果有，说明对车辆进行过喷漆或翻新，如图3－9所示情况为抛光粉遗落在缝隙中。用一块磁铁(最好选用柔性磁铁，避免损伤汽车漆面)在车身周围移动，如果遇到突然减少磁力的地方，说明该局部补过腻子、喷过油漆。各个漆面的光泽程度，如果不均匀、不一致，说明车辆受伤喷过漆；各个漆面如果过渡处具有明显的色差，说明喷过漆。仔细分辨，就可判断出受伤部位和受损的严重程度。

图3－9 遗落在缝隙中的抛光粉

(2)查缝隙。查看车门、发动机罩、行李箱盖、前后保险杠、翼子板、前后灯、驾驶室控制台等处的周边缝隙是否均匀、对称、过渡是否自然，否则，说明车辆发生过碰撞或撞击事故，车身或局部有变形。

(3)查线束及其连接情况。查看车身线束是否整齐、新旧程度是否一致、线卡子是否更换过、导线是否重新连接过等，可以判断车辆是否维修过，从而可以分析受损程度和部位。

(4)听声音。当用手敲击车身时，如果敲击声发闷，说明车身补过腻子喷过漆；如果同类钣金件中的个别钣金件的声音与其他的有明显区别，说明该钣金件更换过，很可能发生过事故。

3.1.3　外观检查

外观检查一般是通过目测来进行，目测检查通常只作为定性分析。而定量分析，则要通过借助一般的通用仪器设备来进行。汽车在进行外观检查之前，通常应进行外部清洗，以确保检查的可靠性。

从事二手车鉴定评估业务，大部分工作是全面检查车辆，然后按车况进行评估。一般情况下，二手车的厂牌、型号、年份、款式等信息是比较容易看出来的。而对汽车的使用情况、使用强度、可能出现过的事故等，就需要有一定的实践经验才能检查出来。

1. 车身检查

车身检查主要是检查车身的碰撞痕迹，变形状况，平整程度，线形轮廓过渡是否顺畅圆滑等。主要方法有找直线法、测间隙法、环车检查法。

1)找直线法

二手车鉴定评估人员在汽车前部一角向尾部沿着车身侧面进行观察，如图3－10所示。查看车身线条、装饰线条是否在一条线上，如图3－11所示，装饰条有无脱落或新旧不一的现象，线条连接和过渡处是否自然、圆滑，如果不是，说明该车可能出现过事故或修理过；查看左右两侧的前后车轮是否在同一条直线上，左右两侧的车轮与车身的相对位置是否一致，否则说明该车发生过碰撞事故，车身可能变形，用类似的方法在车辆的四个角和两侧分别进行检查。

图 3－10　车身检查找直线的方法

图 3－11　车身线条检查

2）测间隙法

测间隙法就是测量车身左右两侧对称结构的间隙是否一致，同一缝隙的间隙是否均匀，可以引申为测量距离。如图 3－12 所示，测量左右后轮与轮罩的相应点的距离，用同样的方法测量前轮与轮罩相应点的距离；测量轮距等。如果结构对称，相应距离应该相等，否则，说明车辆发生过事故，车身有变形。

图 3－12　测量车轮和轮罩相应点的距离

3)环车检查法

环车检查法就是从车辆左前45°开始，沿逆时针方向分别对车辆的左侧、后部、右侧、前部顺次检查，然后对车辆顶部、底部进行检查的方法。环车检查法的主要项目如图3－13所示，主要检查部位如图3－14所示。

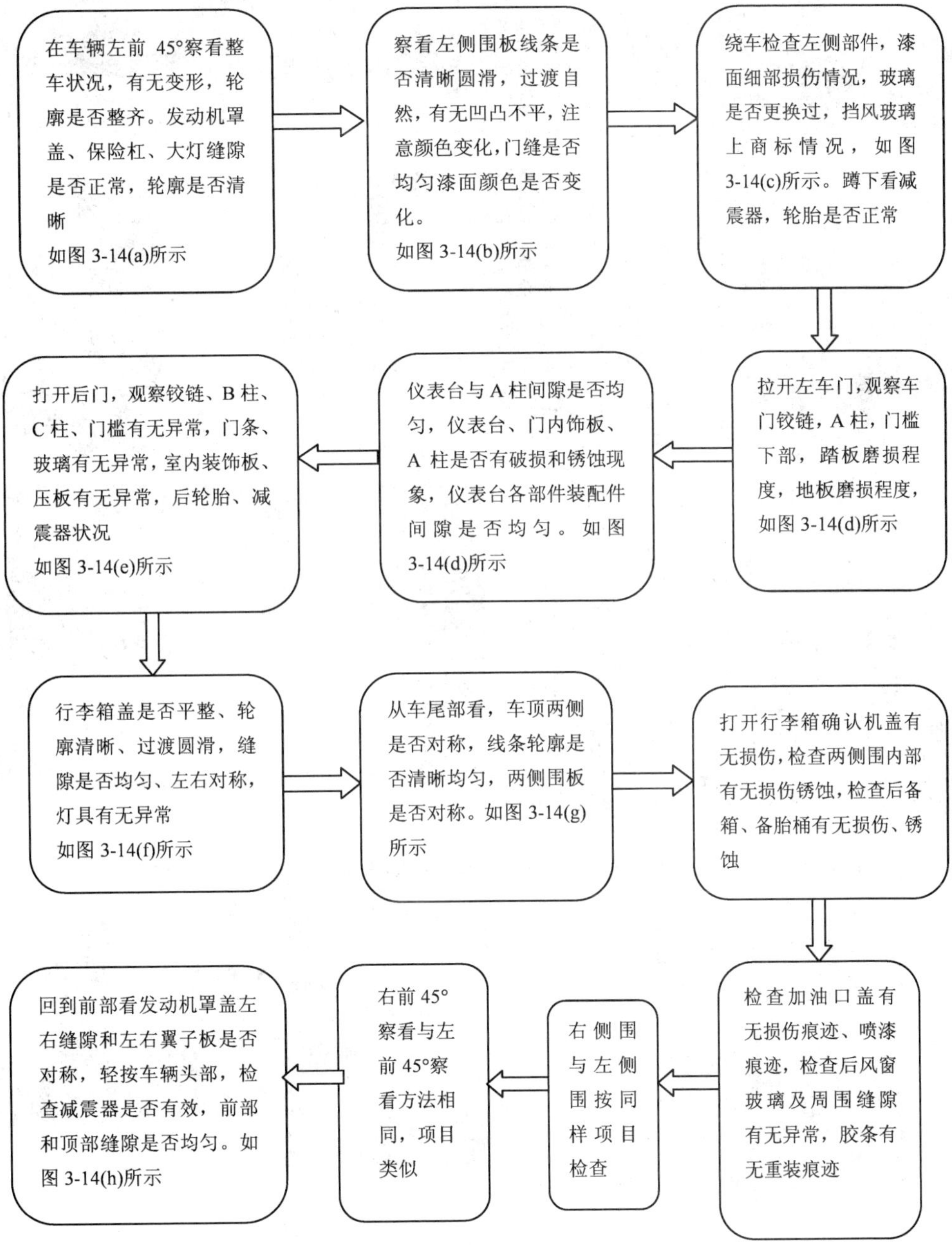

图3－13　环车检查法的主要检查项目

图 3－14 车身外观检查部位

2. 发动机舱检查

1) 检查发动机舱清洁情况

如图 3－15 所示，打开发动机罩，观察发动机表面是否清洁，是否有油污，是否锈蚀，是否有零部件损坏或遗失，导线、电缆、真空管是否松动。

如果发动机上堆满灰尘，说明该车的日常维护不够；发动机表面特别干净，也可能是车主在此前对发动机进行了特别的清洗，不能由此断定车辆状况一定很好。对于车主而言，为了使汽车能更快售出，且卖个好价钱，所以，有的车主将发动机舱进行了专业蒸汽清洁，但这并不意味着车主想隐瞒什么。

2) 检查发动机外观

发动机外观检查主要包括以下方面。

(1) 检查散热器框架是否自然流畅，有无敲打或喷漆痕迹；检查螺丝有无折装痕迹，新旧程度是否一致；发动机舱整体布局是否整齐；从纹理、质感方面判断胶条是否为原厂材料；结构性的孔及其周边形状是否自然顺畅。

(2) 检查发动机各密封垫及油封的密封情况。发动机常见泄漏部位包括：气门室罩垫、曲轴前后油封、凸轮轴前后油封、油底壳垫等部位。主要是由于安装不当、材料老化所造成。

(3) 检查正时带、发电机传动带、空调传动带。检查传动带是否有撕裂、磨光、浸油、裂缝等情况。如果发动机正时带已经严重老化即可认为车辆行驶里程接近 8 万 km(一般正时带的安全行驶里程是 8 万 km)，正时带已达到更换里程。

(4) 检查发动机管路连接、老化情况。检查发动机冷却水管连接是否牢固，管路是否老化。检查发动机进气软管连接是否牢固，管路是否老化。检查发动机各真空管连接是否牢固，管路是否老化。检查管路布置是否整齐。

3) 冷却系检查

(1) 检查冷却液。冷却液应清洁，且冷却液面在“高位”标记附近，冷却液颜色应该是浅绿色的或红色的，冷却液的味道闻起来不应该有汽油或机油味，如果有，则发动机气缸垫可能已烧坏；如果冷却液中有悬浮的残渣或储液罐底部有发黑的物质，说明发动机可能严重受损；观察膨胀水箱液面是否正常，太低则说明冷却系统存在泄漏；观察水管接头各夹子处、水泵、散热器等的结合处是否有水泄漏的痕迹，通常有泄漏的地方颜色与周围不一致。打开水箱盖，检查水面是否有漂浮物及漂浮物的状况，有锈蚀现象说明水箱内锈蚀严重。

(2) 检查散热器。全面仔细地检查散热器水室和散热器芯，查看是不是有褪色或潮湿区域，芯管上的所有散热片应该是同一颜色的。当看到芯子区域呈现浅绿色(腐蚀产生的硫酸铜)，说明在此区域有泄漏。另外，要检查水室底部，如果有湿润现象，设法查找出冷却液泄漏处。

当发动机充分冷却后，拆下散热器盖，观察散热器盖上的腐蚀和橡胶密封垫片的情况，散热器盖上应该没有锈迹。将手指尽可能伸进散热器颈部检查是否有锈斑或像淤泥那样的沉积物，有锈斑说明没有定期更换冷却液；如果水垢严重，说明发动机机体内亦有水垢，发动机会经常出现“开锅”现象，即发动机温度过高。

(3) 检查水管。用手挤压散热器和暖风器软管，看是否有裂纹或发脆现象。仔细检查软管上卡紧的两端部，是否有鼓起部分和裂口，是否有锈蚀迹象，特别是连接水泵、节温器壳或进气歧管的软管处。

4）润滑系检查

发动机润滑系是对发动机各个运动部件进行润滑，使其发挥出最大的性能。若发动机润滑系不良，将严重影响发动机的使用寿命，应仔细检查机油质量、机油泄漏、机油滤清器等项目。

（1）检查加机油口盖。拧下加油口盖，将它反过来观察，如图3－16所示，可以看到机油的牌号。一般卖主将二手车开到车市之前，已经更换机油。在加机油口盖的底部可以看到旧油、甚至脏油痕迹，这是正常的。如果加油口盖底面有一层具有黏稠度的浅棕色巧克力乳状物，还可能是油与油污混合的小液滴，表明冷却液通过损坏的衬垫或者气缸盖、气缸体裂纹进入机油中，这种情况下，发动机性能已明显恶化，需要大修，才可能恢复，这种车辆的维修费用是比较高的，二手车鉴定评估人员要特别注意。

图3－15 检查发动机舱的整体情况

图3－16 加机油口盖的检查

（2）检查机油质量。取一片洁净白纸，在纸上滴下一滴机油。如果在用的机油中间黑点里有较多的硬沥青质及炭粒等，表明机油滤清器的滤清作用不良，但并不说明机油已变质；如果黑点较大，且油呈黑褐色、均匀无颗粒，黑点与周围的黄色油迹界线清晰，有明显的分界线，则说明其中洁净分散剂已经失效，表明机油已经变质。

※知识拓展※

不能用发动机机油来认定保养程度。车主可能在汽车出售前更换了机油和滤清器，这时机油标尺上显示的几乎就是新的、清洁的机油。

也可将机油滴在手上，观察机油的颜色和黏度。先观察其透明度，色泽通透略带杂质说明还可以继续使用，若色泽发黑，闻起来带有酸味，说明需要更换机油。然后用两根手指检查机油是否还具有黏性，如果在手指中没有一点黏性，像水一样，说明机油已达到使用极限需要更换。

（3）检查机油气味。拔下机油尺，闻闻机油尺上的机油有无异味，判断是新机油还是旧机油。有汽油味，则说明机油中混入了汽油，发动机在此条件下运转，会使其磨损增加，使用寿命缩短。当拿油尺时，仔细检查，如果机油尺上有水珠，说明机油中混入了水分。做近距离的检查，查看是否有污垢或金属粒，若有污垢或金属粒，说明应该更换机油。检查量油尺自身的颜色，如果发动机曾严重过热，油尺会变色。

(4)检查机油量。起动发动机之前或停机 30 min 以后，打开发动机舱盖，抽出机油尺，将机油尺用抹布擦净油迹后，插入机油尺导孔，拔出查看。油位在上下刻线之间即为合适。若机油液位过低，则观察汽车底下的地面，看是否有机油泄漏的现象。

常见的机油泄漏点有气门室盖、气缸垫、油底壳垫、曲轴前、后油封、油底壳放油螺栓、机油滤清器、机油散热器的机油管、机油散热器、机油压力感应塞等位置处。

5)检查变速器油

变速器油的检查大多是通过油尺来进行，油尺标有最高油位和最低油位刻度，如果油量在这两个刻度之间就是正常的。如果油位过低，则表示应该加油了，但也可能表示这辆车已有漏油的情况产生。检查变速器油最重要的是查看油液是否变色。一般情况，变速器油呈显红色，如果发现变成棕色，则表示该车的变速器可能发生了故障。如果闻到焦味，表示变速器磨损情况严重。

6)点火系检查

点火系工作性能的好坏直接影响发动机的动力性和经济性，对点火系的外观检查主要是检查蓄电池、点火线圈、高压线、分电器和火花塞等零件的外观性能。

(1)检查蓄电池。现代汽车蓄电池一般均为免维护蓄电池，仍以硫酸蓄电池为主，其寿命一般为两年多一点。蓄电池两接线柱应没有大量白色粉末(硫酸盐)附在上面，蓄电池液面高度应一致，并在规定的上下线之间。蓄电池外壳应干爽，绝对没有裂痕。如果液面过底，一般为发动机充电电流过大，液面经常处于过低状态，将大大降低蓄电池的寿命；如果有个别格液面过低，一般为个别格漏液。在蓄电池托盘上能够观察到漏液的痕迹。

(2)检查火花塞。用火花塞套筒扳手拆下任意一个火花塞，观看火花塞的燃烧情况。若火花塞电极呈现灰白色，而且没有积炭，则表明火花塞工作正常，燃烧良好。若火花塞严重积炭、电极严重烧蚀、绝缘体破裂、漏气、侧电极开裂，均会使点火性能下降，造成发动机动力不足，则需要更换火花塞。火花塞需成组更换，费用较高。

(3)查点火线圈。观察点火线圈外壳有无破裂，若点火线圈外壳破裂，从而容易受潮使点火性能下降，影响发动机的动力性。

(4)检查分电器。对于带分电器的点火系统，应仔细检查分电器的工作情况，观察分电器盖有无裂纹、炭痕破损等现象，这些现象均使分电器漏电、点火能量不足，引起发动机动力不足。若有这些现象，则需要更换分电器。

(5)检查高压线。查看点火线圈与分电器之间，以及分电器与火花塞之间的高压线，高压线应该清洁、布线整齐、无切割口、无擦伤部位、无裂纹或无排气烧焦处，否则高压线可能会漏电，需要更换高压线。而高压线更换需成套更换，费用较高。

(6)检查线束。查看发动机舱中导线是否擦破或是裸露，是否露在保护层外，是否固定在导线夹中，是否用非标准的胶带包裹，是否有旁通原有线束的外加导线。有胶带或外加导线，可能预示着线路出现过故障或安装了一些附件，如立体声收音机、附件驱动装置、雾灯或防盗报警器等。这些附件如果是专业安装，通常导线线路和线束整齐固定在原来的线束卡中或线束中使用非焊接的卷边接头，而不是使用许多绝缘胶带。

7）发动机的供油系统检查

（1）检查燃油泄漏。燃油喷射的汽车，有很高的燃油系统压力，引起泄漏会明显地显露出来。查找进气歧管上残留的燃油污迹，并仔细观察通向燃油喷射装置的燃油管和软管。

（2）检查汽油管路。发动机供油系统有进油管路和回油管，要检查油管是否老化。

（3）检查燃油滤清器。燃油滤清器一般在汽车行驶 5 万 km 左右更换，如果这辆车接近某一里程，燃油滤清器看起来和底盘的其他部件一样脏，可能是燃油滤清器还没有更换过。

8）发动机进气系统检查

（1）检查进气软管。进气软管一般采用波纹管，检查进气软管是否老化变形，是否变硬，是否有损坏或烧坏处，这些现象表明进气软管是否需要更换。如果进气软管比较光亮，可能喷过防护剂，应仔细检查，并判断是否有应换而未换的零件。

（2）检查真空软管。发动机上有很多真空软管，它们连到真空源、空调控制器、排放设备、巡航控制装置、恒温控制阀和开关以及许多其他部件。检查时，用手挤压真空软管，判断弹性。这些软管会随时间而变硬，使之易于开裂而造成泄漏，从而在汽车上造成一些行驶或排放方面的故障。许多真空软管用各种各样的塑料 T 形管接头互相连接。随着时间的推移，这些塑料 T 形管接头在发动机工作中容易折断，如果在检查时，塑料 T 形管接头破碎或裂开，则需要更换。和冷却液软管一样，这些真空管大致以相同的速率老化，所以如果一根软管变硬或开裂，那么应该考虑是否全部软管都要进行更换。在检查真空软管的同时，应注意真空软管管路布置。查看软管是否是原来出厂时那样的整齐排列，是否有软管从零件上明显拔出、堵住或夹断。这些可以说明软管是否有人动过，是否隐瞒了某些不能工作的系统或部件。

（3）检查空气滤清器。拆开空气滤清器，检查空气滤芯，观察其清洁情况，如果灰尘多，滤芯脏，说明此车可能经常行驶在灰尘较多的地方或使用强度较大，而且，车主对车辆的保养意识差，整车的常规保养不及时，车况不会太好。

（4）检查节气门拉线。检查节气门拉线是否阻滞，是否有毛刺等现象。

9）检查发动机主要附件

（1）总体检查。检查发动机、起动机、分电器、空调压缩机、转向助力泵等外观是否正常，是否有漏油、漏水、漏气、漏电现象，是否有松动现象。

（2）检查正时皮带。通常每行驶 10 万 km，必须更换正时皮带。拆下正时齿轮罩盖，如果有必要，使用一个手电筒仔细检查同步齿形带内、外两侧有无裂纹、缺齿、磨损等现象，若有，则表明此车行驶了相当长的里程。对于 V 形发动机而言，更换同步齿形带的费用很高。

（3）检查发动机各种带传动附件的支架和调节装置。检查发动机各种皮带传动附件的支架和调节装置是否松动、螺栓是否丢失或有裂纹等现象。支架断裂或松动可能引起像风扇、动力转向泵、水泵、交流发电机和空调压缩机那样的附件，由于运转失调而不仅可能使传动带丢失，甚至造成提前损坏。

10）检查附属装置

主要检查刮水器、收音机、仪表、反光镜、加热器、灯具、转向信号灯、喷水装置、空调设备等是否破损、残缺，并对附属装置进行动态检验。例如刮水器动作、喷水装置喷水、空调器制冷、各灯光和仪表是否正常工作等。

3. 客舱检查

1) 检查驾驶操纵机构

(1) 检查转向盘。将汽车处于直线行驶的位置，左右转动转向盘，最大游动间隙由中间位置向左或向右应不超过 15°，如果间隙过大，说明转向系统需要维修；如图 3－17 所示，两手握住转向盘，将其上下、前后、左右方向摇动推拉，如果有明显的松旷感，说明转向机构需要调整或维修。

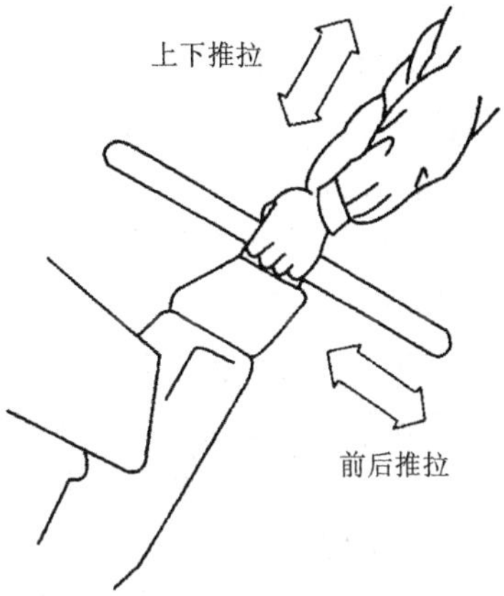

图 3－17　检查转向盘

(2) 检查制动踏板、离合器踏板、加速踏板。检查制动踏板、离合器踏板、加速踏板胶块是否磨损过度，通常，一块踏脚胶块寿命是 3 万 km 左右，如果换了新的，则此车已行驶 3 万 km 以上。如图 3－18 所示，用脚轻轻踩下或用手压下踏板，检查踏板有无弯曲变形及干涉现象，并检查自由行程的大小。如果踩下加速踏板很轻松，说明节气门拉索松弛，如果踩下加速踏板很费劲，说明节气门拉索有阻滞、破损，可能需要更换。制动踏板自由行程应在 10 mm 左右，离合器踏板的自由行程一般为 30～45 mm，否则应调整踏板自由行程。

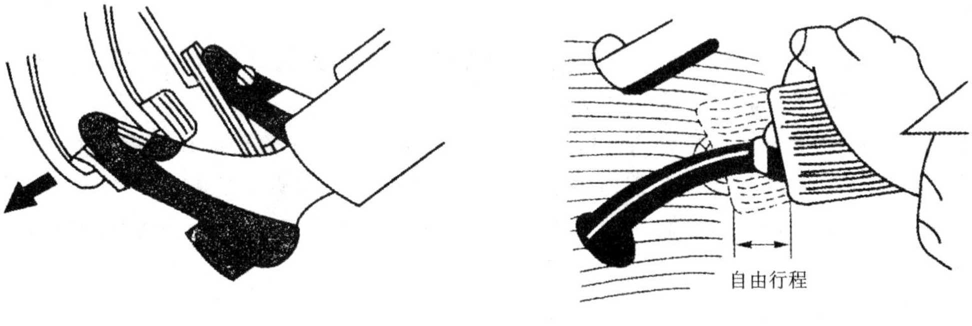

图 3－18　检查踏板

(3) 检查驻车制动操纵杆。放松驻车制动器操纵杆，然后再拉紧，检查驻车制动操纵杆是否灵活，有没有失效，锁止机构是否正常。

大多数驻车制动操纵杆拉起时应在发出 5～6“咔咔”声后使后轮制动。多次“咔咔”声后不能拉起制动操纵杆可能是因为太紧的缘故。踏板操纵的驻车制动器释放机构施加制动时也应发出 5～6“咔咔”声。如果用踏板操纵的驻车制动器系统施加制动时，需要发出更多或更少“咔嗒”声，说明驻车制动器需要检修。

(4) 检查变速器操纵杆。用手握住变速器操纵杆球头，逐一将变速器换至各个挡位，检查换挡的顺畅情况，检查变速器换挡操纵机构是否灵活。

观察变速器操纵机构防护罩是否破损，若有破损，异物(如硬币)就有可能掉入换挡操纵机构内，引起换挡阻滞，所以必须更换。

2) 开关检查

车上一般有点火开关、转向灯开关、车灯总开关、变光开关、刮水器开关、喇叭开关等。依次开启这些开关，检查这些开关是否完好，能否正常工作。

3）仪表检查

一般汽车设有气压表、车速－里程表、燃油表、机油压力表或机油压力指示器、冷却液温度表。应分别检查这些仪表是否能正常工作，有无缺失损坏。查看仪表板是否为原装，检查仪表板底部有没有更改线束的痕迹。要求安装汽车行驶记录仪的车辆是否按要求安装，能否正常工作。检查里程表，已经行驶的里程数是车辆行驶年龄的参照，一般的家用车每年行驶 15000～25000 km。

4）查指示灯或报警灯

汽车上有很多指示灯或报警灯，如制动报警灯、机油压力报警灯、充电指示灯、远光指示灯、转向指示灯、燃油量报警灯、驻车制动指示灯等，应分别检查这些指示灯或报警灯是否能正常工作。

目前，汽车上采用了大量的电子控制设备，这些电子控制设备均设故障灯，当这些灯亮时，表明此电子控制系统有故障，需要维修。汽车上电子控制设备主要故障灯有发动机故障灯、自动变速器故障灯、ABS 故障灯、SRS 故障灯、电控悬架故障灯等。电控系统的故障灯一般在仪表板上，其检查方法是：打开点火开关，观察这些故障灯是否亮 3s 后，自动熄灭。若在 3s 内自动熄灭，则表明此电子控制系统自检通过，系统正常；若在 3s 内没有熄灭，或根本就不点亮，说明此电子控制系统自检不通过，系统有故障。

5）检查座椅

驾驶员座椅、乘员座椅安装应牢固可靠。驾驶员座椅、副驾驶员座椅及客车前面设有座椅或护栏的座椅的安全带应齐全、有效。

查看座椅的新旧程度，座椅表面应平整、清洁、无破损。座椅松动和严重磨损、凹陷，说明该车常常载人，可推断该车经常行驶在高负荷的工况下。检查座椅前后是否灵活，检查座椅高低能否调节，检查座椅后倾调节角度。如果是电动座椅，应检查是否所有调节方向上都能工作。

6）检查地毯和地板

检查地毯或地板胶是否残旧，从地毯磨痕可推论出该车使用频繁程度；揭开地毯或地板胶，查看车厢底板是否有潮湿或生锈的痕迹，是否有烧焊的痕迹。

7）检查杂物箱和托架

汽车设有杂物箱和托架，用以放置汽车维修手册、汽车维护记录等物件。检查内饰的最后重要事项是仔细看看杂物箱和托架。可能会有旧单据告诉汽车过去的一些事情，如维护记录单等。大多数汽车刚出厂时都会有这样的记录，但是许多车主在维护期之后并不再填入任何信息。有些细心的车主保留着保修期前后的所有维修作业、机油更换、维护记录等资料。这种车主真正保留着正确维护汽车的良好记录。一定要问问他是否有其他记录，因为许多车主在家里单独的文件夹中保留着维修记录。

8）检查电气设备

（1）检查刮水器和风窗玻璃洗涤器。打开刮水器和风窗玻璃洗涤器，观察风窗玻璃洗涤器能否喷出洗涤液。观察刮水器是否在所有模式下都能正常工作，雨刷是否清洁，刮水器运转是否平稳，刮水器关闭时，刮水片应能自动返回初始位置。

一般地，刮水器有高速、低速两个位置，新型轿车一般还设有间歇位置，当间歇开关打开后，刮水器能以 2 ~ 12 次/s 的速率自动停止和刮拭。

(2)检查电动车窗。

按下电动车窗开关，各车窗升降器应能平稳地工作，无卡滞现象，车窗升降正常。

(3)检查电动外后视镜。按下后视镜的上下、左右调整按钮，电动外后视镜应能够运动自如，无异响。

(4)检查电动门锁。如果汽车有电动门锁，试用一下，确保从外面能打开所有门锁，同时，确保操作门锁按钮能使所有车门开锁。

(5)检查点烟器。按下点烟器，观察点烟器能否正常工作。点烟器插座是许多附件共用的插座，如 MP3、行车记录仪、电子狗、手机充电器等。点烟器不能工作可能说明其他电路有故障。

(6)检查收音机和音响。用一个盒式录音带和一张光盘来检查磁带机和音响系统，观察收录机、CD、DVD 能否正常工作，音质是否清晰。打开收音机开关，检查收音机能否工作。

(7)检查电动天线。如果汽车安装了电动天线，当打开点火开关后或按下天线按钮，天线应能自动升高和降低，否则电动天线需要更换。

(8)检查电动天窗。如果有电动天窗，操作一下观察是否工作平稳，关闭时是否密封良好。当打开天窗时，检查轨道上是否有漏水的痕迹。特别是在二手车上，这是天窗典型的问题。如果天窗上有玻璃板或塑料板，察看玻璃板或塑料板是否清洁、有没有裂纹。许多天窗上有遮阳板，当不想让阳光射进来时，可以向前滑动或转动从内部遮住天窗。

(9)检查除雾器。检查除雾器时，如果系统工作正常，打开后窗除雾器几分钟后，后窗玻璃摸上去应该是热的。还应检查暖风器(即便是夏天)，并确保风速开关在所有速度挡位正常工作。试一试风窗玻璃除霜器位置，并在风窗玻璃底部感受一下热空气。如果没有热气，可能意味着除霜器导管丢失或破裂。

4. 行李舱检查

1)检查行李舱开关拉索或电动开关

有些汽车在乘客舱内部有行李舱开启拉索或电动开关。确保其能够工作，并能不费劲地打开行李舱或舱盖。

2)检查气压减震器

行李舱采用气体助力支柱的，要检查气压减震器能否支撑起行李舱盖的重量。失效虚弱的气压减震器可能使行李舱盖自动倒下，这是很麻烦甚至危险的。

3)检查密封条

行李舱密封条对行李舱内部储物、地板和车身的防护十分重要，所以应仔细检查密封条有无划痕、损坏脱落。

4)检查行李舱地板

拉起行李舱中的橡胶地板垫或地毯，观察地板是否有铁锈、修理和焊接痕迹，或行李舱密封条不严引起的发霉的迹象。

5)检查备胎

如果是一辆行驶里程较短的汽车，其备胎应该是新标记，与原车上的标记相同，而不是花纹几乎磨光的轮胎。

6)检查随车工具

检查行李箱内有没有原装的千斤顶、千斤顶手柄和轮毂盖带耳螺母拆卸工具。

7)检查门控灯

行李舱上有一门控灯，当行李舱盖打开时，门控灯应点亮；否则，门控灯或门控灯开关损坏。

8)检查内部的油漆与外部油漆是否一致

在打开行李舱后，对内部进行近距离全面观察，检查行李舱内漆面颜色是否与外部的颜色相同，行李舱盖底部的颜色是否与外部的颜色相同。汽车喷漆时，为了降低成本，行李舱、发动机舱盖底部、门柱、门槛内侧不喷漆，如果这些部位的漆面颜色与外部颜色有区别，说明对车辆受损后进行了喷漆作业。查看行李舱盖金属构件、地板垫、后排座椅的后板、线路或后尾灯等部位是否有喷漆遗留痕迹，如果有，说明对车辆进行过喷漆作业。

9)行李舱盖的检查

如图3－14(f)所示，检查行李舱盖的周边缝隙是否均匀，左右是否对称。

5. 检查车身底部

1)检查泄漏

检查发动机固定是否可靠，检查发动机与传动系统的连接是否牢固可靠；燃油箱及燃油管路应固定可靠，不得有渗油、漏油现象；燃油管路与其他部件不应有磨蹭现象；软管不得老化开裂、有磨损等异常现象；在汽车底下很容易检查出泄漏源，从车底下可以检查出的泄漏有冷却液泄漏、机油泄漏、制动液泄漏、变速器油泄漏、转向助力油泄漏、主减速器油泄漏、电控悬架油泄漏、减震器油泄漏、排气泄漏等。

(1)检查冷却液泄漏。通过观察冷却液液面高度和车辆底部地面上是否有液体遗落的痕迹，就可判断是否有冷却液泄漏，还可在离合器壳或发动机舱壁周围检查有无湿润的痕迹进行判断。

※特别提醒※

汽车空调在使用过程中会产生水滴，有时相当多，汽车熄火后，可能还会滴一会儿。当路试并在测试空调时，不要把空调凝结水滴与冷却液泄漏混淆。空调凝结水为无色无味，防冻液是有颜色的，并有味道。

(2)检查机油泄漏。检查油底壳和油底壳放油螺塞区域是否有泄漏的迹象。行程超过80 000 km的汽车有少量污迹是常见的。当泄漏持续很长时间时，行车气流抽吸型通风装置和发动机风扇将把油滴抛到发动机、变速器或发动机舱壁下部区域各处，所以，严重的泄漏不难发现，除非汽车的下侧最近用蒸汽清洁过。而大多数二手车买主都不会像我们在这里描述的那样费力进行彻底检查，经销商也不会付额外的费用来用蒸汽清洁底盘，只清洁打开发动机罩时能看到的地方。

(3)检查动力转向油泄漏。在一些汽车上，动力转向油可能看起来像变速器油液泄漏，因为两种油液相似，但是动力转向泵泄漏通常造成的污迹集中在动力转向泵或转向器(或齿条齿轮)本体附近。

(4)检查变速器油泄漏。对于自动变速器，一般有自动变速器冷却装置，其管道较长，容易出现泄漏。其检查方法如下：

在冷却管路连接到散热器底部的地方查看是否有变速器液泄漏，沿着冷却管路和变速器油盘和变速器后油封周围的区域检查。返回变速器的金属冷却管应该成对布置，有几个金属夹子沿着管路将它们固定，管路不应该悬下来。还应该检查是否在某些地方用不切断金属管而用螺丝夹安装橡胶软管来修理。只有几种具有足够强度和足够耐油耐热的橡胶软管才可以用作变速器油管。像燃油软管那样的常规软管，在短期使用后就可能失效，引起变速器故障。

(5)检查制动液泄漏。诊断前、后制动器是否有制动油液的痕迹。查找制动钳、鼓式制动器后板和轮胎上是否有污迹。从汽车的前部到后部，寻找制动管路中是否有扭结或凹陷或是否有泄漏的痕迹。

(6)检查排气泄漏。排气系统紧固是很重要的，这不仅使汽车行驶时更安静，而且驾驶起来更惬意。但如果排气系统泄漏，一氧化碳流入汽车内部，让驾驶员呼吸到，这是致命的。可以在汽车路试前，汽车发动时，注意倾听排气系统是否有泄漏声。如果没有听到，那么再发动汽车并让另一人稍稍变化发动机转速，同时在汽车旁蹲下(发动机运转时，使汽车可靠地顶在千斤顶上，切勿钻进汽车底下)，仔细倾听是否有“嘶嘶”声或“隆隆”声。如果有类似声音，但又不能明确判定时，可以使用汽车熄火滑行，倾听底部声音的变化，进一步判断。排气泄漏通常呈现为白色、浅灰或者黑色条纹，它们可能来自排气管、催化转化器或消声器上的针孔、裂缝或孔洞。特别注意查看消声器和转化器接缝，以及两个管或排气零件的接合处。有排气垫的地方，就有排气泄漏的可能性。

检查排气系统时，寻找明显的排气泄漏痕迹，如焊接不当的排气管连接处周围的黑色污迹。在浅色排放管上，由于泄漏通常容易造成棕色或黑色污迹。这些小孔周围的污迹是排气管需要更换的迹象。如果装有橡胶环形圈，检查橡胶环形圈排气管吊架的情况。检查排气管支座是否损坏，支座损坏容易引起排气系统泄漏或产生噪声。

※特别提醒※

千万不要让身体的任何部分或衣服接触到很热的排气管。

2)检查排气系统

观察排气系统上所有吊架是否都在原来位置并且是否为原装部件。现在大多数汽车具有带耐热橡胶环形圈的排气管支承，它连接车架支架与排气管支架。当这些装置在一些消声器商店里更换为通用金属带时，排放系统将承受更大的应力并使更多的噪声、热量和振动传递到汽车上。

要注意排气系统零件看上去是否标准，排气尾管是否更换过。要确保它们离制动管不能太近。在后轮驱动的汽车上，排气尾管越过后端部，要确保紧靠后桥壳外表的制动钢管没有因为与排气系统上的凸起相遇而压扁。

3)检查前、后悬架

可用手在汽车前后左右角分别用力下压，如放松后汽车车身能回弹，并能自由跳动2~3次，说明该系统正常。如出现异响或不能自动跳动，则说明该减震器或悬架系统的弹簧等部件工作不良。

(1)检查减震弹簧。汽车减振弹簧主要有钢板弹簧和螺旋弹簧两种。对于钢板弹簧，应检查车辆钢板弹簧是否有裂纹、断片和碎片现象；两侧钢板弹簧的厚度、长度、片数、弧度、新旧程度是否相同；钢板弹簧U形螺栓和中心螺栓是否松动；钢板弹簧销与衬套的配合是否松旷。对于螺旋弹簧，应检查有无裂纹、折断或疲劳失效等现象，螺旋弹簧上、下支座有无变形损坏。

(2)检查减震器。如图3－19所示，观察4个减震器是否有漏油现象，如果有漏油，说明减震器已失效，需要更换。而更换减震器需要全部更换，而不是只更换一个，所以成本较高。观察前、后减震器的生产厂家是否一致。减震器上下连接处有无松动、磨损等现象。

(3)检查稳定杆。稳定杆主要用于前轮，有时也用于后轮，两端固定于悬架控制臂上。其功用是保持汽车转弯时车身平衡，防止汽车侧倾。检查稳定杆有无裂纹，与车身连接处的橡胶衬有无损坏，与左、右悬架控制臂的连接处有无松旷观象。

4)检查转向机构

汽车转向机构性能的好坏对汽车行驶稳定性有很大影响，因此，应仔细检查转向系统，尤其是转向传动机构。检查转向系统除了检查转向盘自由行程之外还应仔细检查以下项目。

(1)检查转向盘与转向轴的连接部位是否松旷，转向器垂臂轴与垂臂连接部位是否松旷，纵、横拉杆球头连接部位是否松旷，纵、横拉杆臂与转向节的连接部位是否松旷，转向节与主销之间是否松旷。

(2)检查转向节与主销之间是否配合过紧或缺润滑油，纵、横拉杆球头连接部位是否调整过紧或缺润滑油，转向器是否无润滑油或缺润滑油。

(3)检查转向轴是否弯曲，其套管是否凹瘪。

(4)对于动力转向系统，还应该检查动力转向泵驱动带是否松动；转向油泵安装螺栓是否松动，动力转向系统油管及管接头处是否存在损伤或松动等。

5)检查传动轴

对于后轮驱动的汽车，检查传动轴、中间轴及万向节等处有无裂纹和松动，传动轴是否弯曲、传动轴轴管是否凹陷，万向节轴承是否因磨损而松旷，万向节凸缘连接螺栓是否松动等。

对于前轮驱动的汽车，要密切注意万向节上的防尘套。绝大多数汽车在车体的每一侧(左驱动桥和右驱动桥)装有内、外万向节，每一个万向节都是由防尘套罩住的。万向节里面填满润滑脂，防尘套用于保护万向节避免污物、锈蚀和潮气的影响。如图3－20所示，用手弯曲或挤压防尘套，查找是否有裂纹或擦伤，并检查防尘套内的润滑脂的量是否缺失。

6)检查车轮

(1)检查车轮轮毂轴承是否松弛。用举升机或千斤顶支起车轮，用手晃动车轮，感觉有松动，车轴轮毂轴承松旷，车轴轴承磨损严重，需要更换车轮轴承。

(2)检查轮胎磨损情况。在初步检查时，是从汽车的外侧检查轮胎，而后再检查轮胎的内侧。检查胎侧是否有修理、割痕、磨损现象，是否有严重的风雨侵蚀现象。后轮胎内侧胎面过度磨损难从外侧发现的，除非将汽车顶起来。通常，后轮胎上内侧胎面磨损暗示着已将汽车前轮胎更换到后轮胎位置，或通过在后面不大能看到的方式来掩饰它们的磨损。

(3)检查轮胎花纹磨损深度。普通轮胎胎冠上的花纹深度不得小于1.6 mm，越野车转向轮的胎冠花纹深度不得小于3.2 mm，其余轮胎胎冠花纹深度不得小于1.6 mm。轮胎的胎面和胎壁上不得有长度超过25 mm、深度足以暴露出轮胎帘布层的破裂和割伤。

7)检查车架

检查车架是否有裂纹和影响车辆正常行驶的变形，螺栓和铆钉不得缺少和松动，车架不得进行焊接加工。

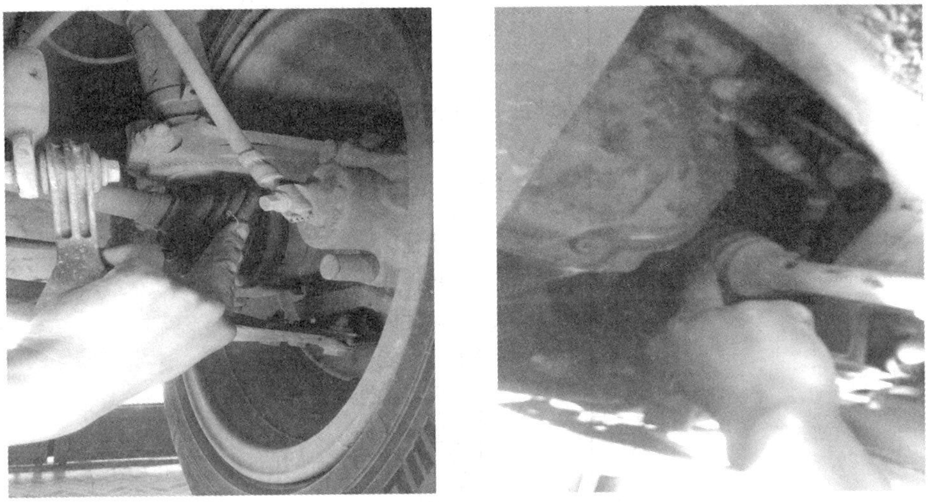

图 3-20　检查防尘套

3.2　二手车动态检查

3.2.1　二手车动态检查概述

1. 动态检查的主要内容

动态检查是指二手车在工作状态下，根据检测人员的技能和经验，辅以简单的量具，对二手车技术状况进行检查。检查过程中，需起动发动机，需对二手车进行路试，动态检查的主要内容如图 3-21 所示。

2. 路试前的准备工作

在进行路试之前，检查机油油位、冷却液液位、制动液液位、转向液液位、踏板自由行程、转向盘自由行程、轮胎胎压、各警示灯，各个项目检查结果均为正常后方可起动发动机，进行路试检查。

1) 检查机油油位

检查之前应将车停放在平坦的场地上，关闭起动开关，拉紧驻车制动器操纵杆，变速杆置于空挡位置。打开发动机舱盖，抽出机油尺，用抹布或餐巾纸擦净油迹，再将机油尺插入导孔，拔出查看。油位在上下刻线之间，即为合适。如果低于下刻线，可从加注口处添加，待 10 min 后，再次检查油位，补充时应严格注意清洁并检查是否有渗漏现象；如果超出上刻线，应分析原因，判断故障。

- 汽车的动态检查
  - 路试前的准备工作
  - 发动机工作性能检查
    - 起动性能
    - 怠速运转情况
    - 动力性能
    - 气缸密封性能
    - 废气排放性能
    - 发动机异响
  - 路试检查
    - 起步性能
    - 换挡性能
    - 加速性能
    - 滑行性能
    - 操纵稳定性能
    - 舒适性能
    - 制动性能
    - 噪声
  - 自动变带器试检查
    - 升挡检查
    - 升挡车速检查
    - 升挡发动机速度检查
    - 换挡质量检查
    - 锁止功能检查
    - 发动机制动功能检查
    - 强制降挡功能检查
  - 路试后的检查

图 3－21　动态检查的内容

2）检查冷却液液位

检查冷却液液位时，应在冷车状态下进行，检查后应扣紧散热器盖。补充冷却液时，应使用软水或同种防冻液。在添加前要检查冷却系统是否有渗漏现象。

3）检查制动液液位和离合器液压油

制动液正常位置应在储液罐的上限与下限刻线之间或标定位置处。当液位低于标定刻线或下限位置时，应把新的制动液补充到标定刻线或上限刻线位置。

4）动力转向液压油的油量

将动力转向储液罐的外表面擦干净，取下加注口盖，将标尺上的液体擦干净，重新将标尺装上（检查时，请不要拧紧加注口盖），取下标尺时，检查液体平面，标尺所示的刻度和意义与机油尺相同。如果液体平面高度低于标尺下限刻度，则需要添加同种的助力转向液，直到上限刻度（F 或 H）为止。在添加之前应检查动力管路是否有渗漏现象。

5）检查冷却风扇传动带

检查冷却风扇传动带的挠度，用拇指以 88～98 N（9～10 kg · f）的力按压传动带中间部位时，挠度应为 10～15 mm，如果不符合要求，按需要可通过调节发动机支架固定螺栓的位置进行调整。

6）检查制动踏板行程并确保制动灯工作良好

路试二手车前，一定要检查制动系统并确保制动灯工作良好。检查制动踏板工作情况，踩下制动踏板25～50 mm，就应感到坚实而没有松软感，即使踩下半分钟也是如此。如果制动踏板有松软感，可能制动管路有空气，这意味着制动系统中某处可能有泄漏。另外，还要检验驻车制动是否工作良好，是否能将汽车稳固地停住。

7）检查燃油箱的油量

打开点火开关钥匙，观察燃油表，了解油箱大致储油量，也可打开加油口盖，观察或用清洁量尺测量。但要注意加油口盖的清洁，避免尘土脏物落入。

8）检查轮胎气压

拧开轮胎气嘴的防尘帽，用轮胎气压表测量气压，轮胎的气压应符合轮胎的规定。气压不足，应进行充气；气压过高，应放气降压。轮胎气压过高或过低，均不宜进行路试，既不能正确判断汽车的性能状态，也可能出现意外事故。

3.2.2　发动机的动态检查

发动机的动态检查主要是检查发动机的起动、怠速、异响、急加速性、曲轴箱窜气量、排气颜色等项目。

1. 发动机起动性能的检查

正常情况下，用起动机起动发动机时，应在3次内起动成功。起动时，每次时间不超过5～10 s，再次起动时间要间隔15 s以上。若发动机不能正常起动，说明发动机的起动性能不好。

影响发动机起动性能的原因有很多，主要有油路、电路、气路和机械四个方面。如供油不畅、电动汽油泵没有保压功能、点火系统漏电、蓄电池接线柱锈蚀、空气滤清器堵塞、气缸磨损致使气缸压力过低、气门关闭不严等。

2. 发动机怠速运转情况的检查

发动机起动后使其怠速运转，打开发动机舱盖，观察怠速运转情况，怠速应平稳，发动机振动很小。观察仪表板上的发动机转速表，此时，发动机的怠速应为(800 ± 50) r/min，不同发动机的怠速转速有一定的差别，若开空调，发动机转速应上升，转速应在1000 r/min左右。

对于汽油发动机，怠速不良的原因主要有点火正时、气门间隙配气正时或怠速调整不当，真空漏气；曲轴箱通风单向阀不密封或卡阻，怠速时不能关闭；废气再循环装置或燃油蒸发排放装置（如果安装）的误动作；点火系统或供油系统工作不良；气缸压缩压力过低或各缸压缩压力不一致等。

3. 发动机异响的检查

使发动机怠速运转，听听发动机有无异响、响声大小。然后，适当增加节气门开度，提高发动机转速，倾听发动机的异响是否加大，或是否有新的异响出现。正常情况下，无论转速和负荷怎样变化，都是一种平稳而有节奏、协调而又平滑的轰鸣声。如果发动机有异响，则需要进行维修。

4. 发动机急加速性的检查

待发动机起动运转，温度达到正常后，增加节气门开度，从怠速到急加速，观察发动机的急加速性能，然后迅速松开节气门，注意发动机怠速是否熄火或工作不稳。通常急加速时，发动机发出强劲且有节奏的轰鸣声。

5. 排气检查

1）排气颜色的检查

正常的汽油发动机排出气体是无色的，在严寒的冬季可见白色的水汽，柴油发动机带负荷运转时，发动机排出气体一般是灰色的，负荷加重时，排气颜色会深一些。汽车排气常有三种不正常的烟雾。

（1）冒黑烟。黑烟意味着燃油系统输出的燃油太多。换句话说，空气与燃油的混合气太浓，发动机不能将它们完全燃烧。当发动机运行在浓混合气时，排气中的燃油使催化转化器变成一个催化反应炉。混合气过浓情况是由于某个火花塞不点火，还是由于某个喷油器漏油引起，很难区分。无论哪种情况，燃油已被直接泵进催化转化器中。这样就把转化器的工作温度升高到了一个危险程度。经过一段时间后，更高的工作温度可能导致催化转化器破裂或融化。

（2）冒蓝烟。蓝烟意味着发动机烧机油，机油窜入燃烧室。若机油油面不高，最常见的原因是气缸与活塞密封出现问题，即活塞、活塞环因磨损与气缸的间隙过大。这表明此发动机需要大修。

（3）冒白烟。白烟意味着发动机烧自身冷却系统中的冷却液。这可能是气缸垫烧坏，使冷却液从冷却液通道渗漏到燃烧室中。也可能是缸体有裂纹，冷却液进入气缸内，这种发动机的价值就要大打折扣。白烟的另一个解释是由非常冷和潮湿的外界空气（低露点）引起。这种现象类似于在非常寒冷的天气中呼吸时的凝结，当呼出的气体比外界空气热得多，而与外界冷空气混杂在一起时热气凝结，产生水蒸气以同样的方式，热排气与又冷又湿的大气混杂在一起产生白色烟雾。但是，当汽车热起来后，因为热排气湿度含量低，蒸汽应当消失。当然，如果在非常寒冷的气候条件下检查一辆汽车，即使在发动机热起来后，它的排气可能继续冷凝。此时要靠鉴定评估人员的判断力了。如果在暖和的天气里看到冒白烟，则表明有某种机械问题。

如果是自动挡汽车，汽车行驶时排出大量白烟可能是自动变速器有问题，而不是冷却液引起。许多自动变速器有一根通向发动机的真空管，如果这根变速器真空管末端的密封垫或薄膜泄漏，自动变速器油液可能被吸入发动机中，造成排气冒烟。

2）检查排气气流

如图 3－22 所示，将手放在距排气管排气口 10 mm 左右处，感觉发动机怠速时排气气流的冲击，正常排气气流有很小的脉冲感。若排气气流有周期性的“打嗝”或不平稳的喷溅，表明气门、点火或燃油系统有问题引起间断性失火。同时，还可通过察看手心有无水珠，判断发动机工作情况。

如图 3－23 所示，将一张白纸靠近排气口 10 mm 左右，如果纸不断地被排气气流吹开，则表明发动机运转正常；如果纸偶尔地被吸向排气口，则表明发动机配气机构可能有问题，需要进一步诊断是否需要修理。

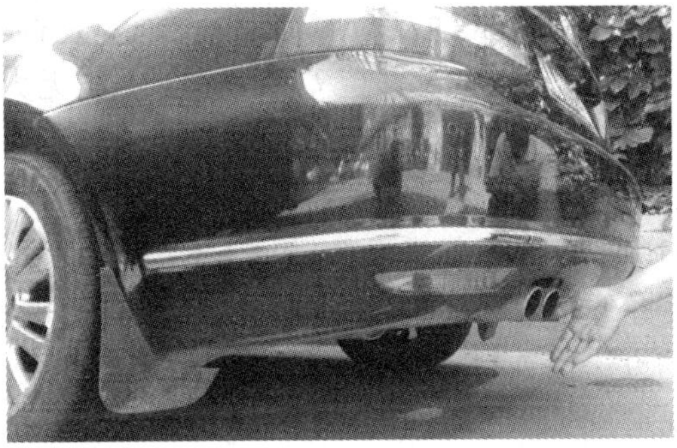

图 3－22　用手检查排气气流

图 3－23　用白纸检查排气气流

3.2.3　车辆路试检查

1. 离合器的检查

正常情况下，离合器应该是接合平稳，分离彻底，工作时无异响、无抖动和不正常打滑等现象。如果离合器发抖或有异响，说明离合器内部有零件损坏现象，应立即结束路试。离合器常见故障为起步抖动、离合器分离不彻底、离合器打滑和离合器异响等。

(1)在发动机怠速且空挡状态下，反复慢速踩下和松开离合器踏板，看是否出现异响。异响故障原因是分离轴承磨损严重、轴承回位弹簧过软或折断、膜片弹簧支架有故障等。

(2)起动发动机，在每个挡位尝试换挡，看是否产生车身抖动，如每一挡位均发生车身抖动，则离合器或传动轴万向节有故障，个别或少数挡位不正常，则为变速器故障。

(3)在发动机怠速状态下，离合器踏板踩到底时，才能切断离合器。踩下离合器踏板，感到挂挡困难或变速器齿轮出现刺耳的撞击声，或挂挡后不抬离合器踏板，车辆开始行驶，这都表明该车的离合器分离不彻底。

(4)如果发动机出现加速无力，且使用中驾驶室出现一股焦味，则为离合器打滑，造成此类现象的原因有几种，其主要是离合器踏板自由行程太小、分离轴承经常压在膜片弹簧上，使压盘总是处于半分离状态，或者是离合器压盘弹簧过软或有折断，离合器与飞轮连接的螺丝松动等。

(5)检查离合器踏板自由行程，应符合汽车技术条件的有关规定。离合器踏板自由行程一般为 30 ~45 mm，但不同车型离合器踏板自由行程不同，应以相关技术资料为准。

2. 变速器的检查

从起步加速到高速挡，再由高速挡减至低速挡，检查变速器换挡是否轻便灵活，是否有异响，互锁自锁装置是否有效、是否有乱挡现象，加速时是否有掉挡现象，换挡时变速杆不得与其他部件干涉。

3. 汽车动力性的检查

汽车动力性能最常见的指标是从静态加速至 100 km/h 时所需时间和最高车速，其中前者是最具意义的动力性能指标和国际流行的小客车动力性能指标。

检查加速性能时，汽车起步后，加速行驶，猛踩加速踏板。通常，急加速时，发动机发出强劲的轰鸣声，车速迅速提升。发动机排量越大，加速性能就越好。

检查汽车的爬坡性能。检查汽车在相应的坡道上，使用相应挡位时的动力性能，是否与经验值相近，感觉是否正常。若汽车提速慢，最高车速与原车设计值差距较大，上坡无力，则说明车辆动力性能差。

4. 汽车制动性能的检查

汽车起步后，先点一下制动踏板，检查是否有制动，将车加速至 20 km/h 作一次紧急制动，检查制动是否可靠，有无跑偏、甩尾现象。再将车加速至 50 km/h，先用点制动的方法检查汽车是否立即减速、是否跑偏，再用紧急制动的方法检查制动距离和跑偏量。

GB7258—2012《汽车运行安全技术条件》中规定，汽车制动性能和应急制动性能的路试检测在平坦、硬实、清洁、干燥且轮胎与地面间附着系数不小于 0.7 的混凝土或沥青路面上进行，检验时发动机与传动系分离。汽车在规定初速度下的制动距离和制动稳定性要求应符合的规定见表 3－1，紧急制动性能要求应符合的规定见表 3－2。

表 3－1　制动距离和制动稳定性要求

机动车类型		制动初速度(km/h)	制动距离(m)		试车道宽度(m)
乘用车		50	≤20.0	≤19.0	2.5
总质量≤3500 kg	低速汽车	30	≤9.0	≤8.0	2.5
	一般汽车	50	≤22.0	≤21.0	2.5
其他汽车、汽车列车		30	≤10.0	≤9.0	2.5
三轮汽车		20	≤15.0		2.5
两轮摩托车		30	≤7.0		–
轮式拖拉机运输机组		20	≤6.5	≤6.0	3.0

表 3－2　紧急制动性能要求表

汽车类型	制动初速度(km/h)	制动距离(m)	充分发出的减速度(m/s^2)	最大操纵力不应大于(N)	
				手操纵	脚操纵
三轮汽车	50	≤38.0	≥2.9	400	500
乘用车	30	≤18.0	≥2.5	600	700
其他汽车	30	≤20.0	≥2.2	600	700

5. 行驶稳定性的检查

车辆以 50 km/h 左右中速直线行驶，双手松开转向盘，观察汽车行驶状况。此时，汽车应该仍然直线行驶并且不明显地转到另一边，否则，说明汽车的转向轮定位不准，或车身、悬架变形。

车辆以 90 km/h 以上高速行驶，观察转向盘有无摆振现象，若汽车有高速摆头现象，通常意味着车辆存在着严重的车轮不平衡或不对中问题。

转向盘最大自由转动量不允许大于15°（最高设计车速不小于100 km/h的机动车）。若转向盘的自由转动量过大，意味着转向机构磨损严重，使转向盘的游动间隙过大，使转向不灵。

6. 行驶平顺性的检查

当汽车转弯或通过不平的路面时，倾听是否有从汽车前端发出忽大忽小的“嘎吱”声或低沉噪声，可能是滑柱或减震器紧固装置松了，或轴承磨损严重。汽车转弯时，若车身侧倾过大，则可能是横向稳定杆衬套或减震器磨损严重。将汽车开到粗糙、有凸起路面行驶，或通过铁轨、公路伸缩接缝，感觉汽车的平顺性和乘坐舒适性。通常，汽车排量越大，行驶越平顺，但燃油消耗也越多。

7. 驻车制动的检查

如果在坡路上拉紧驻车制动器后出现溜车，说明驻车制动器有故障，其原因可能是驻车制动器拉杆调整过长，或是摩擦片与制动鼓或制动盘间隙过大或有油污，摩擦片磨损严重或打滑，制动鼓（盘）与摩擦片接触不良等造成的。这些故障也是需要在修理厂解决的。通常，驻车制动力不应小于整车重量的20%。

驻车制动力、施加于驻车制动操纵装置上的力和操纵装置的储备行程均应符合GB 7258—2012《汽车运行安全技术条件》的要求。

8. 自动变速器的路试检查

1）准备工作

（1）检查自动变速器油位。将车辆停放在平坦路面，如果在冷车状态下，油面应该在COOL范围内，油面过高说明应该放出一些油。如果在热车状态下，自动变速器都达到正常工作温度（50～80℃），保持怠速运转，踩住制动踏板，依次挂入各个挡位，最后挂入P位，然后观察自动变速器的油尺标志，在正常工作温度下，油面应该在hot范围内，如果比较低，说明需要添加同型号变速器油。

（2）升温。在道路试验之前，应先让汽车以中低速行驶5～10 min，让发动机和自动变速器都达到正常工作温度。

2）路试检查

（1）检查自动变速器升挡

将操纵手柄拨至前进挡（D）位置，踩下加速踏板，使节气门保持在1/2开度左右，让汽车起步加速，检查自动变速器的升挡情况。自动变速器在升挡时发动机会有瞬时的转速下降，同时车身有轻微的振动感。正常情况下，随着车速的升高，试车者应能感觉到自动变速器能顺利地由1挡升入2挡，随后再由2挡升入3挡，最后升入超速挡。若自动变速器不能升入高档（3挡或超速挡），说明控制系统或换挡执行元件有故障。

（2）检查自动变速器升挡车速

将操纵手柄拨至前进挡（D）位置，踩下加速踏板，并使节气门保持在某一固定开度，让汽车加速。当察觉到自动变速器升挡时，记下升挡车速。一般4挡自动变速器在节气门开度保持在1/2时由1挡升至2挡的升挡车速为25～35 km/h，由2挡升至3挡的升挡车速为55～70 km/h，由3挡升至4挡（超速挡）的升挡车速为90～120 km/h。由于升挡车速和节气门开度有很大的关系，即节气门开度不同时，升挡车速也不同，而且不同车型的自动变速器各挡位传动比的大小都不相同，其升挡车速也不完全一样。因此，只要升挡车速基本保持在上述范围内，而且汽车行驶中加速良好，无明显的换挡冲击，都可认为其升挡车速基本正常。若汽车行驶中加速无力，升挡车速明显低于上述范围，说明升挡车速过低（即过早升挡）；若汽车行驶中有明显的换挡冲击，升挡车速明显高于上述范围，说明升挡车速过高（即太迟升挡）。

由于降挡时刻在行驶中不易察觉，因此，在道路试验中一般无法检查自动变速器的降挡车速，只能通过检查升挡车速来判断自动变速器有无故障。如有必要，还可检查其他模式下或操纵手柄位于前进低挡位置时的换挡车速，并与标准值进行比较，作为判断故障的参考依据。

升挡车速太低，一般是控制系统故障所致；升挡车速太高则可能是控制系统的故障所致，也可能是换挡执行元件的故障所致。

（3）检查自动变速器升挡时发动机转速

自动变速器道路试验时，应注意观察汽车行驶中发动机转速变化的情况。它是判断自动变速器工作是否正常的重要依据之一。在正常情况下，若自动变速器处于经济模式或普通模式，节气门保持在低于1/2 开度范围内，则在汽车由起步加速直至升入高速挡的整个行驶过程中，发动机转速都低于 3000 r/min。通常在加速至即将升挡时发动机转速可达到 2500 ~ 3000 r/min，在刚刚升挡后的短时间内发动机转速下降至 2000 r/min 左右。如果在整个行驶过程中发动机转速始终过低，加速至升挡时仍低于 2000 r/min，说明升挡时间过早或发动机动力不足；如果在行驶过程中发动机转速始终偏高，升挡前后的转速在 2500 ~ 3500 r/min 之间，而且换挡冲击明显，说明升挡时间过迟；如果在行驶过程中发动机转速过高，经常高于 3000 r/min，在加速时达到 4000 ~ 5000 r/min，甚至更高，则说明自动变速器的换挡执行元件（离合器或制动器）打滑，需要对自动变速器拆修。

（4）检查自动变速器换挡质量

换挡质量的检查内容主要是检查有无换挡冲击。正常的自动变速器只能有不太明显的换挡冲击，特别是电子控制自动变速器的换挡冲击十分微弱。若换挡冲击太大，说明自动变速器的控制系统或换挡执行元件有故障，其原因可能是油路油压过高或换挡执行元件打滑，自动变速器有故障需要维修。

（5）检查自动变速器的锁止离合器工作状况

变矩器中的锁止离合器工作是否正常，也可以采用道路试验的方法进行检查。试验中，让汽车加速至超速挡，以高于 80 km/h 的车速行驶，并让节气门开度保持在低于 1/2 的位置，使变矩器进入锁止状态。此时，快速将加速踏板踩下至 2/3 开度，同时检查发动机转速的变化情况。若发动机转速没有太大变化，说明锁止离合器处于接合状态；反之，若发动机转速升高很多，则表明锁止离合器没有接合，其原因通常是锁止控制系统有故障。

（6）检查发动机制动功能

检查自动变速器有无发动机制动作用时，应将操纵手柄拨至前进低挡（S、L 或 2、1）位置，在汽车以 2 挡或 1 挡行驶时，突然松开加速踏板，检查是否有发动机制动作用。若松开加速踏板后车速立即随之下降，说明有发动机制动作用；否则，说明控制系统或前进强制离合器有故障。

(7)检查自动变速器强制降挡功能

检查自动变速器强制降挡功能时，应将操纵手柄拨至前进挡(D)位置，保持节气门开度为1/3左右，在以2挡、3挡或超速挡行驶时突然将加速踏板完全踩到底，检查自动变速器是否被强制降低一个挡位。在强制降挡时，发动机转速会突然上升至4000 r/min左右，并随着加速升挡，转速逐渐下降。若踩下加速踏板后没有出现强制降挡，说明强制降挡功能失效。若在强制降挡时发动机转速上升过高，达5000～6000 r/min，并在升挡时出现换挡冲击，则说明换挡执行元件打滑，自动变速器需要拆修。

9. 路试后的检查

1)检查温度

(1)检查油液温度

检查润滑油、冷却液温度。检查冷却液温度、机油、齿轮油温度，正常的冷却液温度不应超过90℃、机油温度不应高于90℃、齿轮油温不应高于85℃。

(2)检查运动零件过热情况

查看制动鼓、轮毂、变速器壳、传动轴、中间轴轴承、驱动桥壳(特别是减速器壳)等不应有过热现象。

2)检查“五漏”现象

(1)在发动机运转及停车时散热器、水泵、气缸、缸盖、暖风装置及所有连接部位均无明显渗漏水现象。

(2)汽车连续行驶距离不小于10 km，停车5 min后观察，不得有明显渗漏油现象。

(3)检查机油、变速器油、主减速器油、转向液压油、制动液、离合器油、液压悬架油等相关处有无泄漏。

(4)检查发动机点火系统有无漏电现象。

(5)检查汽车的进气系统、排气系统有无漏气现象。

3.3　二手车1000分检查法

为了较详细地全面检查汽车，特别是价格较高的二手车，可以进行1000分的详细检测。在以下按检查项目检查中，若某个项目出现问题，则从总分1000分中扣去相应的分值，如果车辆的同一问题在不同的检查项目中出现，则按最高分扣除。最后得分结果，分数越高，表明车辆状况越好。二手车的1000分检查包括三个部分：静态检查(555分)、原地起动检查(264分)、路试检查(181分)。

3.3.1　静态检查

汽车静态检查项目见表3-3，最高得分555分。

表 3－3 汽车静态检查项目表

项目	动作内容	检查	可能的问题	分值	评分
转向盘	上下摇动	松动	主轴上部磨损	2	
	转动转向盘，调整高度	游隙是否正常	转向盘使用频繁，整个转向系统包括横拉杆等连接部分	3	
喇叭	按喇叭	响声	喇叭簧片、继电器	1	
风窗玻璃洗涤器	喷洗风窗	喷嘴流畅	电机坏、堵塞、缺水	2	
雨刮器	起动雨刮器	无松旷、角度正常	机构松动	1	
各种按钮	操作一遍	指示灯正常、回位	失效	1	
座椅	调整位置、角度	滑槽、定位、锁止	固定不稳	2	
	观察滑槽磨损情况	调整的频度	多人用车	1	
	按压	感觉回弹	过度使用	1	
遮阳板	翻动遮阳板	外观、支架	卡住	1	
加速踏板	踩下、松开踏板	顺畅	连接机构、拉索	1	
制动踏板	踩下、松开踏板	自由行程、力度	油路、执行机构、操纵机构	2	
离合器踏板	踩下、松开踏板	自由行程不合适	离合器片磨损	10	
		踩踏沉重	分离机构有故障	4	
驻车制动器拉杆	拉起、放松	作用灵敏、有一定多余空间	失调，磨损	3	
变速器操纵杆	依次换挡	咬合情况不好、换挡不顺畅	操纵机构磨损	1	
油压灯	打开点火开关	油压灯无反应	不亮，灯泡坏	1	
充电指示灯	打开点火开关	充电指示灯没动静	不亮，灯泡坏	1	
燃油表	打开点火开关	没动静	线路或仪表坏	2	
水温表	打开点火开关	没有指示	线路或仪表坏	2	
灯泡灯	打开点火开关	点亮	灯泡有损坏	1	
发动机机油	打开发动机盖检查机油尺；观察气缸盖、连杆罩等	检查机油容量及泄漏；检查洁净程度	漏油；未及时更换	10	
		色泽混浊，呈乳白色	气缸进水	20	
		机油中有金属屑	曲轴、连杆严重磨损	50	
冷却水	观察冷却液液面、水管夹子处、水泵、散热器等的结合处	是否渗漏	冷却液缺失，卡子失效、水管破裂、垫子损坏	10	

续表 3－3

项目	动作内容	检查	可能的问题	分值	评分
制动油液	观察制动油面是否正常；底盘下的刹车油管上有否污泥；手摸总泵外表面	是否渗漏	漏油问题	5	
各电线接头	拨动蓄电池桩头、及其至起动装置电线两端、搭铁线、点火线圈等	是否松动、有无自行搭线	线束短路	10	
插头与夹子	拨动插接件、固定夹子、卡子等	是否松动	松动或有损坏	2	
蓄电池	查看制造日期，打开前大灯，起动发动机	检查寿命，发动机是否顺利起动，灯光亮度	寿命一般为两年，不能起动，大灯不够亮，则电力不足	10	
皮带	按压、摇动皮带	松紧度	松弛、老化	2	
空气滤清器	打开空滤器盖	是否有污物	保养不及时	1	
散热器片	观察折损弯曲状况	平整情况	事故修复不到位	10	
风窗玻璃	观察四周胶封	胶条是新的	玻璃曾破损	20	
车窗玻璃	升降	感觉是否顺畅、观察密封情况	升降机有问题	10	
保险丝	打开各处保险丝盒	检查是否熔断，有无备份		2	
烟灰盒点烟器等	检查	状态	汽车使用、保养不当	2	
发动机舱	检查	周边及下方有无油污	气缸垫漏油	20	
排气管	用手掏摸排气管内壁	灰渍呈黑灰色、黑色且有黏稠液体	发动机燃烧不完全、漏机油	20	
散热器	检查水面	有漂浮物	锈蚀粉屑为水箱内锈蚀严重，有油污则机油渗漏	10	
变速器	检查变速器油	观察颜色为红色或棕色；闻气味，是否漏油	红色表示正常，棕色表示发生故障；焦味为磨损严重	23	
轮胎	检查磨损情况、轮胎型号	磨损是否不均匀，是否补过	车轮定位、悬架有问题	20	
汽车水平度	汽车水平放置自后向前看	不平	轮胎磨损、减震器、弹簧坏、悬架有问题	20	
车身、发动机号	检查	清晰度	积压车	10	

续表 3－3

项目	动作内容	检查	可能的问题	分值	评分
车身外表	使自己的视线与被检钣金件表面保持水平观察车身表面、车身密封胶条	观察是否有重新修补的起伏痕迹、车漆色差；胶条粘漆	发生事故	20	
车身内部	观察钣金件是否安装过支架等		出租车、赛车	20	
散热器护罩、横梁、发动机下纵梁、侧副梁	观察散热器、发动机周围结构件	应有原厂圆形点焊痕迹，是否有失圆或大小不一的点焊形状或修理过的痕迹	发生事故	20	
行李箱盖板	观察行李箱周边	检查密合度、缝隙是否一致	后车尾碰撞	20	
行李箱地板	翻开行李箱地毯	判断是否有烧焊的痕迹	发生事故	20	
地板	翻开地毯，观察底部	检查有无锈蚀、漏洞，大梁有无曲折及修复的情况	发生事故	40	
发动机罩	观察发动机罩与翼子板的缝隙、与车灯间的结合、与风窗玻璃间的间隙	检查是否均匀，有无原车胶漆	发生事故	10	
发动机罩内板	观察发动机罩内护板	检查是否有烤过漆的痕迹	发生事故	5	
车身 B 柱	观察车门框与 B 柱	检查是否为一直线，接缝处自然平整	发生事故	10	
车门	来回打开车门 揭开防水胶条	车门开闭是否顺畅，检查 A、B、C 柱与车门是否呈流线形、防水胶条是否平整、车门附近是否留有原车铆钉	发生事故	10	
悬架	反复按压和松开车身	感觉每次回弹 2～3 次	减震器性能下降	5	
减震器	观察减震器活塞杆	减震器活塞杆潮湿或减震器桶油污严重	过度磨损、密封不良	5	
车身底部	拨动球头和弹性铰接头	观察是否松旷、损坏	过度使用、事故车	10	
轮毂轴承	在举升机用手摇动车轮	感觉是否松动	过度使用、事故车	10	
后轴轴承	在举升机用手摇动车轮	感觉是否发响	过度使用、事故车	10	
排气管	观察排气管	是否生锈	使用年限	10	

3.3.2　原地起动检查

原地起动检查项目见表 3 -4，最高得分 264 分。

表 3 -4　原地起动检查项目表

项目	动作内容	检查	可能的问题	分值	评分
油压灯	打开点火开关	油压灯亮	机油不足	1	
充电指示灯	打开点火开关	充电指示灯亮	充电不足	2	
前大灯(远近光)、小灯、雾灯、倒车灯	观察外观，逐一开、关	是否正常工作，有无破损或变色	更换过	3	
发动机	起动发动机	怠速抖动、各缸压力、怠速转速、逐缸断火	怠速过低、发动机支架不稳固、有不工作的气缸等	5	
	听发动机声响	异响，如气门声等	气门间隙过大；轴承损坏	10	
	踩下油门提高转速或测气缸压力	异响，缸压低	活塞问题	50	
	用鞋底或废布堵住排气管	发动机在几秒内没有熄火	车底有嚓嚓声，密封性不好	25	
	打开机油添加口盖	是否有汽油味	活塞环损坏	50	
	观察排气颜色	白烟或颜色偏蓝	烧机油	25	
空调系统	打开空调开关	感觉制冷效果	制冷剂缺乏	5	
		感觉抖动情况	动力不足、离合器故障	18	
	听空调压缩机响声	有吱吱声	压缩机、皮带有故障	5	
发电机	测发电机电压	是否正常	充电电压过高	5	
发动机电喷系	起动发动机	故障灯是否亮	电喷系统故障	30	
动力转向系统	一只手转动转向盘	车轮是否转动，用力大小	动力转向系统失效	30	

3.3.3　路试检查

路试检查项目见表 3 -5，最高得分 181 分。

表 3－5　路试检查项目表

项目	动作内容	检查	可能的问题	分值	
直线行驶	方向盘正位	是否跑偏、车轮摆动、发飘；方向盘振动	胎压不均、事故车车轮定位不准、转向系统有问题、车架变形；轮辋变形、动平衡有问题	30	
转向灯工作情况	开关转向灯	转向盘回正时，转向灯自动跳回	转向灯开关有问题	5	
车身发响	关闭车窗，坏路行驶	听车内响声	车身钣金件、座椅、附件安装有问题	10	
悬架弹簧	过坑洞	感觉回弹、听异响	悬架弹簧、减震器等	10	
转向	过弯道	转向盘回正、转向系统间隙	系统松旷、拉杆及球铰等	10	
离合器	挂二挡、拉手刹、松开离合器	发动机不熄火	离合器打滑或过度磨损	15	
制动	直线行驶点制动、持续制动	有无跑偏、甩尾、距离长等	制动系统有问题	16	
运动部件	滑行	距离过小	润滑不当、轴承过紧、刹车刮蹭	10	
发动机	滑行	发动机有无异响	排气门密封不严、点火不正时、点火装置故障	5	
	观察排气管尾气	大量蓝烟或黑烟	气门或活塞磨损严重	50	
		冒白烟	缸垫渗水	20	

3.4　二手车 100 分检查法

3.4.1　二手车 100 分检查法概述

来源于《二手车鉴定评估技术规范》(GB/T 30323—2013)。

采用二手车 100 分检查法检查二手车辆技术状况时，按照车身、发动机舱、驾驶舱、启动、路试、底盘等项目顺序检查。根据检查结果确定车辆技术状况的分值，总分值为各个鉴定项目分值累加，即鉴定总分 = $\sum$项目分值，满分 100 分。根据鉴定分值，按照表 3－6 确定车辆对应的技术等级。

表 3－6　车辆技术状况等级分值对应表

技术状况等级	分值区间	技术状况等级	分值区间
一级	鉴定总分≥90	四级	鉴定总分＜20
二级	60≤鉴定总分＜90	五级	事故车
三级	20≤鉴定总分＜60		

3.4.2　二手车 100 分检查法实施步骤和方法

1. 车身检查

1）工具及使用方法

使用车辆外观缺陷测量工具与漆面厚度检测仪器结合目测法对车身外观进行检测。

2）检查方法

参照车辆外观展开示意图，如图 3－24 所示，采用车身外观状态描述对应表（表 3－7）中所给出的车身损伤描述类别和程度代号，对表 3－7 所列 26 个部位逐项检查，程度为 1 的扣 0.5 分，每增加 1 个程度加扣 0.5 分，共计 20 分，扣完为止，轮胎部分需高于程度 4 的标准，不符合标准扣 1 分。将扣分项描述代号和扣分填入车身外观检查评分表（表 3－9），并计算出得分，车身检查得分为 20 分减去扣分合计值。

3）车身外观项目的转义描述说明

根据表 3－7、表 3－8 描述缺陷，车身外观项目的转义描述格式为：车身部位＋状态＋程度。例如 21×S2，对应描述为：左后车门有锈蚀，面积为大于 100 mm×100 mm，小于或等于 200 mm×300 mm。

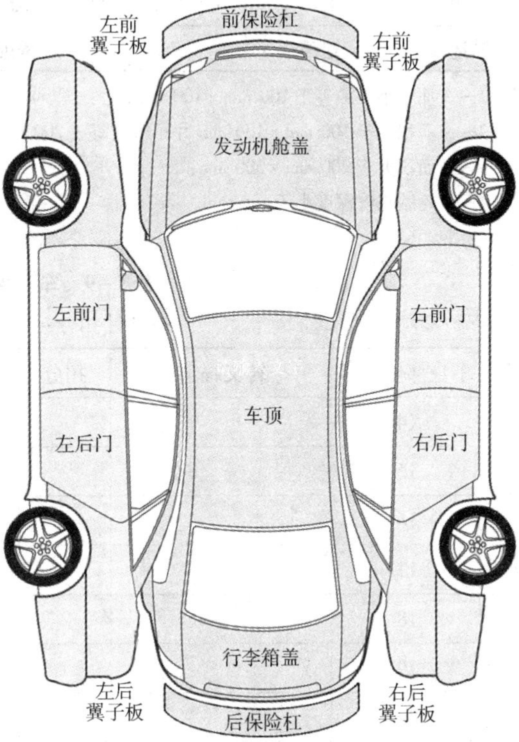

图 3－24　车身外观展开示意图

表 3－7　车身外观部位代码对应表

代码	部位	代码	部位	代码	部位
14	发动机舱盖表面	23	行李箱盖	32	前大灯
15	左前翼子板	24	行李箱内则	33	后尾灯
16	左后翼子板	25	车顶	34	前挡风玻璃
17	右前翼子板	26	前保险杠	35	后挡风玻璃
18	右后翼子板	27	后保险杠	36	四门风窗玻璃

续表 3-7

代码	部位	代码	部位	代码	部位
19	左前车门	28	左前轮	37	左后视镜
20	右前车门	29	左后轮	38	右后视镜
21	左后车门	30	右前轮	39	轮胎
22	右后车门	31	右后轮		

表 3-8 车身外观状态描述对应表

代码	HH	BX	XS	LW	AX	XF
描述	划痕	变形	锈蚀	裂纹	凹陷	修复痕迹

程度：1——面积小于或等于 100 mm×100 mm；

2——面积大于 100 mm×100 mm 并小于或等于 200 mm×300 mm；

3——面积大于 200 mm×300 mm；

4——轮胎花纹深度小于 1.6 mm。

表 3-9 车身外观检查评分表

满分：20 分　　合计扣分：　　得分：

序号	车身部位代码	转义描述	扣分	序号	车身部位代码	转义描述	扣分
1	14			14	27		
2	15			15	28		
3	16			16	29		
4	17			17	30		
5	18			18	31		
6	19			19	32		
7	20			20	33		
8	21			21	34		
9	22			22	35		
10	23			23	36		
11	24			24	37		
12	25			25	38		
13	26			26	39		

评分人：　　审核人：

2. 发动机舱

按表 3-10 要求检查 10 个项目。选择 A 不扣分，第 40 项选择 B 或 C 扣 15 分；第 41 项选择 B 或 C 扣 5 分；第 44 项选择 B 扣 2 分，选择 C 扣 4 分；其余各项选择 B 扣 1.5 分，选择 C 扣 3 分。共计 20 分，扣完为止。

如检查第 40 项时发现机油有冷却液混入、检查第 41 项时发现缸盖外有机油渗漏，则应在《二手车鉴定评估报告》或《二手车技术状况表》的技术状况缺陷描述中分别予以注明，并提示修复前不宜使用。

表 3-10　发动机舱检查项目作业表

满分：20 分　　合计扣分：　　得分：

代号	检查项目	A	B	C	扣分
40	机油有无冷却液混入	无	轻微	严重	
41	缸盖外是否有机油渗漏	无	轻微	严重	
42	前翼子板内缘、水箱框架、横拉梁有无凹凸或修复痕迹	无	轻微	严重	
43	散热器格栅有无破损	无	轻微	严重	
44	蓄电池电极桩柱有无腐蚀	无	轻微	严重	
45	蓄电池电解液有无渗漏、缺少	无	轻微	严重	
46	发动机皮带有无老化	无	轻微	严重	
47	油管、水管有无老化、裂痕	无	轻微	严重	
48	线束有无老化、破损	无	轻微	严重	
49	其他	只描述缺陷，不扣分			
说明：选择 A 不扣分，第 40 项选择 B 或 C 扣 15 分；第 41 项选择 B 或 C 扣 5 分；第 44 项选择 B 扣 2 分，选择 C 扣 4 分；其余各项选择 B 扣 1.5 分，选择 C 扣 3 分。共计 20 分，扣完为止。					

评分人：　　审核人：

3. 驾驶舱

按表 3-11 要求检查 15 个项目。选择 A 不扣分，第 50 项选择 C 扣 1.5 分；第 51、52 项选择 C 扣 0.5 分；其余项目选择 C 扣 1 分。共计 10 分，扣完为止。

如检查第 60 项时发现安全带结构不完整或者功能不正常，则应在《二手车鉴定评估报告》或《二手车技术状况鉴定书》的技术状况缺陷描述中予以注明，并提示修复或更换前不宜使用。

表 3－11 驾驶舱检查项目作业表

满分：10 分　　　　合计扣分：　　　　得分：

代号	检查项目	A	B	扣分
50	车内是否无水泡痕迹	是	否	
51	车内后视镜、座椅是否完整、无破损、功能正常	是	否	
52	车内是否整洁、无异味	是	否	
53	方向盘自由行程转角是否小于 15 度	是	否	
54	车顶及周边内饰是否无破损、松动及裂缝和污迹	是	否	
55	仪表台是否无划痕，配件是否无缺失	是	否	
56	排挡把手柄及护罩是否完好、无破损	是	否	
57	储物盒是否无裂痕，配件是否无缺失	是	否	
58	天窗是否移动灵活、关闭正常	是	否	
59	门窗密封条是否良好、无老化	是	否	
60	安全带结构是否完整、功能是否正常	是	否	
61	驻车制动系统是否灵活有效	是	否	
62	玻璃窗升降器、门窗工作是否正常	是	否	
63	左、右后视镜折叠装置工作是否正常	是	否	
64	其他	只描述缺陷，不扣分		

说明：选择 A 不扣分，第 50 项选择 C 扣 1.5 分；第 51、52 项选择 C 扣 0.5 分；其余项目选择 C 扣 1 分。共计 10 分，扣完为止。

评分人：　　　　审核人：

4. *启动*

按表 3－12 要求检查 10 个项目。选择 A 不扣分，第 65、66 项选择 C 扣 2 分；第 67 项选择 C 扣 1 分；第 68 至 71 项，选择 C 扣 0.5 分；第 72、73 项选择 C 扣 10 分。共计 20 分，扣完为止。

如检查第 66 项时发现仪表板指示灯显示异常或出现故障报警，则应查明原因，并在《二手车鉴定评估报告》或《二手车技术状况鉴定书》的技术状况缺陷描述中予以注明。

优先选用车辆故障信息读取设备对车辆技术状况进行检测。

表 3-12　启动检查项目作业表

满分：20 分　　　　合计扣分：　　　　得分：

代号	检查项目	A	C	扣分
65	车辆启动是否顺畅（时间少于 5 s，或一次启动）	是	否	
66	仪表板指示灯显示是否正常，无故障报警	是	否	
67	各类灯光和调节功能是否正常	是	否	
68	泊车辅助系统工作是否正常	是	否	
69	制动防抱死系统（ABS）工作是否正常	是	否	
70	空调系统风量、方向调节、分区控制、自动控制、制冷工作是否正常	是	否	
71	发动机在冷、热车条件下怠速运转是否稳定	是	否	
72	怠速运转时发动机是否无异响，空挡状态下逐渐增加发动机转速，发动机声音过渡是否无异响	是	否	
73	车辆排气是否无异常	是	否	
74	其他	只描述缺陷，不扣分		

说明：选择 A 不扣分，第 65、66 项选择 C 扣 2 分；第 67 项选择 C 扣 1 分；第 68 至 71 项，选择 C 扣 0.5 分；第 72、73 项选择 C 扣 10 分。共计 20 分，扣完为止。

评分人：　　　　　　　　审核人：

5. 路试

按表 3-13 要求 检查 10 个项目。选择 A 不扣分，选择 C 扣 2 分。共计 15 分，扣完为止。

如果检查第 80 项时发现制动系统出现刹车距离长、跑偏等不正常现象，则应在《二手车鉴定评估报告》或《二手车技术状况表》的技术缺陷描述中予以注明，并提示修复前不宜使用。

表 3-13　路试检查项目作业表

满分：15 分　　　　合计扣分：　　　　得分：

代号	检查项目	A	C	扣分
75	发动机运转、加速是否正常	是	否	
76	车辆启动前踩下制动踏板，保持 5~10 s，踏板无向下移动的现象	是	否	
77	踩住制动踏板启动发动机，踏板是否向下移动	是	否	
78	行车制动系最大制动效能在踏板全行程的 4/5 以内达到	是	否	
79	行驶是否无跑偏	是	否	
80	制动系统工作是否正常有效、制动不跑偏	是	否	
81	变速箱工作是否正常、无异响	是	否	
82	行驶过程中车辆底盘部位是否无异响	是	否	
83	行驶过程中车辆转向部位是否无异响	是	否	
84	其他	只描述缺陷，不扣分		

说明：选择 A 不扣分，选择 C 扣 2 分。共计 15 分，扣完为止。

评分人：　　　　　　　　审核人：

6. 底盘

按表 3－14 要求检查 8 个项目。选择 A 不扣分，第 85、86 项，选择 C 扣 4 分；第 87、88 项，选择 C 扣 3 分；第 89、90、91 项，选择 C 扣 2 分。共计 15 分，扣完为止。

表 3－14 底盘检查项目作业表

满分：15 分　　合计扣分：　　得分：

代号	检查项目	A	C	扣分
85	发动机油底壳是否无渗漏	是	否	
86	变速箱体是否无渗漏	是	否	
87	转向节臂球销是否无松动	是	否	
88	三角臂球销是否无松动	是	否	
89	传动轴十字轴是否无松框	是	否	
90	减震器是否无渗漏	是	否	
91	减震弹簧是否无损坏	是	否	
92	其他	只描述缺陷，不扣分		

说明：选择 A 不扣分，第 85、86 项，选择 C 扣 4 分；第 87、88 项，选择 C 扣 3 分；第 89、90、91 项，选择 C 扣 2 分。共计 15 分，扣完为止。

评分人：　　审核人：

7. 功能性零部件

对表 3－15 所示部件功能进行检查。结构、功能坏损的，直接进行缺陷描述，不计分。

表 3－15 车辆功能性零部件项目表

序号	类别	零部件名称	序号	类别	零部件名称
93	车身外部件	发动机舱盖锁止	105	随车附件	备胎
94		发动机舱盖液压撑杆	106		千斤顶
95		后门/后备箱液压支撑杆	107		轮胎扳手及随车工具
96		各车门锁止	108		三角警示牌
97		前后雨刮器	109		灭火器
98		立柱密封胶条	110	其他	全套钥匙
99		排气管及消音器	111		遥控器及功能
100		车轮轮毂	112		喇叭高低音色
101	驾驶舱内部件	车内后视镜	113		玻璃加热功能
102		座椅调节及加热			
103		仪表板出风管道			
104		中央集控			

8. 根据表 3－7 至表 3－15 的扣分情况及技术缺陷，填写二手车技术状况表（表 3－16）。

表 3－16　二手车技术状况表（示范文本）

<table>
<tr><td rowspan="11">车辆基本信息</td><td>厂牌型号</td><td colspan="3"></td><td>牌照号码</td><td></td></tr>
<tr><td>发动机号</td><td colspan="3"></td><td>VIN 码</td><td></td></tr>
<tr><td>初次登记日期</td><td colspan="3">年　月　日</td><td>表征里程</td><td>万公里</td></tr>
<tr><td>品牌名称</td><td></td><td colspan="2">□国产　□进口</td><td>车身颜色</td><td></td></tr>
<tr><td>年检证明</td><td colspan="3">□有（至　年　月）□无</td><td>购置税证书</td><td>□有　□无</td></tr>
<tr><td>车船税证明</td><td colspan="3">□有（至　年　月）□无</td><td>交强险</td><td>□有（至　年　月）□无</td></tr>
<tr><td>使用性质</td><td colspan="5">□营运用车　□出租车　□公务用车　□家庭用车　□其他</td></tr>
<tr><td>其他法定凭证、证明</td><td colspan="5">□机动车号牌　□机动车行驶证　□机动车登记证书　□第三者强制保险单　□其他</td></tr>
<tr><td>车主名称/姓名</td><td colspan="2"></td><td colspan="2">企业法人证书代码/身份证号码</td><td></td></tr>
<tr><td colspan="6"></td></tr>
<tr><td colspan="6"></td></tr>
<tr><td rowspan="4">重要配置</td><td>燃料标号</td><td></td><td>排量</td><td></td><td>缸数</td><td></td></tr>
<tr><td>发动机功率</td><td></td><td>排放标准</td><td></td><td>变速器形式</td><td></td></tr>
<tr><td>气囊</td><td></td><td>驱动方式</td><td></td><td>ABS</td><td>□有　□无</td></tr>
<tr><td>其他重要配置</td><td colspan="5"></td></tr>
<tr><td>事故车</td><td>□是
□否</td><td colspan="2">损伤位置及损伤状况</td><td colspan="3"></td></tr>
<tr><td>鉴定结果</td><td>分值</td><td colspan="2"></td><td colspan="2">技术状况等级</td><td></td></tr>
<tr><td rowspan="7">车辆技术状况鉴定缺陷描述</td><td>鉴定科目</td><td colspan="2">鉴定结果（得分）</td><td colspan="3">缺陷描述</td></tr>
<tr><td>车身检查</td><td colspan="2"></td><td colspan="3"></td></tr>
<tr><td>发动机检查</td><td colspan="2"></td><td colspan="3"></td></tr>
<tr><td>车内检查</td><td colspan="2"></td><td colspan="3"></td></tr>
<tr><td>启动检查</td><td colspan="2"></td><td colspan="3"></td></tr>
<tr><td>路试检查</td><td colspan="2"></td><td colspan="3"></td></tr>
<tr><td>底盘检查</td><td colspan="2"></td><td colspan="3"></td></tr>
</table>

二手车鉴定评估师：________　　　　鉴定单位：（盖章）________

鉴定日期：____年____月____日

声明：

本二手车技术状况表所体现的鉴定结果仅为鉴定日期当日被鉴定车辆的技术状况表现与描述，若在当日内被鉴定车辆的市场价值或因交通事故等原因导致车辆的价值发生变化，对车辆鉴定结果产生明显影响时，本技术状况鉴定说明书不作为参考依据。

说明：

本二手车技术状况表由二手车经销企业、拍卖企业、经纪企业使用，作为二手车交易合同的附件。车辆展卖期间，放置在驾驶室前风挡玻璃左下方，供消费者参阅。

【技能训练】

由教师提供车辆和车辆证件，将学生进行分组后，分别采用"二手车1000分检查法"和"二手车100分检查法"，填写表3－3、表3－4、表3－5及表3－9、表3－10、表3－11、表3－12、表3－13、表3－14、表3－15、表3－16，完成车辆技术状况鉴定。

【思考与练习】

一、名词解释

1. 二手车技术状况静态检查　2. 事故车　3. 测间隙法　4. 环车检查法　5. 二手车动态检查

二、填空题

1. 二手车静态检查主要包括＿＿＿＿＿＿和＿＿＿＿＿两大部分。

2. 合法检查主要包括＿＿＿＿＿＿、＿＿＿＿＿、＿＿＿＿＿及＿＿＿＿＿。

3. 外观检查包括鉴别＿＿＿、检查＿＿＿＿＿＿、检查＿＿、检查＿＿＿、检查＿＿＿等内容。

4. 在进行二手车评估和交易之前，必须对二手车的各项有效证件进行全面、认真检查。车辆证件主要有＿＿＿＿＿、＿＿＿＿＿、＿＿＿＿＿、＿＿＿＿＿＿＿、＿＿＿＿＿＿、＿＿＿＿＿等。

5. 手续齐全车辆的税费单据主要有＿＿＿＿＿＿、＿＿＿＿＿、＿＿＿＿＿及＿＿＿＿＿。

6. 事故车主要有＿＿＿＿＿＿＿、＿＿＿＿＿、＿＿＿＿＿三个类型。

7. 车身检查主要是检查车身的＿＿＿＿、＿＿＿＿、＿＿＿＿、＿＿＿＿＿＿＿等。主要方法有＿＿＿＿、＿＿＿＿＿、＿＿＿＿＿。

8. 车上一般有＿＿开关、＿＿开关、＿＿开关、＿＿开关、＿＿开关、＿＿开关等。依次开启这些开关，检查这些开关是否完好，能否正常工作。

9. 普通轮胎胎冠上的花纹深度不得小于＿＿，越野车转向轮的胎冠花纹深度不得小于＿＿，其余轮胎胎冠花纹深度不得小于＿＿＿＿。

10. 二手车的1000分检查包括＿＿＿＿＿＿、＿＿＿＿＿＿、＿＿＿＿＿＿＿三个部分。

11. 采用二手车100分检查法检查二手车辆技术状况时，按照＿＿＿＿＿＿＿等项目顺序检查。

三、判断题

(　　)1. 机动车来历证明是二手车来源的合法证明。

(　　)2. 机动车检验合格标志，每年年检合格后，即可获得。

(　　)3. “割顶车”“两刀车”的车身或车架均无切割痕迹。

(　　)4. 运营车辆均有道路运输证。

(　　)5. 更换过水箱支架的车辆是事故车。

(　　)6. 泡水车是指车辆在水中被浸泡时，水线高度达到门槛上沿。

(　　)7. 制动踏板自由行程应在 30 mm 左右，否则应调整踏板自由行程。

(　　)8. 离合器踏板的自由行程一般为 30 ~ 45 mm，否则应调整踏板自由行程。

(　　)9. 将汽车处于直线行驶的位置，左右转动转向盘，最大游动间隙由中间位置向左或向右应不超过 25°，如果间隙过大，说明转向系统需要维修。

(　　)10. 轮胎的胎面和胎壁上不得有长度超过 25 mm、深度足以暴露出轮胎帘布层的破裂和割伤。

(　　)11. 如果 60≤鉴定总分 <90，则二手车的技术状况等级为二级。

(　　)12. 汽油车排气颜色为白色，说明混合气过浓或点火过迟，造成燃烧不完全。

(　　)13. 汽油车排气颜色为蓝色，说明有机油窜入气缸燃烧室内参与燃烧。

(　　)14. 路试后，正常的机油温度为 85℃，水温为 80 ~ 90℃。

(　　)15. 漆面光洁度有差别，反光不一样，说明该处补过油漆。

四、选择题

1. 二手车合法检查不包括(　　)。

A. 检查车辆证件　　B. 核查车主信息
C. 识别车辆身份　　D. 检查发动机舱

2. 具有机动车“户口本”之称的证件是(　　)。

A. 机动车登记证书　　B. 机动车行驶证
C. 道路运输证　　D. 机动车检验合格标志

3. 制动踏板自由行程应在(　　)mm 左右，否则应调整踏板自由行程。

A. 30　　B. 25　　C. 20　　D. 10

4. 离合器踏板的自由行程一般为(　　)mm，否则应调整踏板自由行程。

A. 10 ~ 30　　B. 25 ~ 50　　C. 30 ~ 45　　D. 10 ~ 25

5. 将汽车处于直线行驶的位置，左右转动转向盘，最大游动间隙由中间位置向左或向右应不超过(　　)，如果间隙过大，说明转向系统需要维修。

A. 25°　　B. 15°　　C. 20°　　D. 10°

6. 普通轮胎胎冠上的花纹深度不得小于(　　)mm。

A. 3　　B. 2.5　　C. 2.0　　D. 1.6

7. 技术状况等级为一级的二手车，鉴定总分(　　)。

A. 大于等于 90　　B. 大于 90
C. 大于等于 80　　D. 大于 80

8. 汽油车排气颜色为黑色，说明(　　)。

A. 冷却液温度过低　　B. 机油进入燃烧室参与燃烧

C. 混合气过浓或点火时间过迟　　D. 以上都正确

9. (　　)不属于路试检测的项目。

A. 滑行情况　　B. 加速性能

C. 制动性能　　D. 轮胎磨损程度

10. 以下可以判定车辆有过严重碰撞的是(　　)。

A. 更换过倒车镜　　B. 更换过前保险杠

C. 更换过后翼子板　　D. 前翼子板补过漆

五、简答题

1. 二手车技术状况静态检查的目的是什么?
2. 二手车静态检查所需的工具和用品主要有哪些?
3. 二手车合法性检查和外观检查主要有哪些内容?
4. 发动机舱检查包括哪些项目?
5. 对进行车辆外观检查时，在客舱内应检查哪些电气设备?
6. 车底下可以检查出的泄漏源有哪些?
7. 如何检查发动机怠速运转情况?

六、问答题

1. 机动车来历证明主要包括哪些?
2. 对车辆进行合法性检查时，识别证件应注意哪些事项?
3. 如何判断二手车是否为盗抢车辆?
4. 怎样判断车辆是否发生过一般碰撞或撞击事故?
5. 叙述外观检查的项目和内容。
6. 怎样识别发动机号码和车架号码有无改动?
7. 二手车路试后的检查应包括哪些内容?
8. 环车检查法的主要项目包括哪些?

模块四　二手车的折旧指标与价值评估方法

【学习目标】

知识目标

1. 熟悉车辆折旧指标的含义及它们之间的关系。
2. 掌握二手车综合分析法、综合成新率法的具体计算过程。
3. 知道选用使用年限法和行驶里程法计算二手车成新率的前提条件。
4. 掌握二手车部件鉴定法、整车观测法的具体计算过程。
5. 掌握二手车评估方法中的现行市价法、重置成本法、收益现值法和清算价格法。
6. 熟悉现行市价法应用的前提，掌握运用现行市价法评估的基本步骤和现行市价法的几种常用计算方法，了解现行市价法的特点。
7. 熟悉重置成本法的理论依据、车辆的贬值及应用重置成本法的前提条件。
8. 掌握应用重置成本法评估二手车的具体程序和方法，了解重置成本法的特点。
9. 了解应用收益现值法的前提条件，掌握应用收益现值法的评估程序，了解收益现值法的特点。
10. 了解清算价格法的适用范围和决定清算价格的主要因素，掌握应用清算价格法的具体评估方法。
11. 掌握“54321 法”和简易折旧评估法。

能力目标

1. 学会二手车成新率的 6 种计算方法。
2. 学会利用二手车价值评估方法评估车辆价值。
3. 学会选择二手车价值评估的具体评估方法。
4. 会确定成新率。

4.1　车辆的折旧指标与计算

4.1.1　车辆的折旧指标

在二手车的鉴定估价业务中，常用“系数”来表示车辆的新旧程度或保值特性，这样的系数综合了多个对二手车车况交易有影响的因素，称为指标参数。常用的指标参数有有形损耗率、成新率、折旧率、保值率和折损率等，其中成新率应用最广也最重要。

1. 有形损耗率

机动车辆的有形损耗率又称为车辆的陈旧性贬值率，是指车辆的现时实体损耗状态与其全新状态的比率。车辆的有形损耗率反映车辆实物状态的损耗程度或车辆性能的劣化程度，表明车辆的陈旧程度。

一辆全新的车辆，如果不考虑因产权的占有而承受的沉没成本，因其实物状态没有发生任何损耗，有形损耗率为零，实体性贬值为零；一辆完全报废的车辆，如果忽略其作为废品还存在的残留价值，那么从实物状态和功能上讲，该车已经被完全损耗掉了。作为车辆，它已经没有任何使用价值，这时它的有形损耗率为100%。处于上述两个极端情况之间的车辆，其有形损耗率则介于0~100%之间。

2. 成新率

机动车辆的成新率是指车辆的现时实物状态或现时性能状态与其全新状态的比率。成新率表明车辆的综合状态还有几成新，是一个反映被评估车辆新旧程度的指标。二手车的成新率也可理解为其在二手车交易市场上的现时市场价值与现时市场上同型号新车价值的比率，因此成新率又称为二手车成新率。

根据定义，车辆有形损耗率与成新率之间的关系为：

$$成新率=1-有形损耗率$$

车辆的成新率越高，其有形损耗率越低，表明车辆越新；反之，车辆状况越差。

需要指出的是，定义中当前市场上同型号新车价值是指在评估基准日该地区汽车市场上同型号（或基本相同的型号）新车的最低价格。之所以应用同型号新车的最低价格，主要是考虑到节省支出是二手车消费者的主要初衷之一，即便是购买新车，他们也不希望在购车时发生更多的额外成本。以市场上同型号新车的最低价格作为二手车剩余价值的折旧基准，意味着已经将车辆的功能性贬值和经济性贬值考虑在内，可让二手车买卖双方更易接受估价结果。

值得注意的是，由于购买汽车时实际存在沉没成本，因此即使是全新的汽车，只要已经发生过产权转移，其成新率都不可能等于100%。这就相当于车辆的贬值具有两头突变的特性；办理完购车手续，车辆就会贬值，市场价值就会“突然”降低；车辆达到报废年限时，其作为车辆的价值就会“突然”完全丧失，只剩下作为废旧物资的价值。

如果一辆二手车的成新率为80%，一般并不意味它的价值（市场价格）还保持着其账面原值的80%。如果新车的市场价格保持长期稳定，特别是从买了新车到现在该车型的价格都保持不变，二手车的成新率与账面原值的乘积即可看作二手车的价值。但如果新车的市场价格不稳定，而且这种不稳定常表现为不断的降价，那么二手车的残值价格会显著地小于其成新率与账面原值的乘积。此时，二手车的成新率与当前市场上相同车型新车的最低价格的乘积，即可作为该辆二手车交易市场价格的参照值。

3. 折旧率

机动车辆的折旧率是指二手车在交易市场上的现时市场价值相对当前市场上同型号新车价值的丧失比率。

根据定义，车辆折旧率在数值上等于其有形损耗率，车辆的有形损耗率、成新率以及折旧率之间的关系为

$$成新率=1-有形损耗率=1-折旧率$$

折旧率越高，车辆的车况就越差，剩余价值也越低。折旧率与成新率一样，都可以用来表示二手车价值。例如，一辆二手车的成新率为80%时，是强调该辆二手车还保持有八成新，其折旧率为20%，表明该辆二手车的价值相对于现时市场上同型号新车已经丧失了20%的价值。通过下面的简单例子，可以加深对资产折旧率和折旧额的理解。

【例题4-1】

假设某车主，以20万元的价格购买了一辆小客车，第60天在收费存车处丢失，消费者协会或法院确定车主应得赔偿额的方法是：假设在过去的两个月内同型号轿车的价格保持不变，那么购买汽车时发票上的价格(20万元)即为丢失轿车的折旧基准价值，轿车每天的折旧率为0.05%，则丢失的轿车在60天内的折旧额为[20(购车价)×0.05%(折旧率)×60(天)]万元=0.6万元，看管轿车一方应赔偿的金额为(20-0.6)万元=19.4万元。如果同型号的车辆当前市场价格为19万，则看管轿车一方应赔偿的金额为：19-[19(当前新车价)×0.05%(折旧率)×60(天)]=18.43万元。

4.保值率

机动车辆的保值率又称为车辆残值率，是指车辆使用一段时间后，将其卖出时的交易价格与其新车原始购买价格(账面原值)的比值，是汽车性价比的重要组成部分。车辆保值率的高低取决于汽车的性能、价格变动幅度、可靠性、配件价格及维修便捷程度等多项因素，是汽车综合水平的市场价值体现。欧美国家的消费者十分看重车型的保值率，许多购车指导刊物网站都将汽车保值率视为车型推荐的主要理由。保值率高的车型的优势在于其价格比较稳定，受车市降价风潮的影响比较小。汽车保值率越高，其残值就越高，这意味着作为二手车出售时，市场交易价格一般也会比较高。

根据定义，车辆保值率计算公式如下：

$$保值率=\frac{二手车交易价格}{新车原始购买价格}\times 100\%$$

汽车保值率反映了在估价基准日的相对价值，它与汽车的制造质量和品牌知名度紧密相关。影响保值率的不仅是新车价格，更重要的是一个品牌车型经过长期市场竞争在消费者心目中形成的口碑，这个口碑反映着车型的成熟度，是无形中该车型最好广告。

如果某辆汽车在评估基准日的保值率为80%，即该车的残值为其全新状态时价值的80%。北京市旧机动车交易市场在2005年初，公布了一份有关汽车保值率的调查报告，以某型合资SUV为例，其2003年3月在北京上市，上市参考价格为23.98万元，使用一年后(总行驶里程2.5万km)的二手车在北京市旧机动车交易市场的参考价格为20万元，车价折损3.98万元，即使用一年的汽车保值率为83.40%，使用两年后保值率为72.14%。

汽车成新率也可理解为其残值(二手车交易价格)与当前市场上同型号新车的最低价格的比率。而汽车保值率是指其残值(二手车交易价格)与其原始新车购买价格(账面原值)的比值。汽车的价值都是逐渐降低的，因此汽车保值率一般小于其成新率。

为了挑选到一款高保值率的车型，建议注意以几点：

(1)新车型下线一年后再考虑是否购买。原因有两个：一是经过一年的市场“检阅”，价格中水分大都被挤掉了；二是车型可能存在的问题在这一年的时间里基本都已暴露出来，问题是大是小，市场会给出比较客观的评判。

(2)购买符合国家即将实施的法律规范的车型，如满足欧Ⅲ以上的排放标准等。避免购买即将更新换代的车辆，因为老车型的退市往往意味着其在二手车交易市场上较快贬值的开始。

(3)慎选近期还未降价销售又很一般的车型。相对而言，已经大幅降价的车型，购车后再次出现较大幅度降价的可能性应很小。另外，首次购车应购买口碑好的成熟车型，由于市场占有率高，一般不会在短期内停产，而且维修网点多，服务快捷便利，因此保值率相对较高。

(4)购买一款车型的基本型或者舒适型。与豪华型相比，它们的降价空间会小一些。因为汽车的四大总成一般变化不大，贬值机会较小，而一些额外的豪华配置的贬值速度是很快的。

(5)买车前需要考虑车辆的日常使用成本，尤其是燃油量和配件价格等。车辆的使用成本是衡量其保值率的一个重要指标。

5. 折损率

与车辆保值率相对的概念为折损率，它表示车辆在评估基准日所丧失的价值与其账面原值的比率。

根据定义，二手车的保值率与其折损率之间的关系为：

$$折损率 = 1 - 保值率$$

如果一辆使用了一年的汽车在评估基准日的保值率为80%，那么它的折损率即为20%，表明作为二手车出售时，已经损失了原车款的20%。

4.1.2 二手车成新率的计算方法

1. 使用年限法

1)计算方法

使用年限法是通过确定被评估二手车的可使用年限与规定使用年限的比值来确定二手车成新率的一种方法。其计算公式为

$$C_Y = \frac{Y_g - Y}{Y_g} \times 100\%$$

式中：C_Y——使用年限成新率；

Y——二手车实际已使用年限(年或月)；

Y_g——车辆规定的使用年限(年或月)；

$Y_g - Y$——被评估二手车尚可使用年限(年或月)。

使用年限法估算二手车的成新率是基于这样的假设：二手车在规定的使用寿命期间，实体性损耗与时间呈线性递增关系，二手车价值的降低与其损耗大小成正比。

2)已使用年限

已使用年限一般取该车从新车在公安交通管理机关注册登记日起至评估基准日所经历的时间。这个时间可以用年或月或日为单位计算。如果以年为单位计算实际已使用年限，误差太大；如果以日为单位计算实际已使用年限，工作量较大，比较麻烦；以月为单位计算简单、误差较小，切合实际。

3)规定使用年限

车辆规定使用年限是指《机动车强制报废标准规定》中对被评估车辆规定的使用年限，由于部分车辆在《机动车强制报废标准规定》中无规定的使用年限，所以在计算时，可以综合考

虑已使用年限和行驶里程数，计算出“折算年限”代替公式中的已使用年限。

折算年限 = 累计行驶里程/年平均行驶里程

折算年限既反应了汽车的使用情况、使用强度，又包括了汽车的运行条件和某些停驶时间较长汽车的实际情况及自然损耗。

各类汽车规定使用年限见表 4 - 1。

表 4 - 1　各类汽车规定使用年限

车型	使用年限(年)
一般非营运性 9 座(含 9 座)以下载客汽车	无使用年限规定
旅游载客汽车和 9 座以上非营运载客汽车	10
载货汽车(不含微型载货汽车)	10
微型载货汽车和各类出租车	8

4) 使用年限法的前提条件

使用年限法计算成新率的前提条件是车辆在正常使用条件下，按正常使用强度(年平均行驶里程)使用。我国各类汽车年平均行驶里程见表 4 - 2。

利用使用年限法计算得到的成新率实际上反映的是车辆的时间损耗及时间折旧率，与车辆的日常使用强度和车况无关。《机动车强制报废标准规定》除了规定使用年限外，还规定了行驶里程，因此也可以使用行驶里程法进行估算。

表 4 - 2　我国各类汽车年平均行驶里程

汽车类别	年平均行驶里程(10^4km)	汽车类别	年平均行驶里程(10^4km)
微型、轻型货车	3 ~ 5	租赁车	5 ~ 8
中型、重型货车	6 ~ 10	旅游车	6 ~ 10
私家车	1 ~ 3	中低挡长途客车	8 ~ 12
公务、商务车	3 ~ 6	高档长途客车	15 ~ 25

【例题 4 - 2】

某私家车，初次登记日期为 2012 年 6 月，评估基准日为 2015 年 7 月，应用使用年限法计算成新率。

解：该车使用年限 $Y = 37$ 个月；私家车无规定使用年限，折算年限为 $60 \div 2 = 30$ 年，则 $Y_g = 360$ 个月；

$$G_Y = \frac{Y_g - Y}{Y_g} \times 100\% = \frac{360 - 37}{360} \times 100\% \approx 89.72\%$$

该车的使用年限成新率为 89.72%。

2. 行驶里程法

1) 计算方法

行驶里程法是通过确定被评估二手车的尚可行驶里程与规定行驶里程的比值来确定二手

车成新率的一种方法，反映了二手车使用强度对其成新率的影响。其计算公式为

$$C_S = \frac{S_g - S}{S_g} \times 100\% = \left(1 - \frac{S}{S_g} \times 100\%\right)$$

式中：C_S——行驶里程成新率；

S——二手车实际累计行驶里程(km)；

S_g——车辆规定的行驶里程(km)；

$S_g - S$——被评估二手车尚可行驶里程(km)。

2)累计行驶里程与规定行驶里程

二手车累计行驶里程是指被评估二手车从开始使用到评估基准时点所行驶的总里程。车辆规定行驶里程是指《机动车强制报废标准规定》中规定的该车型的行驶里程。行驶里程较使用年限更真实地反映了二手车使用强度及使用过程中实际的物理损耗。

3)行驶里程法的前提条件

行驶里程法计算成新率的前提条件是车辆里程表的记录必须是原始的，未被人为更改过。由于里程表容易被人为变更，在实际应用中较少单独采用此方法进行评估。

【例题 4-3】

某家用轿车，初次登记日期为 2012 年 6 月，评估基准日为 2015 年 7 月，表征行驶里程为 6.5 万 km，经检查车辆证件手续齐全有效，用行驶里程法计算成新率。

解：该车已行驶里程 6.5 万 km，私家车报废里程为 60 万 km；

$$C_S = \frac{S_g - S}{S_g} \times 100\% = \frac{60 - 6.5}{60} \times 100\% \approx 89.17\%$$

该车的使用年限成新率为 89.17%。

3. 部件鉴定法

1)计算方法

部件鉴定法(也称技术鉴定法)是指评估人员在确定二手车各组成部分技术状况的基础上，按其各组成部分对整车的重要性和价值量的大小加权评分，最后确定成新率的一种方法。

采用部件鉴定法估算二手车成新率的计算公式为

$$C_B = \sum_{i=1}^{n} (c_i \times \beta_i)$$

式中：C_B——部件鉴定法二手车成新率；

c_i——二手车第 i 项部件的成新率；

β_i——手车第 i 项部件的价值权重。

2)计算步骤

(1)先确定二手车各主要总成、部件，再根据各部分的制造成本占整车制造成本的比重，确定其权重的百分比 $\beta_i(i=1, 2, \cdots, n)$，表 4-3 为汽车各部分的价值权重参考表。

(2)以新车对应的各总成、部件功能为满分(100 分)，功能完全丧失为零分，再根据被评估二手车各相应总成、部件的技术状态估算出其成新率 $c_i(i=1, 2, \cdots, n)$。

(3)将各总成、部件估算出的成新率与权重相乘，得到各总成、部件的权重成新率。

(4)最后将各总成、部件的权重成新率相加即得出被评估车辆的成新率。

表4-3　汽车各部分的价值权重参考表

序号	车辆各主要总成、部件名称	价值权重(%)		
		轿车	客车	货车
1	发动机及离合器总成	26	27	25
2	变速器、万向传动装置总成	11	10	15
3	前桥、前悬架、转向系统总成	10	10	15
4	后桥、后悬架总成	8	11	15
5	制动系统	6	6	5
6	车架	2	6	6
7	车身	26	20	9
8	电器仪表	7	6	5
9	轮胎	4	4	5
合计		100	100	100

表4-3只能供评估人员参考，在实际评估时，应根据被评估车辆各部分价值占整车价值的比重，调整各部分的权重。

3)特点及适用范围

部件鉴定法计算加权成新率费时费力，但评估值更接近客观实际，可信度高。它既考虑了二手车实体性损耗，同时也考虑了二手车维修或换件等追加投资使车辆价值发生的变化。一般用于价值较高的二手车评估。

4.整车观测法

整车观测法是指评估人员采用人工观察的方法，辅助简单的仪器检测，判定被评估二手车的技术等级以确定成新率。整车观测法的主要技术指标包括：二手车的现时技术状态、使用时间及行驶里程、主要故障经历及大修情况、整车外观和完整性等。二手车技术状况的分级，可参考表4-4。

表4-4　二手车成新率评估参考表

车况等级	新旧情况	有形损耗率(%)	技术状况描述	成新率(%)
1	使用不久	0~10	使用不久，行驶里程一般在3万~5万km，在用状态良好，能按设计要求正常使用	100~90
2	较新车	11~35	使用1年以上，行驶15万km左右，一般没有经过大修，在用状态良好，故障率低，可随时出车使用	89~65
3	二手车	36~60	使用4~5年，发动机或整车大修一次，大修较好的恢复原设计性能，在用状态良好，外观中度受损，恢复情况良好	64~40

续表 4-4

车况等级	新旧情况	有形损耗率(%)	技术状况描述	成新率(%)
4	老二手车	61~85	使用 5~8 年，发动机或整车经过二次大修，动力性、经济性、工作可靠性都有所下降，外观油漆脱落受损、金属件锈蚀程度明显；故障率上升，维修费用、使用费用明显上升，但车辆符合《机动车安全技术条件》，在用状态一般或较差	39~15
5	待报废处理车	86~100	基本达到或到达使用年限，通过《机动车安全技术条件》检查，能使用但不能正常使用，动力性、经济性、工作可靠性下降，燃料费、维修费、大修费增长速度快，车辆收益与支出基本平衡，排放污染和噪声污染达到极限	15 以下

表 4-4 中所示数据是判定二手车成新率的经验数据，供评估人员参考。该方法评判是采用人工观察，成新率的估值是否客观取决于评估人员的专业水准和评估经验，虽简单易行，但其判断结果没有部件鉴定法准确，一般用于初步估算中、低档二手车的价格，或作为综合分析法的辅助手段。

5. 综合分析法

1)估算方法

综合分析法是以使用年限法为基础，综合考虑二手车的实际技术状况、维护情况、原车制造质量、二手车用途及使用条件等多种因素对二手车价值的影响，以调整系数形式确定成新率的一种方法。其计算公式为

$$C_F = C_Y \times K \times 100\%$$

式中：C_F——综合成新率；

C_Y——使用年限成新率；

K——综合调整系数。

2)综合调整系数

影响二手车成新率的主要因素有二手车技术状况、二手车维护、二手车原始制造质量、二手车用途和二手车使用条件五个方面，可采用表 4-5 推荐的综合调整系数，用加权平均的方法进行调整。

综合调整系数计算公式为

$$K = K_1 \times 30\% + K_2 \times 25\% + K_2 \times 20\% + K_4 \times 15\% + K_5 \times 10\%$$

式中：K_1——二手车技术状况调整系数；

K_2——二手车维护保养调整系数；

K_3——二手车原始制造质量调整系数；

K_4——二手车用途调整系数；

K_5——二手车使用条件调整系数。

表4-5　二手车成新率综合调整系数参考表

序号	影响因素	因素分级	调整系数	权重(%)
1	技术状况	好	1.0	30
		较好	0.9	
		一般	0.8	
		较差	0.7	
		差	0.6	
2	维护保养	好	1.0	25
		较好	0.9	
		一般	0.8	
		差	0.7	
3	制造质量	进口车	1.0	20
		国产非名牌车	0.8	
		国产名牌(走私罚没车)	0.9	
4	车辆用途	私用	1.0	15
		公务、商务	0.9	
		营运	0.7	
5	使用条件	好	1.0	10
		一般	0.9	
		差	0.8	

表4-5中的因素分级和调整系数只是一个参考，实际确定综合调整系数时，应根据具体情况作适当的调整，但各因素的调整系数取值不要超过1，综合调整系数计算结果也不能超过1。

3)调整系数的选取

(1)二手车技术状况调整系数 K_1

二手车技术状况调整系数是在对车辆技术状况鉴定的基础上对车辆进行的分级，然后取调整系数，以修正车辆的成新率。技术状况调整系数取值范围为0.6~1.0，技术状况好的取上限，反之取下限。

(2)二手车维护保养调整系数 K_2

维护保养调整系数反映了使用者对车辆使用、维护和保养的水平，不同的使用者对车辆使用、维护和保养的实际执行情况差别较大，因而直接影响到车辆的使用寿命和成新率。维护保养调整系数取值范围为0.7~1.0，维护保养好的取上限，反之取下限。

(3)二手车原始制造质量调整系数 K_3

确定该系数时，应了解被评估的二手车是国产车还是进口车以及进口国别，国产车了解是名牌产品还是一般产品。一般来说，经国家正规手续进口的车辆质量优于国产车辆，名牌产品优于一般产品；但也有较多例外，故在确定此系数时应较慎重。对依法没收领取牌证的走私车辆，其原始制造质量系数建议视同国产名牌产品考虑。原始制造质量系数取值范围在

0.8～1.0。

(4)二手车用途调整系数 K_4

二手车用途(或使用性质)不同，其繁忙程度不同，使用强度亦不同。一般车辆用途可分为私人用车，机关企事业单位的公务和商务用车，从事旅游、货运、城市出租的营运用车。以普通小客车为例，一般来说，私人工作和生活用车每年一般最多行驶约3万km；公务、商务用车每年不超过6万km；而营运出租车每年行驶有些高达15万km。可见二手车用途不同，其使用强度差异很大。二手车用途调整系数取值范围为0.7～1.0，使用强度小的取上限，反之取下限。

(5)二手车使用条件调整系数 K_5

我国地域辽阔，各地自然条件差别很大，车辆的使用条件对其成新率影响很大。使用条件可分为道路使用条件和特殊使用条件。道路使用条件可分为好路、中等路和差路3类。好路指国家道路等级中的高速公路，一、二、三级道路，好路率在50%以上；中等路指符合国家道路等级四级道路，好路率在30%～50%；差路是指国家等级以外的路，好路率在30%以下。

特殊环境使用条件主要指特殊自然条件，包括寒冷、沿海、风沙和山区等地区。

车辆使用条件调整系数取值范围为0.8～1.0。取值时应根据二手车实际使用条件适当取值。如果二手车长期在道路条件为好路和中等路行驶时，分别取1和0.9；如果二手车长期在差路或特殊环境使用条件下工作，其使用条件调整系数取0.8。

4)特点及适用范围

综合分析法详细地考虑了影响二手车价值的各种因素，并用一个综合调整系数指标来调整二手车成新率，评估值准确度较高，适用于具有中等价值的二手车评估。

【例题4-4】

某公司于2012年5月购买奥迪A6L一辆作为公务用车，2016年5月在兰州进行二手车交易，2016年5月该型号的奥迪A6L在兰州的市场价为45万元，该车技术状况较好，无重大事故痕迹；该车行李箱装置有轻微划痕，但无须修理；维护保养好；路试车况好；行驶里程15万km。试用综合分析法计算成新率。

解：根据题意：

该车技术状况较好，$K_1=0.9$；

维护保养好，$K_2=1.0$

该车为进口车，$K_3=1.0$

该车为公务用车，$K_4=0.9$

该车作为公务用车，经常在市内使用，使用条件较好，$K_5=1.0$

综合调整系数

$$K=K_1\times30\%+K_2\times25\%+K_3\times20\%+K_4\times15\%+K_5\times10\%$$
$$=0.9\times30\%+1.0\times25\%+1.0\times20\%+0.9\times15\%+1.0\times10\%=0.955$$

计算成新率：

$$C_F=C_Y\times K\times100\%=\frac{360-48}{360}\times0.955\times100\%\approx82.77\%$$

该车的使用年限成新率为82.77%。

6. 综合成新率法

1）计算方法

所谓综合成新率就是采用定性和定量分析的方法，综合多种单一因素对二手车成新率的估算结果，并分别赋予不同的权重，计算加权平均成新率。这样可以尽量减小使用单一因素成新率计算给评估结果所带来的误差，因而是一种较为科学的方法。以下介绍一种综合使用年限法、行驶里程法、技术鉴定法和整车观测法估算二手车成新率的方法。

综合成新率法的数学计算公式为

$$C_Z = C_1 \times \alpha_1 + C_2 \times \alpha_2$$

式中：C_2——综合成新率；

C_1——二手车理论成新率；

C_2——二手车现场查勘成新率；

α_1、α_2——权重系数，$\alpha_1 + \alpha_2 = 1$。

权重系数的取值要求评估人员根据被评估二手车的实际情况而定。

2）二手车理论成新率 C_1

二手车理论成新率包括使用年限法和行驶里程法计算的成新率，是根据二手车实际使用时间和行驶里程计算而得，是一种对二手车成新率的定量计算，其结果一般不能人为改变。实际计算中，可将使用年限成新率和行驶里程成新率加权平均得到二手车理论成新率。

计算公式为

$$C_1 = C_Y \times 50\% + C_S \times 50\%$$

式中：C_Y——使用年限成新率；

C_S——行驶里程成新率。

3）二手车现场查勘成新率 C_2

二手车现场查勘成新率是评估人员根据现场查勘情况而确定的一种综合评价值。具体确定步骤是：评估人员先对二手车做技术状况现场查勘（包括静态检查和动态检查），得出鉴定评价意见，然后对整车和重要部件分别做综合评分，累加评分，其结果就是二手车现场查勘成新率。可见二手车现场查勘成新率是一个定性和定量相结合的结果。

（1）二手车技术状况现场查勘

①车身外观。包括车身颜色、光泽、有无褪色及锈蚀情况，车身是否被碰撞过，车灯是否齐全，前后保险杠是否完整和其他情况等。

②车内装饰。包括装潢程度、颜色、清洁程度、仪表及座位是否完整和其他有关装饰情况等。

③发动机工作状况。包括发动机动力状况、有否更换部件（或替代部件）和修复现象，是否有漏油现象等。

④底盘。包括有否变形、有否异响、变速箱状况是否正常、前后桥状况是否正常、传动系统工作状况是否正常、是否有漏油现象、转向系统情况是否正常和制动系统工作状况是否正常等。

⑤电气系统。包括电源系统是否工作正常、发动机点火器是否工作正常、空调系统是否工作正常和音响系统是否工作正常等。

以上查勘情况，一般由评估委托方或车辆所有单位技术人员签名，以确认查勘情况是否真实、客观，不存在与实际车况不符合的情况。确定查勘情况后，评估人员必须对评估车辆做出查勘鉴定结论。上述内容可编制成表4－6所示的《二手车技术状况调查表》，显得更为直观。

(2)二手车现场查勘成新率的确定

评估人员按照表4－6的项目对二手车技术状况进行现场查勘的基础上，对整车和重要部件作定性分析并以评分形式给予量化，二手车现场查勘成新率见表4－7，表中得出的总分就是二手车现场查勘成新率。

表4－6 二手车技术状况调查表

评估委托方：王一斐　　　　评估基准日期：2016年7月25日

车辆基本情况	明细表序号	01	车辆牌号		甘A·×××××		厂牌型号	朗逸牌SVW7167ASD	
	生产厂商	上海大众		已行驶里程		7万km	规定行驶里程		45万km
	购买日期	2009.6.20		登记日期		2009.6.23	规定使用年限		15年
	大修情况	无							
	改装情况	无							
	耗油量	正常	是否达到环保要求		是	事故次数及情况			无事故
车辆现场查勘情况	外形车身部分	颜色	黑色	光泽	好	褪色	无	锈蚀	无
		碰撞情况	无	严重程度	无	修复	无	车灯	良好
		前后保险杠是否完好		是	其他	左前门有轻微划痕			
	车内装饰部分	装潢程度	一般	颜色	米色	清洁	良好	仪表	良好
		座椅是否完好		完好	其他	无			
	发动机总成	动力状况评分	90	有无更换部件	无	有无修补现象	无	有无替代部件	无
		漏油现象	严重 □　一般 □　轻微 □　无 ☑						
	底盘部分	有无变形	无	有无异响	无	变速器状况	良好	后桥状况	良好
		制动系统情况	良好	传动系统状况	良好	转向系统情况	良好	前桥状况	良好
		离合器情况	良好	漏油现象	严重 □　一般 □　轻微 □　无 ☑				
	电气系统	电源系统是否正常	正常	点火系是否正常	正常	空调是否有效	是	音响	良好
		其他							
鉴定意见	车辆未达到报废条件，外观良好，维护保养较好，各个系统工作正常，购买后可正常使用。								

资产所有单位技术人员签字：×××　　　　评估人员签字：×××

表 4－7　二手车现场查勘成新率

序号	项目名称	达标程度	参考标准分值	评估得分
1	整车(满分 20 分)	全新	20	15
		良好	15	
		较差	5	
2	车架(满分 15 分)	全新	15	10
		一般	7	
3	前后桥(满分 15 分)	全新	15	10
		一般	7	
4	发动机(满分 30 分)	全新	30	25
		轻度磨损	25	
		中度磨损	17	
		重度磨损	5	
5	变速器(满分 10 分)	全新	10	7
		轻度磨损	8	
		中度磨损	6	
		重度磨损	2	
6	转向及制动系统(满分 10 分)	全新	10	8
		轻度磨损	8	
		中度磨损	5	
		重度磨损	2	
总分(现场查勘成新率%)			100	75

【例题 4－5】

以表 4－6 中所给的车辆信息和车辆技术状况及表 4－7 中所得的现场查勘成新率为基础，应用综合成新率法计算该车辆的综合成新率。

解：(1)计算理论成新率：该车为家用车，已使用 73 月，已行驶里程 7 万 km，根据国家《汽车报废标准》，该车折算年限为 30 年，规定行驶里程 60 万 km。

$$C_1 = C_Y \times 50\% + C_S \times 50\% = \frac{360-73}{360} \times 50\% + \frac{60-7}{60} \times 500\% \approx 84.03\%$$

该车的理论成新率 $C_1 = 84.03\%$。

(2)现场查勘成新率 $C_2 = 75\%$。

(3)取权重系数 $\alpha_1 = 0.4$，$\alpha_2 = 0.6$，则综合成新率为

$$C_Z = C_1 \times \alpha_1 + C_2 \times \alpha_2 = 84.03\% \times 0.4 + 75\% \times 0.6 \approx 78.61\%$$

综合成新率为 78.61%。

※特别提醒※

被评估二手车理论成新率和现场查勘成新率的权重分配、使用年限成新率和机动车行驶

里程成新率的权重分配，要根据被评估二手车类型、使用情况、维修状况综合考虑，合理确定，这与二手车鉴定评估人员的实践工作经验和专业能力有很大关系，需要在实践中及时学习和总结。

4.2 二手车价值评估的基本方法

4.2.1 重置成本法

1. 重置成本法的定义

重置成本法又称成本法，是评估学三大基本方法之一。重置成本法是指在汽车能继续使用的前提下，以现时条件重新购置一辆全新状态的被评估汽车所需的全部成本(即完全重置成本，简称重置全价)减去各种因素引起的汽车贬值后，得到被评估汽车现时价值的一种评估方法。

2. 重置成本法的基本原理

在市场经济条件下，任何一个理性的人在购买某件物品时所愿意支付的价格，不会超过购买与其具有同等效用的全新物品的购置成本。也就是说，重置成本是购买一辆全新的与被评估汽车功能效用相同的汽车所需支付的最低金额。被评估汽车的评估值是其重置成本扣除各种因素所造成的贬值后的结果。这就是重置成本法的理论依据。

3. 重置成本法的适用范围

重置成本法作为一种二手车评估的方法，是从能够重新取得被评估二手车使用成本的角度来反映二手车的交换价值的，即通过被评估二手车的重置成本反映二手车的交换价值。只有当被评估的二手车处于继续使用状态下，再取得被评估二手车的全部费用才能构成其交换价值的内容。二手车继续使用包含着其使用有效性的经济意义，只有当二手车能够继续使用并且在持续使用中为潜在投资者带来经济效益，二手车的重置成本才能为潜在投资者和市场所承认及接受。从这个意义上讲，重置成本法主要适用于继续使用前提下的二手车评估。

4. 重置成本的含义及其确定

1)重置成本的定义

重置成本是购买一项全新的与被评估车辆相同的车辆所支付的最低金额。

2)重置成本的类型

按重新购置车辆所用的材料、技术的不同，可把重置成本区分为复原重置成本(简称复原成本)和更新重置成本(简称更新成本)。

(1)复原成本指用与被评估车辆相同的材料、制造标准、设计结构和技术条件等，以现时价格复原购置相同的全新车辆所需的全部成本。

(2)更新成本指利用新型材料、新技术标准、新设计等，以现时价格购置相同或相似功能的全新车辆所支付的全部成本。

一般情况下，在进行重置成本计算时，如果同时可以取得复原成本和更新成本，应选用更新成本；如果不存在更新成本，则再考虑选用复原成本。原因是：①复原重置成本大于更新重置成本，功能性损耗增加；②科技的进步，劳动生成率的提高，新工艺、新设计的采用被社会普遍接受；③使用新型设计、工艺制造的车辆，无论从使用性能还是成本损耗，都会优于旧的机动车辆。

3)重置成本的构成

重置成本的构成可分为直接成本和间接成本。直接成本为现行市价的购买价格，而间接成本是指在购车时所支付的购置附加税、牌照费、注册登记手续费、车船税、保险费等规费。在二手车的评估中，对间接成本是否计入重置成本全价中，有两种不同情况和不同的处置办法。

一是属于所有权转让的经济行为，可只按被评估车辆的现行市场成交价格作为被评估车辆的重置成本全价，其他间接成本(各种规费)就略去不计。另一种情况，各种规费，即间接成本就要计入重置成本全价，如企业合资、合作、联营、合并和兼并等。这样的一些经济行为，评估时其重置成本全价的构成，除考虑被评估车辆现行市场购置价格以外，还应考虑上述间接成本，并将其一并计入重置成本全价。

这里要特别指出的是，上述被评估车辆的现行市场成交价为其新车的价格，而不是二手车的市场成交价。

为什么涉及所有权转让的经济行为，其重置成本全价可以不包括间接成本呢？这主要是根据二手车交易实际情况来考虑，这类业务属于前述的交易类业务。二手车交易时，买卖双方需求不同，其心理动机也不一样，他们都有各自的政治和经济背景。总之，对于产权转让类的交易业务，在二手车评估时，在计算重置成本时，就把车辆一些使用环节的税费忽略不计。在实际的二手车评估交易中，也获得了买卖双方的认同。

而属于企业产权变动的经济行为，这类评估为咨询类业务，其重置成本全价就应该把间接成本所包含的各种税费计入其内，这样可防止国有资产的流失。

4)重置成本的计算

在资产评估中，重置成本的估算方法很多，对于二手车评估定价一般采用如下两种方法。

(1)重置核算法(也称直接法)

重置核算法也称直接法或细节分析法，以现行市价核算被评估车辆重置成本。也就是将车辆按成本构成分成若干组成部分，先确定各组成部分的现时价格，然后相加得出待评估车辆的重置全价。计算公式为

$$\text{重置成本}=\text{直接成本}+\text{间接成本}$$

直接成本是指直接可以构成车辆成本的支出部分。具体来说是按现行市价的买价，加上运输费、购置附加费、消费税、人工费等。间接成本是指购置车辆发生的管理费、专项贷款发生的利息、注册登记手续费等。

(2)物价指数法

物价指数法也可称为物价指数法或物价指数调整法，是在二手车辆原始成本基础上，通过现时物价指数确定其重置成本。计算公式为

$$\text{车辆重置成本}=\text{车辆原始成本}\times\frac{\text{车辆评估时物价指数}}{\text{车辆购买时物价指数}}$$

或

$$\text{车辆重置成本}=\text{车辆原始成本}\times(1+\text{物价变动指数})$$

物价指数是国家统计部门或物价管理部门以及政府机关发布的物价动态数据。物价指数

分定基物价指数和环比物价指数。所谓定基物价指数，是按时间顺序编制的物价指数数列中，每一个指数都以某一固定时期作为基期，从而反映物价的长期动态。所谓环比物价指数是按时间顺序编制的物价指数数列中，每一个指数都以其相邻的前一时期为基期，从而反映物价的逐期变化程度。在上述的公式中物价指数的选择必须是定基物价指数，物价指数的基期应和车辆的购置期一致，物价指数的计算期应和车辆评估的基准期一致。

如果被评估车辆是淘汰产品或是进口车辆，当查询不到现时市场价格时，这是一种很有用的方法。运用物价指数法时要注意以下事项。

①一定要先检查被评估车辆的账面购买原价。如果购买原价不准确，则不能用物价指数法。

②物价指数一定要选自国家权威部门所提供的数据。不能选用无依据、不明来源的数据。

③如果选用的物价指数与评估基准日之间有一段时间差，评估人员应依据近期内的物价指数变化趋势并结合市场情况的变化予以适当调整。

3. 重置成本法的特点及评估

1）重置成本法的特点

（1）重置成本法的优点

①比较充分地考虑了车辆的损耗，评估结果更趋于公平合理。

②有利于二手车辆的评估。

③在不易计算车辆未来收益或难以取得市场（二手车交易市场）参照物条件下可广泛应用。

（2）重置成本法的缺点

①评估工作量较大，且经济性贬值也不易准确计算，确定成新率时主观影响较大。

②对极少数的进口车辆，不易查询到现时市场报价，一些停产或国内自然淘汰的车型，由于不可能查询到相同车型的市场报价，因此，难于准确地确定它们的重置成本或重置成本全价。

2）重置成本法评估值的计算

重置成本法的计算模型主要有以下两种：

模型一：被评估车辆的评估值＝重置成本－实体性贬值－功能性贬值－经济性贬值

模型二：被评估车辆的评估值＝重置成本×成新率

模型一是重置成本法评估二手车价值的最基本模型，它综合考虑了二手车的现行市场价格和各种影响二手车价值量变化的因素，可信度更高，但是这些影响因素较多且有一定的不确定性，所以在一定程度上影响了评估值。

模型二基于成新率的引入，综合考虑了各种贬值对二手车价值的影响，是一种定性和定量相结合的评估方法，是目前市场上应用最广泛的一种评估方法。计算公式为

$$P = B \times C$$

式中：P——被评估车辆的评估值（元）；

B——被评估车辆的现时重置成本（元）；

C——被评估车辆的现时成新率。

成新率的计算方法有六种，建议优先选用基于定性和定量分析的综合成新率法。

【例题 4-6】

王先生于 2010 年 7 月购买了一辆价格为 52 万元的一汽大众奥迪 A6L 轿车，作为家庭用车，2015 年 7 月，该车行驶里程为 13 万 km，该型号的新车市场价为 49 万元，王先生将该车在二手车市场进行出售。经评估人员现场查勘，该车技术状况良好，使用维护好，该车主要是在市区内行驶。试用综合分析法确定重置成本，并给出该车的评估价。

分析：根据题意可知：

(1)初次登记日期为 2010 年 7 月，评估基准日为 2015 年 7 月，已使用年限 60 个月。

(2)该车为家用轿车，折算使用年限为 30 年。

(3)该车的现时重置成本为 49 万元。

(4)技术状况良好，车辆技术状况调整系数 $K_1=0.9$。

(5)维护保养好，维护保养调整系数 $K_2=0.9$。

(6)该车为国产名牌车，其原始制造质量调整系数 $K_3=0.9$。

(7)该车为私家车，用途调整系数 $K_4=1.0$。

(8)经常在市内使用，使用条件调整系数 $K_5=1.0$

计算：(1)综合调整系数 K：

$$K=K_1\times30\%+K_2\times25\%+K_3\times20\%+K_4\times15\%+K_5\times10\%$$

$$=0.9\times30\%+0.9\times25\%+0.9\times20\%+1.0\times15\%+1.0\times10\%=92.5\%$$

(2)综合分析法计算成新率 C_F 为

$$C_F=\frac{Y_g-Y}{Y_g}\times K\times100\%=\frac{360-60}{360}\times92.5\%\times100\%=77.08\%$$

(3)计算评估值 P 为

$$P=B\times C_F=490000\times77.08\%\doteq377708(\text{元})$$

该车的评估价为 377708 元。

4.2.2 现行市价法

1. 现行市价法的定义

现行市价法又称市场法、市场价格比较法，是指以市场上最近售出的与被评估车辆可类比的车辆作为参照物，通过比较彼此间的异同，并据此对参照物的市场成交价进行调整，从而确定被评估车辆价值的一种评估方法。

2. 现行市价法的基本原理

现行市价法是最直接、最简单的一种评估方法。这种方法的基本原理是：通过市场调查，选择一个或几个与评估车辆相同或类似的车辆作为参照物，分析参照物的构造、功能、性能、新旧程度、地区差别、交易条件及成交价格等，并与评估车辆对照比较，找出两者的差别及差别所反映在价格上的差额，经过调整，计算出二手车的价值。

运用现行市价法要求充分利用类似二手车成交价格信息，并以此为基础判断和估测被评估二手车的价值。运用已被市场检验了的结论来评估被评估的二手车，显然是容易被买卖双方当事人接受的。因此，现行市价法是二手车评估中最为直接、最具说服力的评估途径之一。

3. 现行市价法应用的前提条件

(1)需要有一个充分发达、活跃的二手车交易市场，即要有二手车交易的公开市场。在这个市场上有众多的卖者和买者，有充分的参照物可取，交易充分平等，这样可以排除交易的偶然性和特殊性。汽车在汽车交易市场上交易越频繁，与被评估相类似的车辆价格越容易获得。因此，市场成交的二手车价格可以准确反映市场行情，评估结果更公平公正，双方都易接受。

(2)参照物与被评估车辆有可比较的指标，且技术参数等资料是可搜集到的，并且价值影响因素明确，可以量化。

在运用现行市价法评估二手车时，关键是要能够找到与被评估车辆相同或相类似的参照物，并且参照物是近期的，可比较的。近期是指参照物交易时间与车辆评估基准日时间相近，一般在一个季度之内。可比是指车辆在规格、型号、功能、性能、内部结构、新旧程度及交易条件等方面不相上下。

4. 现行市价法的使用范围

运用现行市价法进行评估时，考虑的角度不同，这种方法是从卖者的角度来考虑被评估二手车的变现值，二手车评估价值的大小直接受市场的制约。鉴于此，它特别适用于产权转让的畅销车型的评估。畅销车型的数据充分可靠，市场交易活跃，评估人员熟悉其市场交易情况，采用现行市价法评估二手车时间会很短。

5. 现行市价法的特点

现行市价法是以市场为导向，而市场价格是综合反映车辆的各种因素而体现的，所以现行市价法评估应该说已包含了该车辆的有形损耗的贬值、无形损耗的贬值及经济性贬值。在用此方法评估时，不再专门计算功能性贬值和经济性贬值。

1)现行市价法的优点

(1)能够客观反映二手车目前的市场情况，其评估的参数、指标估值能反映市场现实价格。

(2)评估结果易于被各方理解和接受。

2)现行市价法的缺点

(1)需要公开及活跃的市场作为基础。然而我国很多地方的二手车市场建立的时间短，发育不完全、不完善，寻找参照物有一定的困难。

(2)可比因素多而复杂，损伤难度较大。即使是同一个生产厂家生产的同一型号的产品，同一天登记，由于由不同的车主使用，其使用强度、使用条件、维护水平等多种因素不同，其实体损耗、新旧程度都各不相同，从而造成二手车评估价值有所不同。

6. 现行市价法评估的基本步骤

1)收集资料

运用现行市价法评估二手车的第一步就是要考察被评估车辆，同时收集所有与其相关的资料。需要收集的资料包括被评估车辆的类型、型号、主参数、出厂日期、该车型是否在产(如果在产，市场价格多少)以及该车使用情况(包括使用性质、已使用年限、尚可使用年限、技术状况)等。

2)选择参照车辆

在二手车评估中，通常需要选择三辆以上的参照汽车。所选择的参照汽车须根据评估特定的目的，按可比性原则选择二手车交易市场中的参照车辆。二手车评估中的可比性因素如下。

(1)车辆类型。在二手车评估中，只能选择同类车参照。如小客车对小客车、货车对货车等。同时还须考虑车辆的型号和生产厂家，尽量选择相同或者相近的汽车。

(2)主要技术参数。在二手车评估中，参照车辆只能选择主要技术参数与被评估车辆相近的。比如小客车须选排量相近的，货车须选载重量相近的，客车须选座位数相近的等。

(3)功能。要求参照车辆与被评估车辆的功能相同或相近、配置相同或相近。

(4)车辆用途。只能选择使用性质相同的车辆作为参照车辆。例如，营运车不能作为非营运车的参照车辆，出租车不能作为租赁车的参照车辆，家用车不能作为公用车的参照车辆等。

(5)车辆成色。要求选择与被评估车辆使用年限、行驶里程相近的参照车辆。

(6)车辆技术状况。在二手车评估中，要求选择技术状况与被评估车辆相近的车辆作为参照车辆。

(7)交易动机和目的。交易的动机和目的不同，交易价格往往差别很大。比如车辆出售是以抵债为目的，那么此时的交易价格通常比正常的交易价格低许多。所以在选择参照车辆时，须选择交易动机和目的与被评估车辆相同的参照车辆。

(8)交易时间。参照车辆的交易时间与评估基准日不能差太久，一般要求小于三个月，否则其参照价值就差很多。随着我国汽车工业的飞速发展，汽车市场的竞争也越来越激烈，汽车的价格波动也越来越大。新车市场的价格变化必然影响二手车市场的价格。所以，应该尽量选择与评估日期相近的成交车辆作为参照车辆。

(9)交易地点。我国幅员辽阔，地域差别比较大，各地区经济发展不平衡，物价也不一样。不同地区的二手车市场中，同样车辆的成交价格可能差异很大。为了保证评估结果的准确和有效，选择的参照车辆交易地点与评估基准地最好在同一城市，至少也应该在同一个经济区域。

(10)交易数量。交易的数量对交易的价格有很大的影响。在二手车评估中，应该选择交易数量与被评估车辆交易数量相近的参照车辆。

3)分析、类比

对待评估的车辆与选定的类比对象进行认真的分析类比，尽可能予以量化、调整。参照车辆价格的调整可参考下式计算

$$P_1 = C_1 \times K_1 \times K_2 \times K_3 \times K_4 \times K_5 \times \cdots$$

式中：P_1——“参照车辆 1”的修正价格；

C_1——“参照车辆 1”的交易价格；

K_1——主要参数修正系数；

K_2——功能修正系数；

K_3——使用年限和行驶里程修正系数；

K_4——技术状况修正系数；

K_5——评估时间修正系数。

根据上面的公式，可依次计算出“参照车辆 1”“参照车辆 2”“参照车辆 3”等的修正价格。

在二手车评估中，以上修正系数的确定，需要通过经验得出。

4）计算评估值

将各参照车辆的修正案价格取平均值，作为被评估车辆的评估值。计算公式为

$$P=\frac{P_1+P_2+P_3+\cdots+P_n}{n}$$

式中：P——被评估车辆的评估值；

$P_1, P_2, P_3, \cdots, P_n$——各参照车辆的修正价格。

7. 现行市价法的具体计算方法

运用现行市价法的具体计算方法主要有直接比较法和类比调整法两种。

1）直接比较法

直接比较法也称为直接法。即利用二手车市场中具有相同基本特征的参照车辆的交易价格直接与被评估车辆进行比较，从而判断被评估车辆价值的方法。通常是直接将参照车辆交易价格作为评估价格。

在二手车评估中，完全相同的车辆是很难找到的。通常能够具有汽车类别相同、主要技术参数相同、结构性能相同就可以认定为具有相同基本特征。

2）类比调整法

类比调整法也称为类比法，是现行市价法中最基本的评估方法之一。当在二手车市场中不能找到具有相同基本特征的参照车辆时，便不能采用直接法。但如果能找到类似的参照车辆，可采用类比调整法。

类比调整法不要求参照车辆与被评估车辆一样，只要在车辆的主要方面基本相同或相似。类比调整法通过对比分析参照车辆与被评估车辆之间的差异，在参照车辆成交价格的基础上调整被评估车辆的价值。

在具体的二手车评估过程中，类比调整法通常有以下几种具体的计算方法：

（1）直接售价类比法。直接售价类比法以参照车辆的成交价为基础，考虑参照车辆与被评估车辆在功能、市场条件和销售时间上的差异，从而确定评估车辆价值。其计算公式为

$$\text{评估值}=\text{参照车辆成交价}+\text{功能差异值}+\text{时间差异值}+\cdots$$

或 $$\text{评估值}=\text{参照车辆成交价}\times\text{功能差系数}\times\text{时间差系数}\times\cdots$$

（2）功能价值法。功能价值法以参照车辆的成交价为基础，考虑参照车辆与被评估车辆的功能差异后进行调整，从而估算被评估车辆的价值。其计算公式为

$$\text{评估值}=\text{参照车辆成交价}\times\text{功能价格系数}$$

（3）价格指数法。价格指数法以参照车辆的成交价为基础，考虑参照车辆的成交时间与被评估车辆评估基准日的时间差异对车辆价值的影响，利用价格指数调整被评估车辆的价值。其计算公式为

$$\text{评估值}=\text{参照车辆成交价}\times(1+\text{物价变动指数})$$

（4）成新率价格法。成新率价格法以参照车辆的成交价为基础，考虑参照车辆与被评估车辆新旧程度的差异，调整被评估车辆的价值。其计算公式为

$$\text{评估值}=\text{参照车辆成交价}\times\frac{\text{被评估车辆成新率}}{\text{参照车辆成新率}}$$

（5）市价折扣法。市价折扣法以参照车辆的成交价为基础，考虑被评估车辆在销售条件、

销售时限等方面的不利因素，凭借评估人员的经验，设定一个折扣率来估算被评估车辆的价值。其计算公式为

$$评估值 = 参照车辆成交价 \times (1 - 折扣率)$$

(6)成本市价法。成本市价法以被评估车辆现行的合理成本为基础，利用参照车辆的成本价比率来估算被评估车辆的价值。其计算公式为

$$评估值 = 被评估车辆现行合理成本 \times \frac{参照车辆成交价}{参照车辆现行合理成本}$$

【案例4－1】

【情景】2013年8月，张先生将一辆上海大众生产的"朗逸品雅2010款1.6MT"家用轿车转让，委托兰州某二手车鉴定评估机构对该车进行评估，评估方法采用现行市价法。

【问题】确定该车辆的评估值。

【分析】二手车鉴定评估机构首先对该车的基本情况进行了解：该车2010年产、行驶里程5万千米、正常保养、无重大事故记录，经电脑检测无故障、车况良好。

该车保有量比较高，在二手车市场的交易量也比较大，适合运用现行市价法进行评估。评估机构接受委托后立即对南京的二手车市场进行了调查，选取了三宗交易作为评估参照。

(1)参照汽车1："朗逸品雅2010款1.6MT"，2010年产、行驶里程6万km、无重大事故记录、车况良好，成交时间是在2013年7月，成交价格8.5万元。

(2)参照汽车2："朗逸品雅2010款1.6MT"，2010年产、行驶里程4万km、无重大事故记录，车况良好，成交时间是在2013年6月，成交价格9.2万元。

(3)参照汽车3："朗逸品雅2010款1.6MT"，2010年产、行驶里程9万km、无重大事故记录，车况一般，成交时间是在2013年8月，成交价格7.5万元。

因为找到的参照汽车都是近期成交的，与被评估汽车的评估基准日非常接近，同时参照汽车的性能指标和技术参数与被评估汽车非常相近，所以参照车辆的成交价格具备较高的参照性，可以应用类比调整法中的直接售价类比法，然后计算出被评估汽车的评估值。

【计算过程】

按规定小型非营运载客车规定行驶里程60万km，则各参照汽车成交价折算到行驶里程为5万km的修正值分别为：

"参照汽车1"修正值 $= 8.5 \times (60-5)/(60-6) = 8.66$ 万元

"参照汽车2"修正值 $= 9.2 \times (60-5)/(60-4) = 9.04$ 万元

"参照汽车3"修正值 $= 7.5 \times (60-5)/(60-9) = 8.09$ 万元

由此，可得到

被评估汽车的评估值 $= (8.66 + 9.04 + 8.09)/3 = 8.60$ 万元

【结论】评估值为8.6万元。

4.2.3　收益现值法

1.收益现值法的定义

收益现值法是将被评估的车辆在剩余寿命期内预期收益采用适用的折现率折现为评估基准日的现值，并以此确定评估价格的一种方法。

采用收益现值法对二手车辆进行评估所确定的价格，是指为获得该机动车辆以取得预期

收益的权利所支付的货币总额。

2. 收益现值法的基本原理

收益现值法是基于人们之所以占有某车辆，主要是考虑这辆车能为自己带来一定的收益。如果某辆车的预期收益小，车辆的价格就不可能高；相反，车辆的预期收益大，评估车辆的价格肯定高。

任何一个理智的投资者在决定投资购买这辆二手车时，愿意支付的货币金额不会高于评估时求得的该车未来预期收益的折现值。在机动车的交易中，运用收益现值法进行评估时，是以车辆投入使用后连续获利为基础的。人们购买的目的往往不是在于车辆本身，而是车辆获利的能力。因此该方法较适用于投资营运的车辆。

3. 收益现值法应用的前提

(1)被评估的二手车必须是经营性车，具有继续经营和获得收益的能力。

(2)被评估的二手车继续经营收益能够且必须用货币金额来表示。

(3)影响被评估未来经营风险的各种因素能够转化为数据加以计算，体现在折现率中。

(4)被评估车辆的预期获利年限可以预测。

4. 收益现值法适用的范围

根据收益现值法的应用前提，运用收益现值法进行评估时，是以车辆投入使用后连续获利为基础的。在机动车的交易中，人们购买这类二手车的目的是为了通过继续经营而获取利润。因此，该方法较适用于投资营运的车辆。

5. 收益现值法的特点

1)收益现值法的优点

(1)与投资决策相结合，具有投资色彩，较适用于投资营运车辆交易。

(2)直观、容易被交易双方接受。

(3)能真实和较准确地反映车辆本金化的价格。

2)收益现值法的缺点

(1)预期收益额、折现率和风险报酬率预测难度大。

(2)受较强的主观判断和未来不可预见因素的影响较大。

6. 收益现值法的计算方法

1)计算公式

收益现值法评估值的计算，实际上就是对被评估车辆未来预期收益进行折现的过程。被评估车辆的评估值等于剩余寿命期内各期的收益现值之和，其基本计算公式为

$$P=\sum_{t=1}^{n}\frac{A_t}{(1+i)^t}=\frac{A_1}{(1+i)^1}+\frac{A_2}{(1+i)^2}+\cdots+\frac{A_n}{(1+i)^n}$$

式中：P—— 评估值(元)；

A_t—— 未来第 t 个收益期的预期收益额(元)；

n—— 收益年期(二手车剩余使用年限)；

i—— 折现率；

t—— 收益期，一般以年计。

当 $A_1=A_2=\cdots=A_n=A$ 时，即 t 从 $1\sim n$ 未来收益分别相同，均为 A，则有

$$P = \sum_{t=1}^{n} \frac{A_t}{(1+i)^t} = A\left[\frac{A_1}{(1+i)^1} + \frac{A_2}{(1+i)^2} + \cdots + \frac{A_n}{(1+i)^n}\right] = A\,\frac{(1+i)^n - 1}{i(1+i)^n}$$

式中：$\frac{A_t}{(1+i)}$——第 t 个收益期的现值系数；

$\frac{(1+i)^n-1}{i(1+i)^n}$——年金现金系数。

2)评估参数的确定

(1)收益年期 n 的确定。收益年期指从评估基准日到车辆到达报废所剩余的年限。对于各类汽车来说，该参数按《机动车强制报废标准规定》确定是很方便的。如果收益年期估计过长，就会高估车辆价格；反之，则会低估价格。因此，必须根据车辆的实际状况对剩余寿命作出正确的评定。

(2)预期收益额 A_t 的确定。收益现值法运用中，预期收益额的确定是关键。预期收益额是指由被评估对象在使用过程中，可能带来的年纯收益额。对于预期收益额的确定应注意以下两点。

①无论对于所有者还是购买者，判断某车辆是否有价值，首先应判断该车辆是否会带来收益。对其收益的判断，不仅仅是看现在的收益能力，更重要的是预测未来的收益能力。

②收益额的构成。以企业为例，目前有几种观点：一是企业所得税后利润；二是企业所得税后利润与提取折旧额之和扣除投资额；三是利润总额。

关于选择哪一种作为收益额，针对二手车的评估特点与评估目的，为估算方便，推荐选择第一种观点，目的是准确反映预期收益额。

(3)折现率 i 的确定。从折现率本身来说，它是一种特定条件下的收益率，说明车辆取得该项收益的收益率水平。折现率是指将未来预期收益额折算成现值的比率。折现率包含无风险利率和风险报酬率两部分。即

$$\text{折现率}(i) = \text{无风险利率} + \text{风险报酬率}$$

无风险利率是指资产在一般条件下的获利水平，风险报酬率则是指冒风险取得报酬与车辆投资中为承担风险所付代价的比率。由于每个行业、每个企业都有具体的资金收益率，因此在利用收益法对二手车评估，选择折现率时，应该进行本企业、本行业历年收益率指标的对比分析。但是，最后选择的折现率应该起码不低于国家债券或银行存款的利率。

【例题 4－7】

李先生在二手车市场选中了一辆还有 4 年才报废的出租车，计划用于经营。经预测，该车在剩余 4 年的经营期限内，各年预期收益分别为 30000 元、25000 元、20000 元、15000 元，适用的折现率为 9%，请用收益现值法评估该车辆的当前价值。

解：根据题意：

$$\begin{aligned} P &= \sum_{t=1}^{n} \frac{A_t}{(1+i)^t} = \frac{A_1}{(1+i)^1} + \frac{A_2}{(1+i)^2} + \cdots + \frac{A_n}{(1+i)^n} \\ &= \frac{30000}{(1+9\%)^1} + \frac{25000}{(1+9\%)^2} + \frac{20000}{(1+9\%)^3} + \frac{15000}{(1+9\%)^4} \\ &= 27523 + 21042 + 15444 + 10626 \\ &= 74635(\text{元}) \end{aligned}$$

采用收益现值法得到该出租车的评估值为74635元。

【案例4-2】

【情景】张先生拟购一辆较新的普通桑塔纳车用作个体出租车经营使用，经调查得到以下各数据和情况：车辆登记日是2013年10月，已行驶里程为12万km，目前车况良好，能正常运行。如用于出租使用，全年可出勤300天，每天平均毛收入450元。评估基准日为2015年10月。每天耗油费75元。每年日常维修费1.2万元，平均大修费用0.8万元，牌照、保险、各种规费、杂费3.0万元，人员劳务费1.5万元，出租车标付费0.6万元，根据目前银行储蓄年利率、国家债券、行业收益等情况，确定资金预期收益为15%，风险报酬率为5%，按个人所得税条例规定年收入在3万~5万元之间，应缴纳所得税税率为30%。

【问题】试用收益现值法估算该车的价值。

【分析】从车辆登记日起至评估基准日止，车辆投入运行已2年。根据国家《机动车强制报废标准规定》的规定，该出租车剩余使用寿命为6年。

确定预期收益额时，应将一年的毛收入减去车辆使用的各种税和费用，包括驾驶员的劳务费等，以计算其税后纯利润。

(1)预计年收入：

全年可出勤300天，每天平均毛收入450元。即：$450\times300=13.5$(万元)。

(2)预计年支出：

①每天耗油费75元，年耗油费用为：$75\times300=2.25$(万元)；

②日常维修费：1.2万元；

③平均大修费用：0.8万元；

④牌照、保险、各种规费、杂费：3.0万元；

⑤人员劳务费：1.5万元；

⑥出租车标付费：0.6万元。

小计：$2.25+1.2+0.8+3.0+1.5+0.6=9.35$(万元)

(3)车辆的年纯收益额：

①毛收入为：$13.5-9.35=4.15$(万元)

②按个人所得税条例规定年收入在3万~5万元之间应缴纳所得税税率为30%。

车辆的年纯收益额为：$4.15\times(1-30\%)=2.9$(万元)

(4)确定折现率

根据目前银行储蓄年利率、国家债券、行业收益等情况，确定资金预期收益率为15%，风险报酬率为5%。折现率＝无风险利率＋风险报酬率，即 $i=15\%+5\%=20\%$

【计算】

$$P=\sum_{t=1}^{n}\frac{A_t}{(1+i)^t}=A\left[\frac{A_1}{(1+i)^1}+\frac{A_2}{(1+i)^2}+\cdots+\frac{A_n}{(1+i)^n}\right]=A\,\frac{(1+i)^n-1}{i(1+i)^n}$$

$$=2.9\times\frac{(1+20\%)^6-1}{20\%\times(1+20\%)^6}\approx9.64(\text{万元})$$

【结论】该车的评估值为9.64万元。

4.2.4 价格清算法

1. 价格清算法的定义

价格清算法是指以清算价格为标准，对二手车辆进行的价格评估。清算价格是指企业由于破产或其他原因，要求在一定的期限内将车辆变现。

2. 价格清算法的基本原理

价格清算法在原理上基本与现行市价法相同，所不同的是迫于停业或破产，清算价格往往大大低于现行市场价格，这是由于企业被迫停业或破产，急于将车辆拍卖、出售。

3. 价格清算法的适用范围

企业破产、抵押、停业清理时要售出的车辆适用于价格清算法。

1）企业破产

当企业或个人因经营不善造成的严重亏损不能清偿到期债务时，企业应依法宣告破产，法院以其全部财产依法清偿其所欠的债务，不足部分不再清偿。

2）抵押

抵押是以所有者资产作抵押物进行融资的一种经济行为，是合同当事人一方用自己特定的财产向对方保证履行合同义务的担保形式。提供财产的一方为抵押人，接受抵押财产的一方为抵押权人。抵押人不履行合同时，抵押权人有权利将抵押财产在法律允许的范围内变卖，从变卖抵押物价款中优先受偿。

3）清理

清理是指企业由于经营不善导致严重亏损，已临近破产的边缘或因其他原因将无法继续经营下去，为弄清企业财物现状，对全部财产进行清点、整理和查核，为经营决策（破产清算或继续经营）提供依据，以及因资产损毁、报废而进行清理、拆除等的经济行为。

4. 运用清算价格法评估车辆价格时应注意事项

（1）具有法律效力的破产处理文件或抵押合同及其他有效文件为依据。

（2）车辆在市场上可以快速出售变现。

（3）所卖收入足以补偿因出售车辆导致的附加支出总额。

5. 价格清算法的影响因素

在二手车评估过程中，影响清算价格的主要因素包括破产形式、债权人处置车辆的方式、车辆清理费用、拍卖时限、公平时价、参照车辆价格、车辆的拍卖方式和车辆的现行市价等。

1）破产形式

如果企业丧失车辆处置权，则以买方出价决定车辆售价；如果企业未丧失处置权，则以双方议价决定车辆售价。

2）债权人处置车辆的方式

按抵押时的合同契约规定执行，如公开拍卖或收回己有。

3）清理费用

在企业破产等情况下评估车辆价格时，应对车辆清理费用及其他费用给予充分的考虑。如果这些费用太高，拍卖变现后所剩无几，则失去了拍卖还债的意义。

4）拍卖时限

一般来说，规定的拍卖时限长，售价会高些；时限短，则售价会低些。这是由资产快速变现原则产生的特定买卖市场所决定的。

5）公平市价

公平市价是指车辆交易时，使交易双方都满意的价格。在清算价格中，卖方满意的价格一般不易求得。

6）参照车辆价格

参照车辆价格是指在市场上出售相同或类似车辆的价格。一般来说，市场参照车辆价格高，车辆出售的价格就会高，反之则低。

7）车辆的现行市价

与被拍卖车辆相同或类似的车辆的现行市价价格高，被拍卖车辆的清算价格通常也会高，反之则低。

8）车辆的拍卖方式

若车辆与破产企业的其他资产一起整体拍卖，其拍卖值可能会高于包括车辆在内的各单项资产变现价值之和。

6. 清算价格法的具体评估方法

1）现行市价折扣法

现行市价折扣法是首先用现行市价法对被评估汽车进行评估，确定一个初步的评估价格，然后根据快速变现的原则评定一个折扣率，用折扣率乘以前面得到的初步评估价格，最终得到清算价格的方法。

折扣率须根据具体情况确定，在0.5～0.85范围内。

【案例4－3】有一辆帕萨特拟评估清算价格，在二手车市场调查同型号的车况相似帕萨特的成交价为18万元，根据市场销售情况，折价20%时，可以当即出售，则该车清算价格为$18\times(1-20\%)=14.4$万元。

2）重置成本折扣法

重置成本折扣法是先用重置成本法得到被评估汽车的初步评估价格，然后根据快速变现的原则评定一个折扣率，用折扣率乘以前面得到的初步评估价格，最终得到清算价格的方法。

【案例4－4】一辆公司用帕萨特1.8T轿车，因为清偿债务将被拍卖。该车至评估基准日已使用了2年，行驶了6万km，无事故记录，经过检测技术性能良好。根据市场调查，此车型当前的全新售价为24万元，折扣率为0.6时，可当即出售。试评估该车的清算价格。

【评估过程】本次评估的目的是债务清偿，适用清算价格法，采用重置成本折扣法。

（1）确定重置成本全价

根据市场调查，此车型当前的全新售价为24万元，按规定，此汽车购置税率按10%计算，得重置成本全价$=24+24\times1.17\times10\%=26.05$万元。

（2）确定成新率

因为无事故，成新率与其新旧程度相符，可采用行驶里程折旧。按《机动车强制报废标准规定》的规定，被评估车总行驶里程为60万km，目前已行驶6万km。

$$成新率=\frac{60-6}{60}\times100\%=90\%$$

(3)确定评估值

因其技术性能良好，所以其功能性损耗及经济性损耗很小，可忽略不计。所以，在公平市场条件下，被评估汽车的评估值 = 26.05 ×90% = 23.44(万元)。

(4)确定折扣率

根据市场调查，当折扣率取0.6时，可当即出售，故折扣率取0.6。

(5)确定清算价格

清算价格 =23.44 ×0.6 = 14.06(万元)。

【结论】该车的清算价格为14.06万元。

3)收益现值折扣法

收益现值折扣法是针对营运车辆，先用收益现值法得到被评估汽车的初步评估价格，然后根据快速变现的原则评定一个折扣率，用折扣率乘以前面得到的初步评估价格，最终得到清算价格的方法。

4)模拟拍卖法

模拟拍卖法是通过向潜在的购买者询价的办法获得市场信息，然后经过综合分析最终确定汽车清算价格的一种方法。

4.2.5 "54321法"和简易折旧评估法

1.54321法

"54321法"经常用于二手车的非正式粗略估价。该方法将一辆汽车的合理使用寿命视为30万km，认为汽车正常行驶超过30万km后，其维修保养费用大幅上升，再继续使用在经济上就不合算了。也就是说，正常情况下，汽车的价值将消耗在其行驶的30万km中。此外，汽车的价值消耗是不均匀分布的。同样的行驶里程，越新的车价值消耗越多。

该方法按汽车行驶里程将其使用寿命分为5个阶段，每段6万km，合计30万km。汽车在每个阶段按照新旧次序消耗新车价值的5/15、4/15、3/15、2/15和1/15。也就是说，新汽车行驶了第一段6万km后，就耗去了新车价值的5/15，行驶了第二段6万km后则又消耗了新车总价值的4/15，以此类推。

例如，一辆待评估汽车，目前市场价为20万元，已行驶了12万km，那么该车当前的评估价为

$$20-20\times\left(\frac{5}{15}+\frac{4}{15}\right)=8(\text{万元})$$

或者通过余值计算 $20\times(3+2+1)\div15=8$(万元)

如果担心汽车里程表被改动过，不能确定行驶里程，也可以按使用年限，应用"54321法"来估算汽车价值。此时，该方法认为一辆二手车的合理使用寿命为10年，同样将其分为5段，每段2年。从新到旧，汽车在每一段的价值消耗依次为5/15、4/15、3/15、2/15、1/15。

同样以目前市场价为20万元的车为例，如果已经使用了2年，则依据"54321法"该车目前的评估值为

$$20\times(4+3+2+1)\div15=13.3\text{ 万元}$$

由此可见，该方法可以方便快捷地对正常行驶、保养且未发生过重大事故的二手车进行初步评估。进一步确切地评估汽车价值还需要建立在对汽车车况的详细了解与掌握的基础

之上。

2. 简易折旧评估法

这是部分二手车商家在收购二手车估价时应用的一种快捷方法。对于一款汽车，通常会因为配置不同而有不同的车型。比如，同样属于北京现代朗动 1.6，存在着 1.6MT 时尚型、1.6MT 领先型、1.6AT 时尚型、1.66AT 领先型和 1.6AT 尊贵型等，配置各不相同，价格也不一样。简易折旧评估法以待评估汽车同款的“基本型”作为估价折旧的基础，即以同款汽车中价格最低的那一车型的即时新车价为基础，在车型没有发生大改款前提下，取第一年 15% 折旧率、第二年 12% 折旧率、第三年 10% 折旧率、第四年 8% 折旧率、第五年 6% 折旧率、第六年往后每年 5% 的折旧率进行折旧。

以一辆行驶了 3 年的丰田卡罗拉 1.6 GL AT 评估为例。应用折旧评估法，搜寻到当前经销商对丰田卡罗拉 1.6 的最低报价为 9.9 万元，评估计算如下：

$$9.9\times(1-15\%)\times(1-12\%)\times(1-10\%)=6.66\text{ 万元}$$

则这辆车的评估价为 6.66 万元。

在实际的二手车评估工作中，除了前面介绍的方法之外，还有一些其他的实用评估方法用于快速估价。这些方法通常是根据新车现行价格及折旧来进行估算，而如前所言，影响二手车价格的因素有很多，如新车价格、市场保有率、品牌认知度、车辆使用状况及国家相关政策等，因此没有任何一种方法是绝对准确的。此外需特别指出的是，这些估算方法是针对车况正常的二手车，出过重大事故的二手车另当别论。

【思考与练习】

一、名词解释

1. 有形损耗率　2. 成新率　3. 折旧率　4. 保值率　5. 重置成本法
6. 现行市价法　7. 直接比较法　8. 直接售价类比法　9. 收益现值法
10. 价格清算法　11. 现行市价折扣法　12. 重置成本折扣法　13. 收益现值折扣法
14. 重置核算法　15. 物价指数法

二、填空题

1. 在二手车的鉴定估价业务中，常用的指标参数有______、______、____、____和折损率等，其中成新率应用最广也最重要。

2. 车辆的有形损耗率反映车辆实物状态的______或________，表明车辆的________。

3. 车辆的成新率越高，其有形损耗率越______，表明车辆越______；反之，车辆状况越____。

4. 二手车的成新率也可理解为其在二手车交易市场上的________与________的比率，因此成新率又称为二手车成新率。

5. 车辆折旧率在数值上等于其____________，车辆的有形损耗率、成新率以及折旧率之间的关系为：________________________。

6. 现行市价法的具体计算方法主要有____________和__________两种。

7. 使用年限法估算二手车的成新率是基于这样的假设：二手车在规定的使用寿命期间，实体性损耗与时间呈____关系，二手车价值的降低与________成正比。

8. 折算年限既反应了汽车的________、________，又包括了汽车的____________和某些停驶时间较长汽车的________及________。

9. 利用使用年限法计算得到的成新率实际上反映的是__________，与____________无关。

10. 使用年限法计算成新率的前提条件是车辆在正常使用条件下，按________使用。

11. 行驶里程法是通过确定__________与__________的比值来确定二手车成新率的一种方法，反映了____________对其成新率的影响。

12. 行驶里程法计算成新率的前提条件是__________________________________。

13. 整车观测法是指评估人员采用人工观察的方法，辅助简单的仪器检测，判定被评估二手车的技术等级以确定成新率。整车观测法的主要技术指标包括：____________、__________、主要故障经历及大修情况、整车外观和完整性等。

14. 整车观测法确定成新率的估值是否客观，取决于评估人员的______和________，虽简单易行，但其判断结果没有部件鉴定法准确，一般用于__________、__________，或作为综合分析法的辅助手段。

15. 综合分析法是以______为基础，综合考虑二手车的实际技术状况、维护情况、原车制造质量、二手车用途及使用条件等多种因素对二手车价值的影响，以______形式确定成新率的一种方法。

16. 重置成本法主要适用于__________的二手车评估。

17. 在运用现行市价法评估二手车时，关键是要能够找到与被评估车辆相同或相类似的____，并且参照物是______的，______的。

18. 运用现行市价法的具体计算方法主要有____________和__________两种。

19. 根据收益现值法的应用前提，运用收益限制法进行评估时，是以____________为基础的。在机动车的交易中，人们购买的目的往往不是在于车辆本身，而是______________。因此，该方法较适用于__________。

20. 价格清算法的适用范围为：__________________。

21. 现行市价折扣法是首先用________对被评估汽车进行评估，确定一个初步的评估价格，然后根据________的原则评定一个折扣率，用折扣率乘以前面得到的初步评估价格，最终得到清算价格的方法。

22. ____________是先用重置成本法得到被评估汽车的初步评估价格，然后根据快速变现的原则评定一个折扣率，用折扣率乘以前面得到的初步评估价格，最终得到清算价格的方法。

三、判断题

(　　)1. 车辆的有形损耗率反映车辆实物状态的损耗程度或车辆性能的劣化程度，表明车辆的陈旧程度。

(　　)2. 一辆全新的车辆，如果不考虑因产权的占有而承受的沉没成本，因其实物状态没有发生任何损耗，有形损耗率为零，实体性贬值为零。

(　　)3. 一辆完全报废的车辆，如果忽略其作为废品还存在的残留价值，它的有形损耗率为100%。

(　　)4. 车辆的成新率越高，其有形损耗率越高，表明车辆越新；反之，车辆状况越差。

(　　)5. 车辆的贬值具有两头突变的特性。

(　　)6 如果一辆二手车的成新率为80%，一般并不意味它的价值(市场价格)还保持着其账面原值的80%。

(　　)7. 折旧率越低，车辆的车况就越差，剩余价值也越低。

(　　)8. 汽车保值率越高，其残值就越高，这意味着作为二手车出售时，市场交易价格一般也会比较高。

(　　)9. 折损率为20%，表明作为二手车出售时，已经损失了原车款的20%。

(　　)10. 对于产权转让类的交易业务，在二手车评估计算重置成本时，要计入间接成本。

(　　)11. 现行市价法特别适用于产权转让的畅销车型的评估。

(　　)12. 整车观测法确定成新率的估值结果比部件鉴定法准确。

(　　)13. 被评估汽车的评估值是其重置成本扣除各种因素所造成的贬值后的结果。

(　　)14. 现行市价法评估应该说已包含了该车辆的有形损耗的贬值、无形损耗的贬值及经济性贬值。

(　　)15. 采用现行市价折扣法评估车辆价值理，折扣率一般在0.5~0.85范围内。

四、选择题

1. 车辆已使用年限的计量单位是(　　)。

A. 年　　B. 月　　C. 日　　D. 年月日

2. 部件鉴定法确定成新率，一般用于价值(　　)的二手车评估。

A. 较高　　B. 中等　　C. 较低　　D. 都可以

3. 重置成本法选用的车辆价格为(　　)。

A. 原购买价格　　B. 现市场指导价格

C. 车辆现时价格　　D. 出厂价格

4. 采用重置成本法评估二手车时，一般使用的是(　　)。

A. 折旧成本　　B. 更新重置成本

C. 复原重置成本　　D. 税后成本

5. (　　)是最直接、最简单的一种评估方法。

A. 现行市价法　　B. 重置成本法

C. 现行市价法　　D. 收益现值法

6. 在二手车的鉴定估价业务中，(　　)是应用最广也最重要的指标参数。

A. 保值率　　B. 折旧率

C. 成新率　　D. 折损率

7. (　　)主要适用于继续使用前提下的二手车评估。

A. 现行市价法　　B. 重置成本法

C. 现行市价法　　D. 收益现值法

8. (　　)是针对营运车辆，先用收益现值法得到被评估汽车的初步评估价格，然后根据快速变现的原则评定一个折扣率，用折扣率乘以前面得到的初步评估价格，最终得到清算价格的方法。

A. 收益现值折扣法　　B. 重置成本折扣法

C. 模拟拍卖法　　　　D. 收益现值法

五、简答题

1. 影响车辆保值率的因素主要有哪些？

2. 用于成新率确定的部件鉴定法的特点及适用范围分别是什么？

3. 用于成新率确定的综合分析法的特点及适用范围分别是什么？

4. 简述重置成本法的特点。

5. 在具体的二手车评估过程中，类比调整法通常有哪几种具体的计算方法？

6. 二手车评估中的可比性因素包括哪些？

7. 收益现值法应用的前提是什么？

8. 收益现值法的特点有哪些？

9. 价格清算法的影响因素有哪些？

六、问答题

1. 复原成本和更新成本有何区别？如何选用？为什么？

2. 现行市价法有哪些特点？

七、计算题

1. 王女士于2008年9月购置了一辆捷达轿车作为家庭用车。购买价为97800元，初次登记日期为2008年9月，于2012年12月进入二手车交易市场交易，现场查勘，车身外观较好，发动机运转平稳，无异常响声，制动系统良好。该车行驶里程8万km，在评估时，该车的现行市场销售价格为79800元，其他税费不计，请选用使用年限法对该车进行价值评估。

2. 王女士于2012年10月购置了一辆奔驰GLK300轿车作为家庭用车。购买价为50万元，初次登记日期为2013年10月，于2015年10月进入二手车交易市场交易，该车行驶里程12万km，当前市场价格为48万元。经评估人员现场查勘，技术状况良好，使用维护好，该车主要在城市内使用。试用重置成本——综合分析法评估该车价值。

3. 某一车辆新车市价为30万元，该车使用3年，行驶里程9万km，请使用“54321法”和简易折旧评估法分别对该车进行价值评估。

模块五　事故车鉴定与评估

【学习目标】

知识目标

1. 了解车辆碰撞机理。
2. 熟悉车辆碰撞损伤的分类。
3. 掌握各种碰撞损伤的特点。
4. 掌握碰撞事故车的鉴定评估。
5. 熟悉水泡车的鉴别方法。
6. 知道规避水泡车风险的方法。
7. 熟悉车辆火灾类型及起火原因。
8. 掌握火灾车的鉴别方法。

能力目标

1. 会对碰撞的产生过程进行分析推断。
2. 会鉴别典型的事故车。
3. 会对三种事故车进行鉴定评估。

5.1　事故车鉴定与评估的基础理论

事故车是指在使用中曾发生过严重碰撞或撞击，或长时间泡水，或较严重过火，虽然修复并在使用，但仍存在安全隐患的车辆，常见的事故车主要有碰撞事故车。了解车辆碰撞基础理论，掌握事故车的评估方法，对于二手车的鉴定评估人员具有重要的意义。

5.1.1　车辆碰撞基础理论

1. 车辆碰撞机理分析

汽车碰撞后的损伤非常复杂，损伤程度与受力大小、方向、障碍物的类型、接触面积等很多因素有关。只有对车辆在发生碰撞时的受力情况进行科学的分析，才能准确地把握车辆的损伤形式、部位，确定出具体的损伤程度，对车辆价值做出比较准确的评估。

1)碰撞冲击力

在汽车碰撞过程中，碰撞冲击力的方向总是与某点冲击力的特定角度相关。冲击力可以分解成分力，通过汽车构件向不同方向分散。

例如，在一次汽车碰撞过程中，冲击力以垂直和侧向角度撞击汽车的右前翼子板，冲击力可以分解成为三个分力：垂直分力、水平分力和侧向分力，如图 5 -1 所示。这三个分力都被汽车零部件所吸收，水平分力使汽车右前翼子板变形方向指向发动机舱盖中心；侧向分力使汽车的右前翼子板向后变形；垂直分力使车辆向下挤压，一部分能量被悬架和轮胎吸收，一部分能量使翼子板向下变形。这些分力的大小及对汽车造成的损坏取决于碰撞角度。

冲击力造成的损坏也取决于冲击力与汽车质心相互间的位置、角度及方向。冲击力指向汽车的质心，汽车不会旋转，大部分能量将被汽车零件所吸收，造成的损坏通常比较严重，如图 5 -2(a)所示。如果冲击力偏离汽车的质心，冲击力被分解，一部分冲击力将形成使汽车绕着质心旋转的力矩，该力矩会使汽车旋转从而减少冲击力对汽车零部件的损坏，使汽车零部件的损伤减少，如图 5 -2(b)所示。

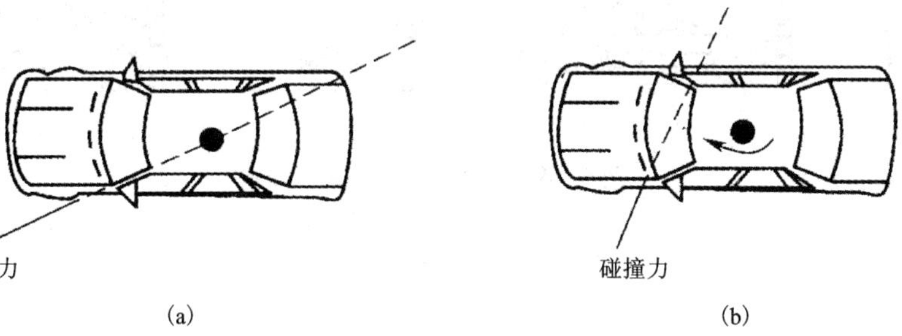

图 5 -2　碰撞力方向与汽车质心关系

(a)冲击力指向质心；(b)冲击力不指向质心

驾驶员的反应经常影响到冲击力的方向，尤其对于正面碰撞，驾驶员意识到碰撞不可避免时，其第一反应就是旋转转向盘以避免正面碰撞。这种反应所导致的汽车碰撞发生在侧面，使车辆侧面损坏。

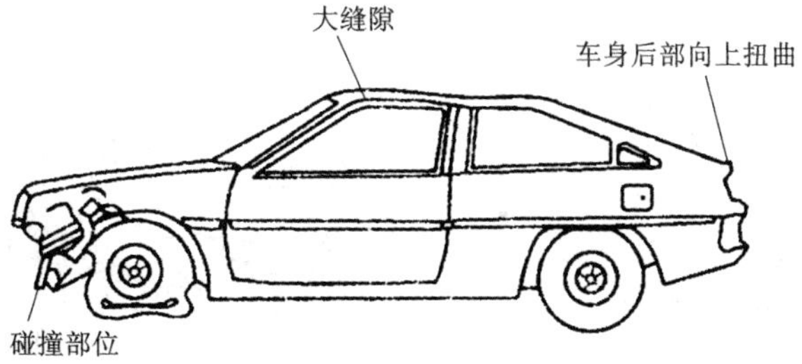

图 5 -3　正面碰撞损伤示意

驾驶员的第二反应就是试图踩制动踏板，汽车进入制动状态，使汽车从前沿向下俯冲。如果碰撞点高于汽车的前沿，将引起前罩板件和车顶盖向后移动及汽车尾部向下移动。如果碰撞点的位置低于汽车的前沿，汽车的车身质量将引起汽车的尾部向上变形，迫使车顶盖向前移动，在车门的前上部和车顶盖之间形成一个大缝隙，如图 5 -3 所示。

2. 碰撞接触面积

在相同的速度和载质量条件下，汽车碰撞的类型不同，损坏的程度也就不同。例如，撞击电线杆和撞击墙面。如果撞击的面积较大，损坏程度就较小，如图 5-4(a)所示；接触面积越小，损坏就越严重，如图 5-4(b)所示，这种情况下，保险杠、发动机罩、散热器等会发生严重变形，发动机向后移动，碰撞所产生的影响甚至会扩展到后悬架。

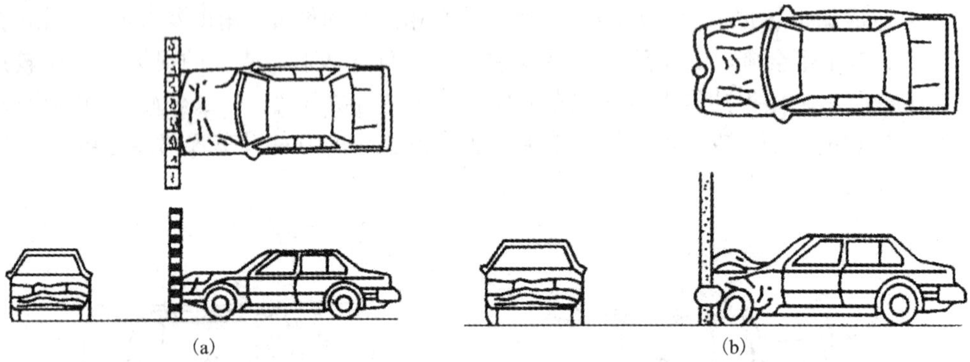

图 5-4 不同接触面积的碰撞损伤

(a)撞墙；(b)撞电线杆

3. 应力集中

当一个物体在力的作用下伸长或缩短时，如果物体结构不改变应力分布，则应力将均匀分布在物体上。

如图 5-5(a)所示，从工件两边加工一个半环形凹槽，当工件两边受拉力时，将在凹槽之间形成应力集中。如图 5-5(b)所示，在工件的中心加工一个圆形的孔，当工件两边受拉力时，将在工件内部形成一个不同的应力集中。

承载式车身汽车，利用结构的变化来控制纵梁和前翼子板上部加强件的应力集中，这些结构的变化是采用弯曲或扭曲支撑零部件，如图 5-6 所示，它们可非常有效地控制和吸收碰撞中的能量。

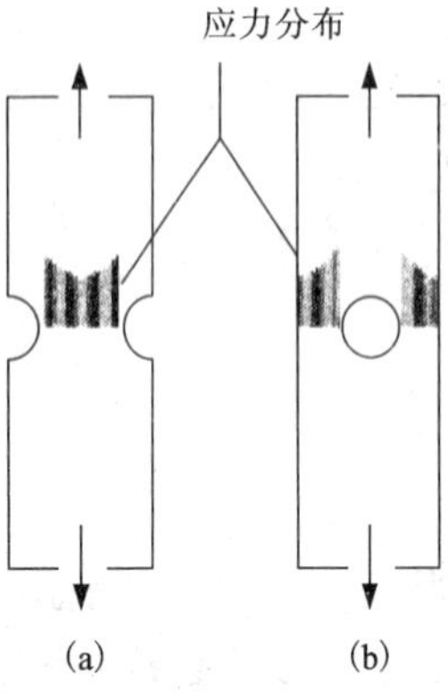

图 5-5 不同应力集中分析

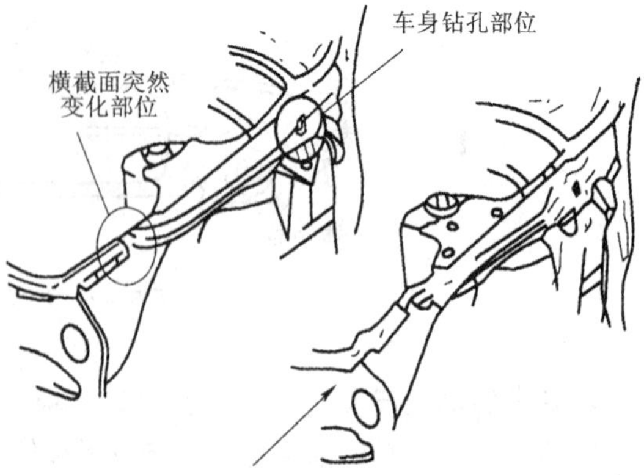

图 5-6 承载式车身控制应力集中结构示意分析

4. 冲击力的传递

现代汽车车身上有许多焊接缝。这些焊接缝可以作为汽车结构的刚性连接点。这些刚性连接点将冲击力传递给整个汽车上与之连接的钣金件和汽车零部件，这样就降低了汽车的结构变形。

冲击力在承载式车身结构上的分布和传递分析如图 5－7 所示，当汽车前角受到一个力 F_0 作用给 B 区域时，B 区域将会变形而吸收能量，冲击力减到 F_1 并传递到 C 点，金属将发生变形，力继续减小到 F_2，传递到 D 点，并分解成两个方向，其中 F_3 继续减弱传递给 E，F_4 继续减小，汽车顶盖金属轻微变形，在 F 点几乎不再有冲击力，也不再发生变形。刚性连接点、结构件、钣金件都可以吸收能量，碰撞能量大部分都被变形汽车零部件所吸收。

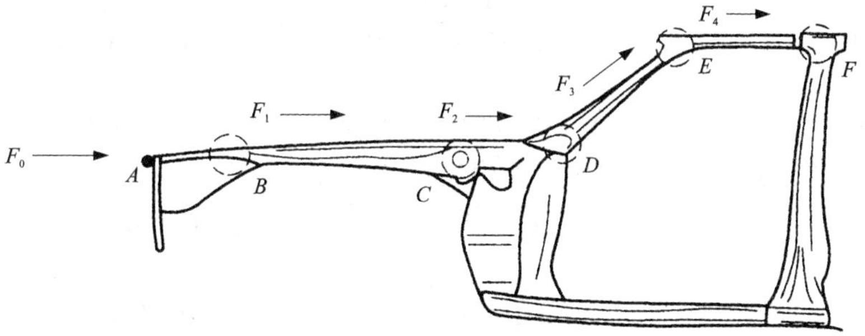

图 5－7　冲击力在承载式车身结构上的分布和传递分析

5.1.2　车辆碰撞损伤类型

1. 按碰撞损伤行为不同分类

汽车碰撞损伤按碰撞损伤行为不同可分为直接损伤和间接损伤两种。

1）直接损伤

直接损伤也称一次损伤，是指汽车碰撞直接接触点的车身一次损伤。由于车辆结构、碰撞力和角度以及其他因素的差异，损伤区域是多种多样的。例如造成翼子板变形和开裂以及零件破碎等可见的、不需要测量的损伤，如图 5－8 中的车灯损伤。直接损伤一般采用更换零部件、局部拉直或对车身填料的方法进行修理，由于钣金件非常薄，拉直也非常费时且不能完全修复损伤区域，因此，对于直接损伤修理，一般是在完成所有间接损伤的修理后，采用对车身填料的方法对直接损伤进行修理，具体修理方法根据不同的碰撞方式而变化。

2）间接损伤

间接损伤也称二次损伤，是指发生在直接损伤区域之外，并离碰撞点有一段距离的损伤。间接损伤是在碰撞力向后传递过程中形成的，即碰撞力从冲击区域延伸到车身连接区，并且碰撞能量在向毗邻板件移动的过程中被吸收，如图 5－8 中的车门变形等。

间接损伤程度取决于碰撞力的大小和作用方向以及吸收碰撞能的各个结构件的强度。很多承载式汽车车身被设计成能压溃并能吸收碰撞能量的结构，以便于保护车内乘员。间接损伤也可由动力传动系和后桥的惯性力造成。由于车辆因碰撞突然停止，机械零部件的惯性力全部作用到固定点和支撑构件上，使毗邻金属件可能发生皱曲、撕裂或开焊等现象。因此，事故车检查时必须注意检查悬架、车桥、发动机和变速器的固定点是否损伤。

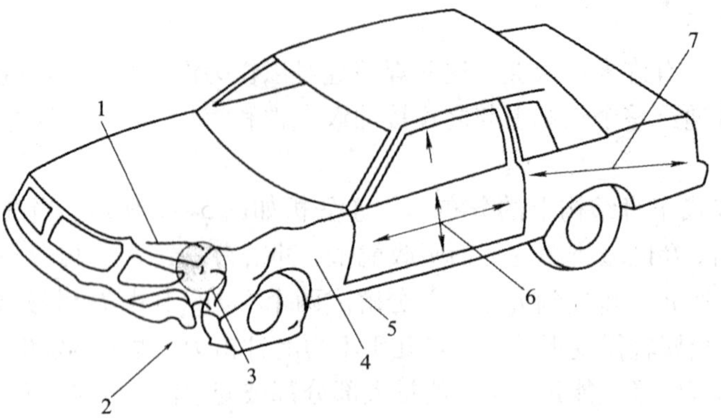

图 5－8　碰撞损伤结果的分析示例

1—漆面裂痕迹象；2—碰撞力作用方向；3—碰撞位置；4—构件吸能变形；5—开焊；6—车门、车窗校准；7—后部变形

间接损伤有时不容易发觉，常见的有钣金件皱曲、漆面开裂和伸展、钣金件缝隙错位、接口撕裂、开焊等，这些损伤要仔细查找相关线索才能发现。

间接损伤按车身或车架损伤结果不同可分为侧弯、凹陷、折皱或压溃损伤、菱形损伤和扭曲等。

(1)侧弯。侧弯是指由侧面碰撞所引起，造成车架或承载车身发生侧向弯曲变形，如图 5－9 所示。侧弯出现在车辆某一侧的前部或后部，一侧车门拉长而出现裂纹，另一侧车门缩短而出现折痕，其结构上导致纵梁的内侧和对面那根纵梁的外侧出现折皱凸痕。

侧弯也有可能发生在汽车中部和后部，通过视觉观察和对汽车侧面的检查判别，在汽车的伸长侧面留下一条刮痕，而在另一缩短侧面会有折皱。发动机罩不能正常开启等情况都是侧面损伤的明显特征。

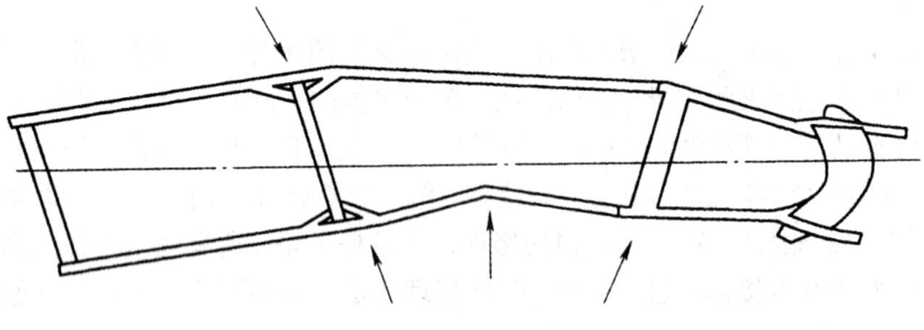

图 5－9　侧弯损伤

(2)凹陷。凹陷是指车架前部或后部由于正面碰撞引起的损伤，即车架或承载车身上某一段比正常位置低。凹陷损伤可能发生在某一侧，也可能在两侧同时发生，如图 5－10 所示。当发生凹陷时，汽车翼子板和车门之间顶部变窄。凹陷对汽车车架本身的影响并不明显，但是一定的凹陷将破坏汽车车身的钣金件的接合。

(3)折皱或压溃。折皱就是在车架上(非承载式车身)或侧梁(承载式车身)产生的微小的弯曲，如图 5－11(a)所示。在车架或在车架边纵梁内侧有折皱，表明有向内的侧面碰撞；折皱在车架或在车架边梁外侧，表明有向外的侧面碰撞；在车架或在车架边梁的上表面有折

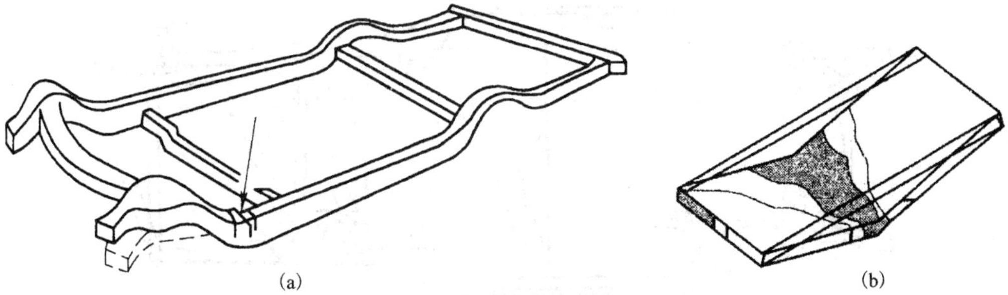

图 5－10　凹陷损伤

(a)单侧凹陷；(b)双侧凹陷

皱，表明有向下的碰撞，这可能是车辆受到严重的向下撞击，产生凹陷所致；如果折皱在车架的下表面，表明有向上的碰撞，这可能是由于车辆产生托底事故形成的。

压溃损伤使得汽车框架的任何部分都比规定要短，如图 5－11(b)所示。压溃一般发生在前挡板之前或后窗之后，车门没有明显的损伤痕迹，然而在前翼子板、发动机罩和车架棱角等处会有折皱和变形。也有可能使轮罩上部车身框架向上变形，引起弹簧座损伤。

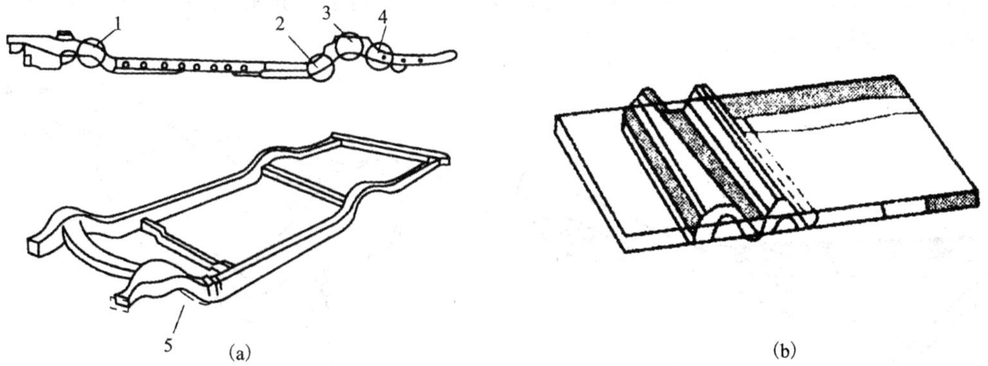

图 5－11　折皱或压溃损伤

(a)车架折皱或压溃损伤分析图；(b)折皱或压溃损伤示意图

1～4—压溃点；5—前后侧纵梁冲击力挤压方向

(4)菱形损伤。汽车的形状类似一个矩形，当汽车碰撞发生在前部或尾部的一角或偏离质心方向时，汽车的一侧向前或向后发生位移，使车架或车身变成平行四边形，这种损伤就是菱形损伤，如图 5－12 所示，当造成菱形损伤时，不但会影响车架纵梁，而且发动机罩、行李舱、乘客舱或货车的地板也可能出现折皱变形，有时还会出现挤压和凹陷损伤现象。

(5)扭曲。扭曲即汽车的一角比正常的要高，其对角要比正常的低，如图 5－13 所示。当一辆汽车以高速撞击到路边或高级公路中间分界的安全岛时，就有可能发生扭曲型损伤，后侧车角发生碰撞也会发生扭曲损伤。扭曲损伤不易发现，仔细检查能发现板件不明显的损伤，真正的损伤一般隐藏在下部。由于碰撞，车辆的一角向上扭曲，对角向下扭曲，通过观察或测量前端两角及后端两角的高度，可以判断是否有扭曲现象。因为弹簧弹性弱，所以如果汽车的一角凹陷到接近地面的程度，就应该检查是否有扭曲损伤。当汽车发生滚翻时，也

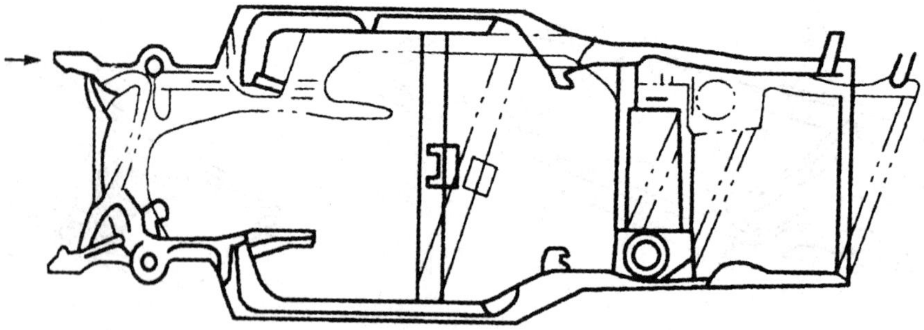

图 5-12 菱形损伤

会有扭曲。

只有非承载式车身汽车才能真正发生扭曲。车架的一角垂直向上变形，对角垂直向下变形，如图 5-14 所示，从一侧观察，能看到两侧纵梁在中间处交叉。

承载式车身的扭曲损伤是前部和后部元件发生相反的凹陷。例如，右前侧向上凹陷，左后侧向下凹陷，左前侧向下凹陷而右后侧向上凹陷。要区别车架扭曲和车身扭曲，因为它们的修理方法和修理工时是不同的。对于承载式车身车而言，在校正每一端的凹陷时应对汽车的拉伸修理进行评估；对于非承载式车身汽车，需要进行前沿的拉伸修理和后端的拉伸修理；必要时，要进行车身或车架全面校正。

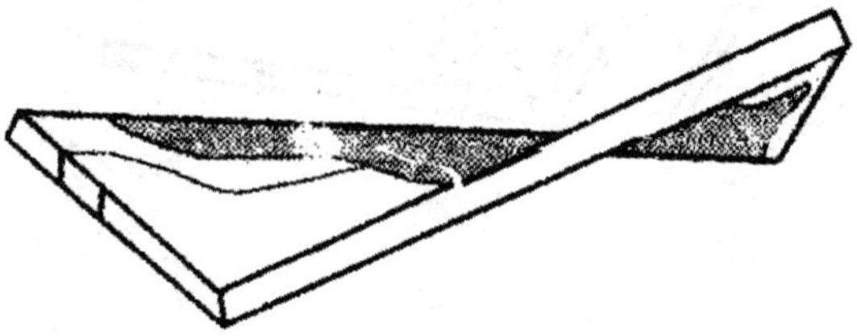

图 5-13 扭曲损伤示意图

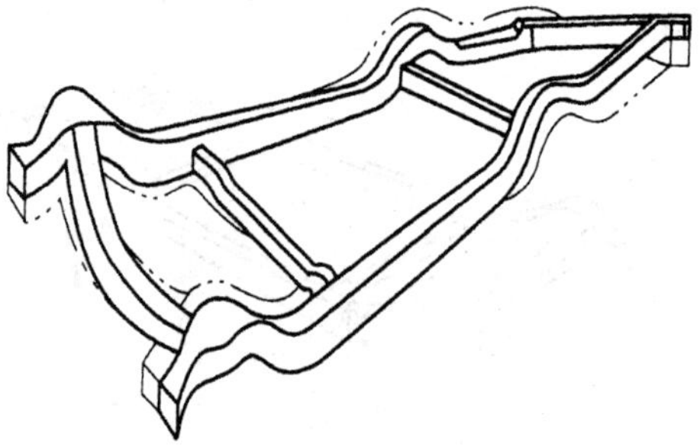

图 5-14 车架扭曲损伤

5.2 典型事故车的鉴定评估

5.2.1 碰撞事故车的鉴定评估

1. 正面碰撞损伤鉴定评估

汽车正面碰撞的事故很多，即使一个小的追尾，保险杠也会向后移动，中度正面碰撞会使保险杠支架、散热器框架、前翼子板、前纵梁弯曲。如果冲击力再大，前翼子板将接触前车门，前纵梁在前悬架横梁处产生折皱损伤。如果冲击力非常大，车身 A 柱（特别是汽车前门上部的铰链安装结构）将会弯曲，这将引起前车门的脱落、前纵梁折皱、前悬架横梁弯曲、仪表板和车身底板弯曲并吸收能量。

如果正面碰撞是以一定角度碰撞的，以前横梁的接触点为轴，向侧面和垂直方向弯曲。因为左右纵梁是通过横梁连接的，汽车碰撞时冲击力从碰撞接触点通过前横梁传递到汽车另一侧纵梁上引起变形。评估检查要注意类似间接损伤的影响，检查重点包括以下内容。

1）前保险杠及吸能装置

（1）检查保险杠是否有打磨、焊接、喷漆的迹象，检查保险杠与前照灯、翼子板等零件的配合间隙是否均匀，进而判别是否有过事故。

（2）钢制保险杠可用碰撞修复设备校正和修复。镀铬保险杠损伤时，应予以更换。

（3）铝制保险杠轻微碰撞时可被校正，中度以上的碰撞多以更换修复为主。轻微刮伤的铝制保险杠可以经抛光来恢复铝面的光泽。

（4）保险杠饰条破损以换为主；保险杠固定脚、表面轻微开裂可用塑料焊机修复；保险杠表面轻微变形但无折皱时，可用加热方法恢复变形部位。

保险杠常见的可维修损伤类型有凹陷、轻微刮伤、轻微裂纹（长度小于100 mm）、穿孔等，如图5－15所示。维修凹陷损伤的一般工艺流程如下。

首先清洗、干燥待修部位，用热风吹风机加热凹坑部位，直至可用合适的工具压平凹坑。用P120砂纸或金刚砂纸打磨凹坑区域，然后用清洗剂清洗维修部位，晾干5 min。涂一层薄薄的黏结剂，晾干10 min，用黏结剂填充不平表面，用抹刀抹平，用红外线灯加速固化（将温度调至60～70℃，时间调为15 min）。用P120砂纸打磨凹坑部位，去除灰尘磨屑，涂一层薄薄的黏结剂，晾干10 min，最后按油漆维修手册要求恢复漆面。轻微擦伤、裂纹、孔洞可参考以上维修方法。

检查时，应该注意检查吸能器的固定轴和固定板是否弯曲，橡胶垫是否撕裂。当固定轴出现弯曲或者橡胶垫脱离安装位置时吸能器就必须予以更换。

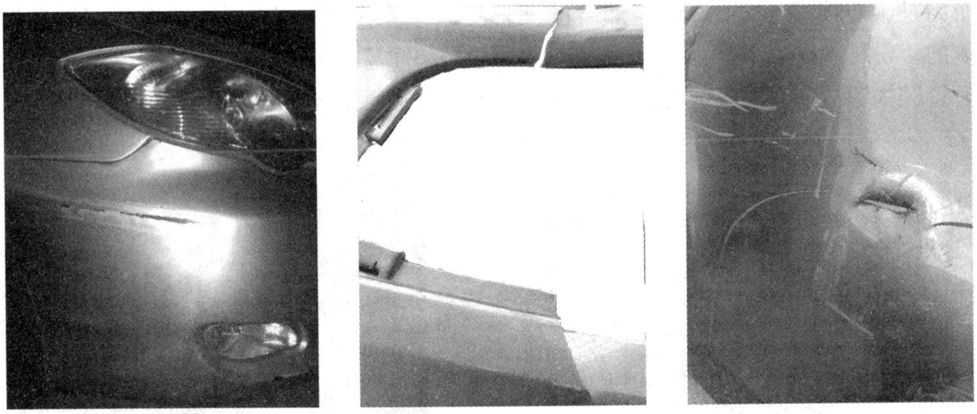

图5－15　保险杠损伤

2）散热器支架

散热器支架一般焊接在前翼子板和前横梁上形成车辆前板，如图5－16所示。在一些非承载式车身结构的车辆中，散热器支架用螺栓固定在翼子板、车轮罩和车架总成上，除了提供前部钣金件的支承外，也支撑散热器以及相关冷却系统零部件。

散热器支架损伤修复可由普通校正设备和技术进行校正，如果支架部分损伤，只需更换相应损伤部件。当散热器支架严重变形时，应整体更换。

检查时，仔细观察散热器支架是否经过维修，检查散热器支架两端的密封是否完好，标牌是否完好。如果密封剂、漆面有维修痕迹，意味该车前部有过碰撞损伤。

3）发动机罩

检查发动机罩与两侧翼子板之间的缝隙是否均匀，检查内、外板及外部边缘减震胶是否均匀。如果密封剂、漆面有维修痕迹，意味该车发动机罩有过碰撞损伤。铁质发动机罩根据损伤变形程度不同可选择钣金修理法修复或整体更换；铝质发动机罩通常产生较大的塑性变形就需更换。铰链轻微损伤时可以修理，缆索损伤以更换为主。撑杆有铁质撑杆和液压撑杆两种，铁质撑杆可通过校正修复，液压撑杆撞击变形后需更换。

4）前翼子板

检查翼子板紧固螺钉是否有维修过的痕迹，检查其表面腰线是否规整。用手指轻轻敲击表面，判别是否有打磨迹象。如果声音浑厚为进行过打磨、喷漆。钢制翼子板变形后可经过钣金校正修复；玻璃纤维和塑料翼子板上的小孔和裂纹，可用玻璃纤维修补剂修复。

5）前纵梁

前纵梁是前部最重要的结构件，影响乘客的安全性及关键部件的安装尺寸。发生碰撞出现弯曲，以拉伸校正为主。经拉伸后如严重开裂应进行更换。可根据不同损伤程度截取更换。检查时要仔细查看前纵梁是否有钣金、喷漆迹象，如果有，说明维修过。

2. 侧面碰撞损伤鉴定评估

1）车门

汽车侧面受到碰撞时，常常会导致车门、车身中柱，甚至车身底板都会发生弯曲变形，车门检查时，要多次开关车门，听声音，判断车门密封性，并根据四个车门的声音是否一致，判断车门是否更换过；检查车门与车身的配合间隙，如果间隙较大说明该车门有过事故。检查玻璃的年份标签是否和车本身生产年份一致，如果车辆年份与玻璃年份差别比较大，说明该车有过较大事故，玻璃曾经更换过。图 5－17 为某辆朗逸车的侧窗玻璃标志。

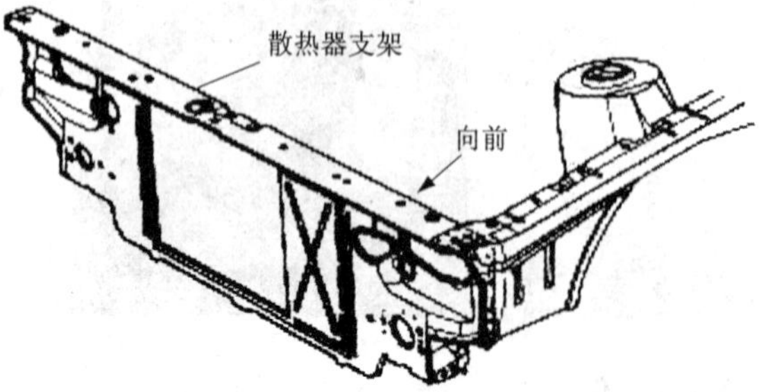

图 5－16　散热器支架

图 5－17　朗逸车的侧窗玻璃标志

车门外板件变形可采用吸盘、撬杆、整形机等钣金工具进行修理。如果损伤严重，车门外面板能单独更换；车门上的防擦饰条拆解后可利用两面胶进行二次黏结；车门框产生塑性变形应更换；车门维修后要检查密封性及降噪等方面的性能，即车门开关灵活，运动自如；具有足够乘员上下车的开度，车门开关应有轻度的节制，能在最大开度和中间开度的位置上停稳，轿车车门开度一般在60°～70°范围内，并能保证在倾斜路面上车门也能够顺利开启。车门在锁止时，不得因振动、碰撞而自动开启，在希望开启时，又很容易打开；应有足够的强度和刚度，不允许因变形、下沉而影响到车门开关的可靠性；在关门时不得有敲击声，行驶时不允许产生振动和噪声；应有良好的密封性，雨、雪不能从车门缝隙中进入车内，并能把灰尘和泥水挡在车外。

2）前围板及仪表板损伤评估

汽车的前围板和仪表板通常焊接在前底板、左右车门槛板和前门铰链立柱上。在采用承载式车身的车辆上，轮罩和前纵梁也焊接在前围板上。当车辆A柱侧面受到严重撞击时会造成前围板损伤。

前围板和仪表板重度损伤可在原厂接缝处进行拆卸和更换，但更换及维修比较复杂。评估前围板及仪表板总成更换工时应考虑如下作业时间：仪表板的拆卸和安装；风窗玻璃的拆卸和安装；翼子板的拆卸和安装；车门的拆卸和安装；松开汽车衬里的前边缘；空调和暖风装置零件的拆卸和安装；车顶纵梁嵌条的拆卸和安装。

仪表板总成安装在前围板上的仪表板上，是车身附属设备中最重要的组成部分之一。仪表板多采用塑料件为框架，将各部件组装到框架上后，再用螺栓固定到车身上。检查仪表台紧固是否松动，位置是否正确。

3）A柱

A柱是指前门铰链立柱和风窗玻璃立柱的统称，包括内、外板件。内、外板件焊接在一起形成牢固紧凑的结构。车辆A柱损伤无法通过校正维修时可通过切割、分离，再将配件焊接在此位置上的方法维修。通常在维修手册中提供能切割的部位，切割时，必须按要求进行，而且不能对车辆的整体结构造成损伤。奥迪A8的A柱切割部位如图5－19所示。

对二手车鉴定评估时，可将车门内口密封胶条掰开，观察是否有维修过的痕迹。

4）B柱

B柱又叫中柱，通常B柱由内板件和外板件组成，焊接在车门槛板、底板和顶盖纵梁上，形成一个紧凑的结构。B柱不仅为车顶盖提供支撑，而且为前门提供门锁接触面，又作为后门门柱。

B柱被碰撞而严重变形时，应进行更换。更换B柱前，通常在车顶盖下沿处切割B柱。切割部位在维修手册中可找到，如图5－20所示为奥迪A8的B柱切割示意图。当B柱和车门槛板同时毁坏时，一般把B柱和车门槛板作为总成进行更换。损伤评估时，要考虑B柱的切割和焊接作业工时，同时要考虑拆除后车门、前座，松开汽车衬里，卷起垫子和地毯、B柱饰件、车门密封条拆卸和安装等工时，以及抗腐蚀材料费用及防腐处理工时等。

5）车门槛板

车门槛板通常由内、外板件组成，是承载式车身重要的结构组成部分，其外形结构及断面如图5－21所示。在一些车辆上，外板件被直接焊接在底板上。它为驾驶室底板提供支撑。承载式车身车辆的车门槛板由高强度钢板制成，其两侧经电镀处理，以提高其抗腐蚀能力。

车门槛板碰撞严重变形时，应进行更换。内、外车门槛板可以单独更换，也可整体更换。更换时，先进行切割，再进行焊接，车门槛板在立柱之间被切割，完成所有焊接后，要进行防腐处理。

损伤评估时要考虑防腐材料的费用。对二手车进行鉴定评估时，可将门槛内口密封条掰开，或将门槛板内饰板拆开，观察各个焊缝隙的密实度等焊接质量是否一致，是否有重新喷过油漆的痕迹，如果有，说明维修过，该车发生过事故。

※知识拓展※

汽车玻璃标志中的含义

如图5－18所示为某一汽车玻璃标志。

图5－18　汽车玻璃标志

其含义如下：

①汽车的品牌。

②中国强制3C认证。

③汽车玻璃配套厂家的品牌，图中为福耀。

④汽车玻璃生产厂家编码，图中E000137代表的是福耀集团长春有限公司。

⑤图中的E代表着欧盟的标志认证，4代表荷兰。

⑥DOT及后边的数字则代表美国交通部DOT认证代码。

⑦LAMINATED是玻璃的种类，意思是夹层玻璃。如果是TEMPERED就代表是钢化玻璃。

⑧··8代表着该玻璃的生产日期，8代表年份，表示是2008年生产，··代表的是月份，点在数字前就意味着是上半年，在后就是下半年，几个点就代表着是向前或向后几个月，在前就用“7减去点数”，在后就用“13减去点数”。图中的··8正确的意思是2008年5月份生产。学会读取玻璃的生产日期在你购买二手车时很重要，正常情况下全车玻璃的生产日期接近，如果每块玻璃的生产日期都不一样，说明该车肯定有些问题，翻过车都有可能。

3. 后面碰撞损伤鉴定评估

汽车后面受到碰撞时，如果碰撞冲击力较小，后保险杠、后围板、车尾、行李箱盖和车身底板会变形；如果碰撞冲击力较大时，后翼子板、后纵梁等将会压溃。检查方法与前面损伤鉴定类似。

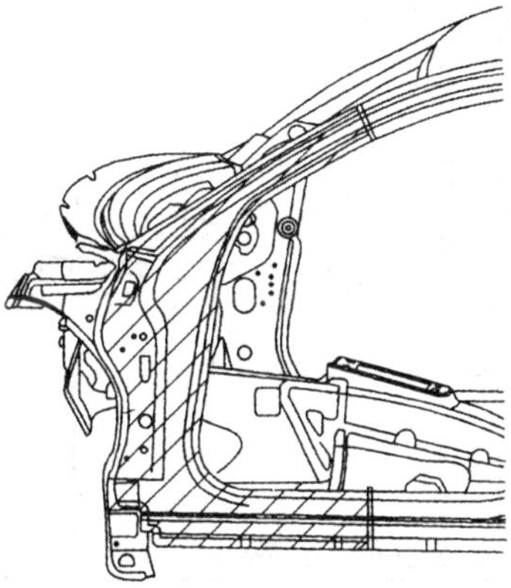
图 5－19 奥迪 A8 的 A 柱切割部位

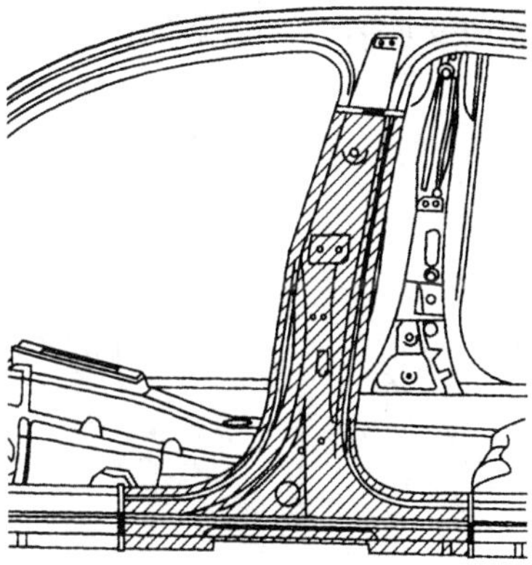
图 5－20 奥迪 A8 的 B 柱切割示意图

4. 车身变形的测量

碰撞损伤汽车车身尺寸的测量是做好碰撞损失评估的一项重要工作，准确地测量承载式车身尺寸，对于确定其损伤鉴定是非常重要。转向系和悬架大都装配在车身上，齿轮齿条式转向器通常装配在车身或副梁上，与转向臂固定，车身的变形直接影响到转向系中横拉杆的定位尺寸，绝大多数汽车的主销后倾角和车轮外倾角是不可调整的，只能通过与车身的固定装配来实现，车辆悬架座的变形直接影响到汽车的主销后倾角和车轮外倾角。发动机、变速器及差速器等也被直接装配在车身或车身构件支承的支架上。车身的变形还会使转向器和悬挂变形，或使零部件错位，而导致转向操作失灵，传动系的震动和噪声加大，为保证汽车正确的转向及操纵性能，关键定位尺寸的公差必须不超过 3 mm。

1）车身的扭曲变形测量

要修复车身碰撞产生的变形，撞伤部位的整形应按撞击的相反方向进行，修复顺序也应与变形的形成顺序相反。因此，检测也应按相反的顺序进行。

测量车身变形时，应记住车身的基础是它的中段，所以应首先测量车身中段的扭曲和方正状况，这两项测量将告诉汽车评估人员车身的基础是否周正，然后才能以此为基准对其他部位进行测量。

扭曲变形是最后出现的变形，因此应首先进行检测。扭曲是车身的一种总体变形。当车身一侧的前端或后端受到向下或向上的撞击时，另一侧变形就以相反的方向变形。这时，就会呈现扭曲变形。

扭曲变形只能在车身中段测量，否则，在前段或后段的其他变形导致扭曲变形的测量数据不准确。为了检测扭曲变形，必须悬挂两个基准自定心规，它们也称作 2 号（前中）和 3 号（后中）规。2 号规应尽量靠近车体中段前端，而 3 号规则尽量靠近车体中段的后端。然后相对于 3 号规观测 2 号规。如果规平行，则说明没有扭曲变形，否则说明可能有扭曲变形。注意，真正的扭曲变形必须存在于整个车身结构中。当中段内的两个基准规不平行时，要检测是否为真正的扭曲变形时，通常再挂一个量规。应走到未出现损伤变形的车身段上，把 1 号

(前)或4号(后)自定心规挂上。这个自定心规应相对于靠其最近的基准规来进行测量，即1号规相对于2号规，而4号规相对于3号规观测。如果前(或后)量规相对于最靠近它的基准规观测的结果是平行的，则表示不存在真正的扭曲变形，而只是在中段失去了平行。当存在真正的扭曲变形时，各量规将呈现出如图5－22所示的情形。

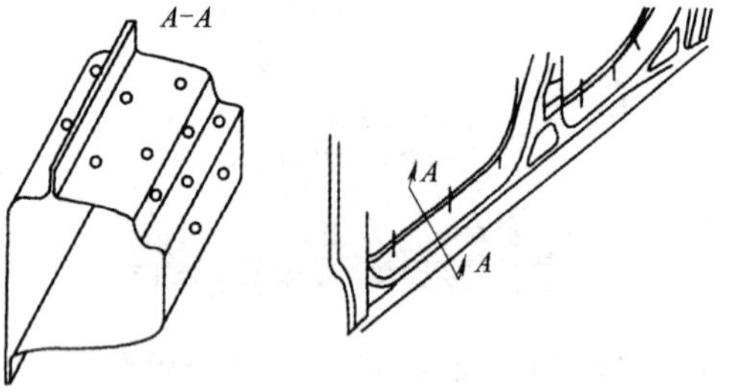

图5－21 车门槛板及断面结构

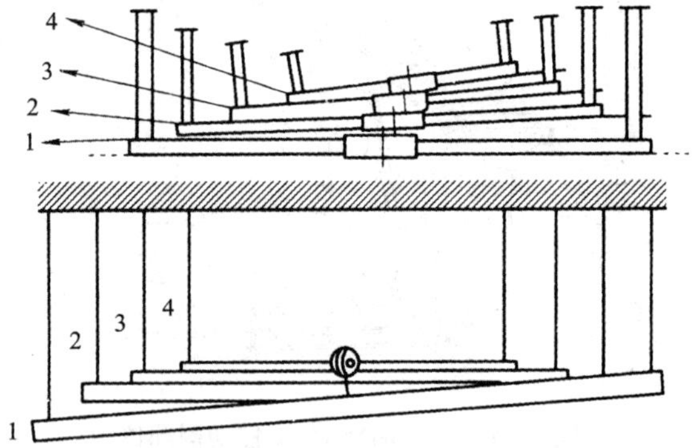

图5－22 车身扭曲时各个自定心规呈现出的状态

2)车身前部的尺寸测量

图5－23所示为典型的承载式结构车身前部的控制点和定位尺寸。通过测量图中所标位置的尺寸和出厂车身尺寸来判断碰撞产生的变形量。最常用的方法是上部测量两悬架座至另一侧散热器框架上控制点的距离是否一致；下部测量前横梁两定位控制点至另一侧副梁后控制点的距离是否一致。通常检查的尺寸越长，测量就越准确。如果利用每个基准点进行两个或更多个位置尺寸的测量，就能保证所得到的结果更为准确，同时还有助于判断车身损伤的范围和方向。

3)车身侧围的测量

图5－24所示为典型的车身侧围的控制点和定位尺寸。通常汽车左右都是对称的，利用车身的左右对称性，通过测量可以进行车身挠曲变形的检测，但这种测量方法不适用于测量车身的扭曲变形和左右两侧车身对称受损的情况。

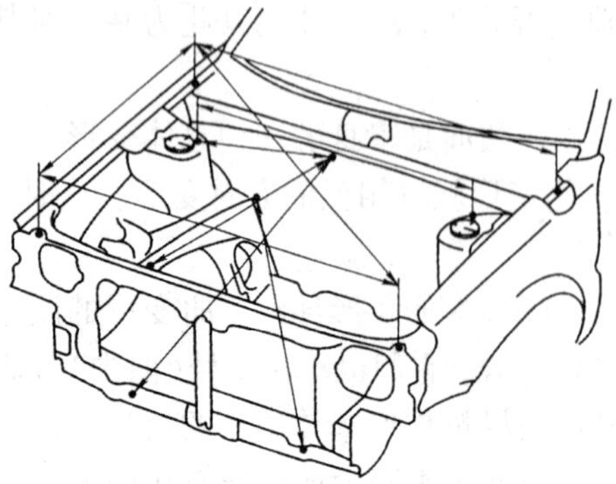

图5－23 前部车身上的测量点

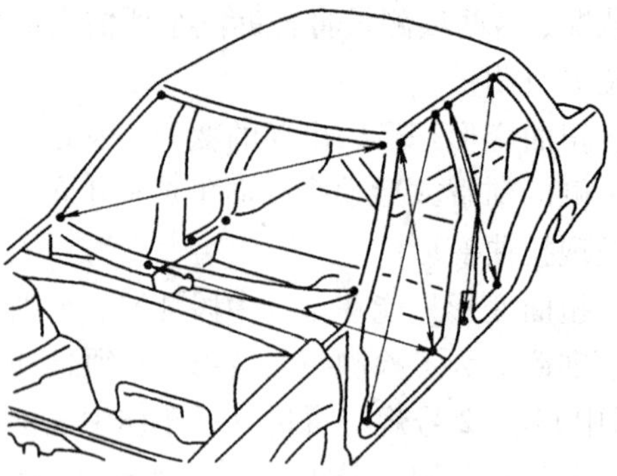

图5－24 车身侧围上的测量点

4）车身后部的测量

后部车身的变形大致上可通过行李箱盖开关的灵活程度，以及与行李箱的结合的密封性来判断。检查后挡风玻璃是否完好，后挡风玻璃与挡风玻璃框的配合间隙左右、上下是否合适，也是判断车身后部是否变形的常用手段。

5.2.2　水泡事故车的鉴定评估

车辆在水泡后外观上没有太大变化，但水泡后操作或维修不当致使发动机损坏、电控系统损坏的情形很常见。浸泡数日的汽车不但维修费用很高，而且以后还会经常出现许多故障。因此，掌握水泡车的鉴别技巧和方法，对准确评估二手车有很大的作用。

1. 水泡车的鉴别方法

在二手车市场里，辨认是否是水泡车通常很难，下面是鉴别水泡车的技巧。

（1）检查行李箱、杂物箱、仪表板以及座椅下是否有污水毁坏的印迹，比如死角里是否存有淤泥、泥浆印迹或生锈。

（2）检查内饰和地板，如果有不匹配或松动，很可能是被更换掉的，而且变色、染色或褪色的材料通常有水浸泡的痕迹。

（3）转动点火钥匙，确保各相关配件、警告灯和仪表工作正常，并确保安全气囊和 ABS 指示灯工作正常。

（4）应多试验几次电源和电子设备工作情况，例如内室和外部的灯、窗户、车门锁、收音机、点烟器、加热器和空调等是否正常工作。

（5）检查仪表板下边的电线是否有龟裂。如果电线被水浸泡数日后，即使自然风干的，其表层的塑料皮会比较脆，同时有稍许变色；如果是烘干的，该处线束的柔韧性要比仪表控制台上部线束的差。

（6）检查驾驶室、行李舱内是否可以闻到发霉的气味。

（7）将安全带完全拉出，仔细检查是否有染色或褪色等水泡的痕迹。

上述检查方法是水泡车的简易检查方法。被水浸泡数日的汽车维修费用很高，而且以后还会经常出现各种各样潜在的故障，收购二手车时要特别警惕。

2. 规避水泡车风险

对于普通消费者，判别水泡车是很难的事情。如果不幸从个人处购买到水泡车，也很难通过合同约定进行索赔。消费者购买二手车，除了寻求专业人士陪同外，选择有信誉的商家甚为关键。并且在购买合同上，注明“非水泡车”等条款必不可少，为此，购买或收购二手车时应注意以下的提醒。

（1）是否签订了有问题车的合同。目前，部分省份的工商部门推荐使用的二手车买卖合同上，有明确披露是否事故车一项，包括泡水、严重撞击、火烧、发动机改动都属必须申报之列。合同还规定了违约责任，如果经销商隐瞒事故车，消费者不但有权终止买卖，还可以要求经销商赔偿相关损失。如果条款未能涉及该条款，应附加相应条款。

（2）是否选择了品牌二手车商家。目前二手车市场活跃着大量的个人经纪。这些经纪在一些二手车市场临时租赁一个小的摊位。车主在发现车辆出现质量问题后，想要求索赔，对方早已人去楼空。因此，购买二手车时，要选择有规模的商家，降低购买问题车的风险。

（3）对特价二手车应多加警惕。据了解，不少准备购买二手车的车主，普遍都在二手车车行留有联系方式。消费者对于车行的“便宜车”，应多加警惕，避免购买到问题车。

5.2.3 火灾事故车的鉴定评估

汽车火灾损失令人触目惊心，无论是什么原因导致的起火燃烧，都会使车主及周边的人措手不及。即使扑救及时，汽车也会被烧得满目疮痍。如扑救不及时，整个汽车转眼之间就会烧毁。若在行驶中起火，还会给驾乘者造成严重的人身伤害。汽车起火原因与损失结果息息相关，所以要了解汽车火灾损失规律，无论对车主还是评估人员都具有十分积极的意义。

1. 车辆火灾类型

按照起火原因，汽车火灾可以分为自燃、引燃、碰撞起火、雷击和爆炸五种类型。

1）自燃

自燃是指在没有外界火源的情况下，由本车电器、线路、供油、机械系统等车辆自身故障或所载货物起火燃烧。汽车自燃的原因如下：

（1）供油系统。严重的汽车自燃一般都是燃油系统出现问题，燃油的泄漏可以说是引发严重汽车自燃的罪魁祸首，油箱中泄漏出来的汽油是汽车上最可怕的可燃物。漏油点大多集中在管件接头处、油管与车身易摩擦处、油管固定部位与非固定部位的结合处等薄弱地方。

无论是行进中还是停驶时，汽车上都可能存在火源，如点火系产生的高压电火花、蓄电池外部短路时产生的高温电弧、排气管排出的高温废气或喷出的积炭火星等，当泄漏的燃油遇到了火花，就会造成火灾。

安装于发动机室内的汽油滤清器距缸体及分电器很近，因汽油滤清器经常更换，接头处极易出现泄漏现象，一旦燃油泄漏，混合气达到一定的浓度，只要有明火出现，自燃事故将不可避免。

对汽油发动机来说，可燃混合气的比例调节不当（过稀或过浓）会产生化油器回火或排气管放炮的现象，甚至排出火星，引发火灾。另外，化油器式的汽车有时会出现供油系统工作不良的现象。个别驾驶人为省事，采用人工方法向化油器直流供油。此时一旦发生化油器回火，势必导致汽车起火。

电喷发动机喷油器清洗后密封圈必须更换，个别维修厂为微小的利益重复使用喷油器密封圈，常常引发汽车火灾。

采用柴油发动机的汽车，有时冬季会出现供油管路冻结现象。为了解决问题，某些驾驶员会在油箱外用明火烘烤，极易引起火灾。

（2）电器系统。

①高压漏电。发动机工作时，点火线圈自身温度很高，有可能使高压线绝缘老化、龟裂，导致高压漏电；另外，高压线脱落引起跳火也是高压漏电的一种常见形式。由于高压漏电是对准某一特定部件持续进行的，必然引发漏电处的温度升高，遭遇了油泥等可燃物就会引发火灾，定期清洁发动机可有效预防此类火灾的发生。

②低压短路。低压线路老化、过载或磨损搭铁漏电是引发汽车自燃事故的另一主要原因。由于搭铁处会产生大量的热，如果与易燃物接触，便会导致起火。

私自改装导致个别线路用电负荷加大。如加装高档音响、增加通信设备、加装电动门窗、添加空调等，如未对整车线路布置进行分析及功率复核，火灾在所难免。

③接触电阻过大。线路接点不牢或触点式开关接触电阻过大等，会使局部电阻加大，长

时间大电流通电时发热引起可燃材料起火，蓄电池电源线与起动机的连接螺钉松动极易引发火灾。

④点火顺序错乱。点火提前角过早、过晚或者点火顺序错乱会造成车辆加速无力，如急剧加油则会出现回火、放炮现象，有时会造成汽车火灾。

⑤加大熔丝容量。在汽车电路维修中，有随意加大熔丝容量的现象，更有甚者用铜线代替熔丝，看似简单的问题，有时会酿成大祸。由于熔丝无法断开，线路短路便会引发火灾。

(3)机械系统。汽车的相关部件因汽车超载而处于过度疲劳和过热状态，一旦超过疲劳极限，就有可能发生自燃。

制动系统工作时制动蹄片上的摩擦片与制动鼓或制动盘之间的摩擦产生大量的热量。如果汽车超载行驶，频繁的制动会使产生的热量更多。聚集的热量就会将润滑脂或制动液点燃。另外，长时间高强度的制动，也会造成制动鼓过热，制动鼓随之又将热量传导到附近可燃物，增加了自燃的可能性。

近年来，高速路上轮胎过热起火现象较为常见。轮胎摩擦过热有几种情况：一是气压不足，二是超载，三是气压不足与超载的综合效应。这些情况都会造成轮胎的侧壁弯曲。轮胎弯曲所产生热量的速度要比机动车行驶中散发热量的速度快得多，其结果是侧壁的温度升高。将侧壁纤维与橡胶材料的结构破坏，所形成的分离又加剧了松散线绳与橡胶间的摩擦，从而产生了更多的热量。聚积的热量会很快使侧壁的温度上升而造成自燃。轮胎起火以在高速公路上行驶的超载载货车辆居多。对于货车或拖挂车上的双轮胎来说，则危险性更大。当两个轮胎中有一个气压不足时就会发生这种现象，原因是由于相邻的轮胎承受了双倍载荷而形成过载，因此导致了轮胎的摩擦过热。

(4)其他。排气管上的三元催化转化器温度很高，且安装位置较低。如果停车时恰巧将其停在麦秆等易燃物附近，会引燃可燃物。

如果驾驶人夏季将汽车长时间地停放在太阳下暴晒，会将车内习惯性放置在前窗玻璃下的一次性打火机晒爆，如果车内恰巧有火花(如吸烟、正在工作的电器设备产生的电火花、破损的仪表火线等)，就会引燃车内的饰品。

2)引燃

引燃是指汽车被其自身以外的火源引发的燃烧。建筑物起火引燃、周边可燃物起火引燃、其他车辆起火引燃、被人为纵火烧毁等，都属于汽车被引燃的范畴。

3)碰撞起火

当汽车发生追尾或迎面撞击时，由于基本不具备起火的条件，一般情况下不会起火。只有当撞击后导致易燃物(如汽油)泄漏且与火源接触时，才会导致起火。如果一辆发动机前置的汽车发生了较为严重的正面碰撞，散热器的后移有可能使油管破裂，由于此时发动机尚处于运转状态，一旦高压线因脱落或漏电引起跳火，发生火灾的可能性就很大。

当汽车因碰撞或其他原因导致翻滚倾覆时，极易发生油箱泄漏事件，一旦遇上电火花或摩擦产生的火花，就会起火爆炸。

4)雷击

在雷雨天气里，露天停放的汽车有可能遭遇雷击。由于雷击的电压非常高，完全可以使正在流着雨水的车体与地面之间构成回路，从而将汽车上的某些电气电子设备击穿(如车用电脑)，严重者可以引起汽车起火。

5)爆炸

车内违规搭载的爆炸物品(如雷管、炸药、烟花、鞭炮)极易引发爆炸及火灾。

2. 火灾车的鉴别方法

在二手车市场里，辨认是否是火灾车通常很难，在这里介绍几点鉴别火灾事故车技巧。

(1)检查发动机室内外是否有新近喷漆痕迹，检查发动机室死角是否有熏黑的迹象。

(2)检查发动机室线束是否有更换迹象，检查发动机罩保温板是否异常新。

(3)检查发动机电器件是否有大量更换迹象。

(4)检查驾驶室内饰是否有整体大量更换迹象，线束是否有更换迹象。

(5)检查行李舱内饰是否有整体大量更换迹象，线束是否有更换迹象。

由于火灾事故车的车身强度有很大下降，故障率很高，其价格影响很大，所以，收购二手车要特别警惕火灾车辆。

【思考与练习】

一、名词解释

1. 间接损伤　2. 侧弯　3. 凹陷　4. 折皱　5. 菱形损伤

二、填空题

1. 汽车碰撞后的损伤程度与______、____、______、______等很多因素有关。

2. 冲击力可以分解成分力，通过________向不同方向分散。

3. 冲击力造成的损坏取决于______与______相互间的位置、角度及方向。

4. 当发生碰撞事故时，驾驶员的第一反应是________，第二反应是__________。

5. 当发生碰撞事故时，驾驶员试图踩制动踏板，汽车进入制动状态，使汽车从前沿向下俯冲。如果碰撞点高于汽车的前沿，将引起前罩板件和车顶盖____移动及汽车尾部____移动。如果碰撞点的位置低于汽车的前沿，汽车的车身质量将引起汽车的尾部______变形，迫使车顶盖____移动，在车门的前上部和车顶盖之间形成一个大缝隙

6. 从工件两边加工一个半环形凹槽，当工件两边受拉力时，将在____形成应力集中。

7. 承载式车身汽车，利用__________来控制纵梁和前翼子板上部加强件的应力集中，这些结构的变化是采用______________，它们可非常有效地________________。

8. 汽车碰撞损伤按碰撞损伤行为不同可分为________和________两种。

9. 间接损伤程度取决于________和______以及______________。

10. ________也称一次损伤，是指汽车碰撞直接接触点部位的损伤。

11. 直接损伤一般采用________、________或________的方法进行修理，

12. 间接损伤按________可分为侧弯、凹陷、折皱或压溃损伤、菱形损伤和扭曲等。

13. 保险杠常见的可维修损伤类型有____、______、______、________。

14. 按照起火原因，汽车火灾可以分为__、____、____、____和____五种类型。

15. 引燃是指汽车被______的火源引发的燃烧。常见的引燃形式有________________、______________、____________、______________等。

三、判断题

(　　)1. 在汽车碰撞过程中，碰撞冲击力的方向总是与某点冲击力的特定角度相关。

(　　)2. 冲击力可以通过汽车构件向不同方向分散。

(　　)3. 冲击力指向汽车的质心，汽车不会旋转，大部分能量将被汽车零件所吸收，造成的损坏较轻。

(　　)4. 当发生碰撞事故时，驾驶员的第一反应踩制动踏板。

(　　)5. 在相同的速度和载货量条件下，汽车碰撞的类型不同，损坏的程度也就不同。如果撞击的面积较大，损坏程度就较小。

(　　)6. 在工件的中心加工一个圆形的孔，当工件两边受拉力时，在工件内部不会形成应力集中。

(　　)7. 侧弯通常出现在车辆的前部或后部。

(　　)8. 凹陷损伤可能发生在某一侧，也可能在两侧同时发生。

(　　)9. 凹陷对汽车车架本身的影响并不明显，但是一定的凹陷将破坏汽车车身的钣金件的接合。

(　　)10. 由于碰撞，车辆的一角向上扭曲，另角向下扭曲，通过观察或测量前端两角及后端两角的高度，可以判断是否有扭曲现象。

(　　)11. 只有非承载式车身汽车才能真正发生扭曲。车架扭曲时，一角垂直向上变形，对角垂直向下变形。

四、选择题

1. 关于直接损伤和间接损伤修理的说法正确的是(　　)。

A. 先修直接损伤，后修间接损伤　　B. 先修间接损伤，后修直接损伤

C. 两者同时修　　D. 无修理顺序要求

2. 当造成(　　)损伤时，不但会影响车架纵梁，而且发动机罩、行李舱、乘客舱或货车的地板也可能出现折皱变形，有时还会出现挤压和凹陷损伤现象。

A. 菱形　　B. 侧弯

C. 凹陷　　D. 直接损伤

3. 驾驶员意识到正面碰撞不可避免时，第一反应就是(　　)以避免正面碰撞，这种反应所导致的汽车碰撞发生在侧面，使车辆侧面损坏。

A. 踩制动跳板　　B. 踩离合器跳板

C. 加速通过　　D. 转动转向盘

4. 车架或承载车身上某一段比正常位置低的损伤为(　　)。

A. 菱形　　B. 侧弯　　C. 凹陷　　D. 直接损伤

5. 汽车玻璃标志中的“10…”表示其生产日期为(　　)。

A. 2010 年 10 月　　B. 2010 年 3 月

C. 2010 年 7 月　　D. 2003 年 10 月

五、简答题

1. 间接损伤是如何形成的？决定间接损伤程度的因素有哪些？

2. 如何通过保险杠判断车辆是否发生过事故？保险杠如何维修？

3. 间接损伤按车身或车架损伤结果不同可分哪些类型？

4. 怎样检查翼子板？

六、叙述题

1. 试述水泡车的鉴定方法。
2. 试述火灾车的鉴别方法。
3. 试述车辆火灾的类型及其成因。

模块六　二手车鉴定评估实务

【学习目标】

知识目标

1. 了解二手车鉴定评估机构应具备的条件、职能、特征及地位。
2. 了解二手车鉴定评估师职业概况和国家职业标准。
3. 熟悉二手车鉴定评估作业流程。
4. 掌握查验可交易车辆的方法。

能力目标

1. 会签订二手车鉴定评估委托书。
2. 会判断事故车。
3. 学会撰写二手车鉴定评估报告。

6.1　二手车鉴定评估机构和二手车鉴定评估师

6.1.1　二手车鉴定评估机构

1. 评估机构应具备的条件

二手车鉴定评估机构的设立，除了满足《中华人民共和国公司法》(2013 年修订)的有关规定外，还要满足《二手车流通管理办法》(商务部、公安部、工商总局、税务总局令 2005 年第 2 号)的相关规定。

(1)应当具备独立法人条件，并依法到工商行政管理部门办理登记。

(2)是独立的中介机构。

(3)有固定的经营场所和从事经营活动的必要设施。

(4)有 3 名以上持有二手车鉴定评估师或旧机动车鉴定估价师(2007 年之前取得的)职业资格证书的专业人员，从事二手车鉴定评估业务的专业人员必须具有一定的工作实绩或工作经验。

(5)有规范的公司章程、治安保卫制度、经营管理制度、信誉保证制度及鉴定评估过失赔偿制度。

(6)法律、法规和规章规定的其他条件。

2. 二手车鉴定评估机构设立的程序

(1)申请人向拟设立二手车鉴定评估机构所在地省级商务主管部门提出书面申请，并提交符合《二手车流通管理办法》第九条规定的相关材料。

(2)省级商务主管部门自收到全部申请材料之日起20个工作日内作出是否予以核准的决定，对予以核准的，颁发《二手车鉴定评估机构核准证书》；不予核准的，应当说明理由。

(3)申请人持《二手车鉴定评估机构核准证书》到工商行政管理部门办理登记手续。

(4)外商投资设立二手车交易市场、经销企业、经纪机构、鉴定评估机构的申请人，除应当符合6.1.1项第1条“评估机构应具备的条件”外，还应具备《外商投资商业领域管理办法》、有关外商投资法律规定的相关材料，并向省级商务主管部门提出申请。省级商务主管部门进行初审后，自收到全部申请材料之日起1个月内上报国务院商务主管部门。合资方中有国家计划单列企业集团的，可直接将申请材料报送国务院商务主管部门。国务院商务主管部门自收到全部申请材料3个月内会同国务院工商行政管理部门，作出是否予以批准的决定，对予以批准的，颁发或者换发《外商投资企业批准证书》；不予批准的，应当说明理由。申请人持《外商投资企业批准证书》到工商行政管理部门办理登记手续。

3. 评估机构的职能

1)评估职能

二手车鉴定评估机构对二手车进行评估，得出评估结论，并说明得出结论的充分依据和推理过程，体现出其评估职能。评估职能是二手车鉴定评估机构的关键职能。

2)公证职能

二手车鉴定评估机构可以对二手车评估结论作出符合实际的、可以信赖的证明，所以二手车鉴定评估机构具有公证职能。

(1)这种公证职能虽然不具备定论作用，但却有促成事件结案、买卖成交的作用。

(2)这种公证职能虽然不具备法律效力，但该结论可以接受法律的考验。所以二手车鉴定评估机构可以接受委托方的委托出庭辩护，甚至可被聘请为诉讼代理人出庭诉讼，本着对委托方特别是对评估报告负责的原则，促成双方接受既定结论。

3)中介职能

二手车鉴定评估机构作为中介人，从事评估经济活动，并参与相关利益的分配，为当事人提供服务，具有鲜明的中介职能。所以，二手车鉴定评估机构可以以中介人的身份，独立地开展二手车评估，从而得出评估结论，促成双方当事人接受该结论，为当事人提供中介服务，从而发挥其中介职能作用。

4. 评估机构的特征及地位

1)二手车鉴定评估机构的特征

(1)具有经济性。二手车鉴定评估机构通常需通过相关的专业技术人员，接受诸多当事人(如保险公司、车主等)的委托，处理不同类型的二手车评估业务，积累二手车评估经验，提高二手车评估水平，从而帮助当事人降低成本，提高经济效益。

(2)具有专业性。二手车鉴定评估机构的市场定位是向众多当事人提供专业的评估业务。由于对特定的对象(二手汽车)进行评估，而汽车种类繁多，当事人的要求又千差万别，所以，二手车鉴定评估机构比一般的资产评估机构在评估技术方面要更专业，经验要更丰富。

(3)具有中介性。二手车鉴定评估机构作为汽车保险市场、二手车交易市场、汽车碰撞事故双方的中介，易被双方当事人所接受，因而可以缓解当事人双方的矛盾并增大回旋余地，可以说，二手车鉴定评估机构是减少当事人之间摩擦的润滑剂。因此，二手车鉴定评估机构是以获取利润为目标的中介组织。

此外，二手车鉴定评估机构是有具体业务领域的机构，从业人员应具有汽车专业技术知识，还需具有财务、会计、法律、经济、金融、保险等知识。

2)二手车鉴定评估机构的地位

二手车鉴定评估机构的地位是独立的，主要表现在以下几个方面：

(1)二手车鉴定评估机构执行评估业务时，既不代表双方当事人，也不受行政权力等外界因素干扰。

(2)在二手车评估业务过程中，汽车评估执业人员保持着独立的思维方式和判断标准。

(3)估价人员的评估分析和结论具有独立性。

(4)二手车鉴定估价人员具有知识密集性和技术密集性的特征，具有一定的权威地位；但从法律的角度看这种权威地位是相对的。从市场地位而言二手车鉴定估价人员必须坚持独立的立场，无论针对哪一方委托的事务都应做出客观、公平的评判。

6.1.2　二手车鉴定评估师

1.二手车鉴定评估师职业简介

随着我国二手车行业的蓬勃发展，市场对该行业人才的需求日渐高涨，对专业技术人员水平的要求也越来越高。二手车鉴定评估师在原来的国家职业大典中的正式名称是“旧机动车鉴定估价师”，从2007年1月1日起更名为“二手车鉴定评估师”。然而到目前为止，优秀的、具有丰富实践经验的、经过专业技术培训拥有“二手车鉴定评估师”(或原来的名称“旧机动车鉴定估价师”)职业资格证的专业评估人员却很缺乏。汽车4S店、典当行、保险公司、拍卖公司、二手车交易市场等经营主体都需要一大批兼具专业知识技能和丰富经验的二手车鉴定评估师。

我国已对二手车鉴定评估师实行职业资格证书准入制度，按照《二手车流通管理办法》的相关规定，要成立二手车鉴定估价机构必须有3名以上的国家“二手车鉴定评估师”(或“旧机动车鉴定估价师”)。在这个背景下，二手车鉴定评估师更加成为市场稀缺的热门职业之一。但是，现阶段二手车鉴定评估师人才培养的落后与二手车行业的蓬勃发展形成了鲜明的对比，人才缺乏的问题进一步凸现。高级专业人才更是供不应求，不少企业高薪求贤却收效甚微。所以，加强二手车鉴定评估师人才的培训势在必行。二手车鉴定评估师与房地产评估师、资产评估师等同属于国务院批准的六类资产评估职业之一，是资产评估学重要的组成部分。二手车鉴定评估涉及经济管理、财会、金融、市场学、价格学等社会学科方面以及工程技术方面的知识，不仅要求鉴定估价人员有较宽的知识面，而且还要有较丰富的实践经验，其业务素质的高低直接影响着鉴定估价的工作质量。按照人力资源和社会保障部的规定，为提高二手车鉴定评估师人员的素质，统一鉴定评估职业标准，规范二手车鉴定评估行为，对二手车鉴定评估人员进行职业技能鉴定，实行职业资格证书持证上岗制度。截至2016年6月，我国取消了职业资格许可和认定事项共319项，但二手车鉴定评估师仍为行业准入。

为了规范二手车市场秩序，保护消费者合法权益，建立公正、公平的交易环境，规范二手车鉴定评估行为，我国于2013年发布了《二手车鉴定评估技术规范》(GB/T 30323—2013)国家标准。

2. 二手车鉴定评估师职业资格证书的作用

二手车鉴定评估师职业资格证书是合法从事二手车鉴定与估价工作的前提。需要符合国家有关部门关于二手车鉴定估价的特定条件才能合法开展二手车的鉴定与估价业务，取得经营资质的前提，需要相应从业人员具有二手车鉴定评估师职业资格证。今后，随着二手车市场的进一步发展和规范，二手车鉴定评估师职业资格证书将成为进入二手车经营领域的入场券和通行证，其作用主要有：

(1)国家劳动法及《二手汽车流通管理办法》都明确规定二手车估价实行职业资格准入制度，持有二手车鉴定评估师职业资格证书者，才能合法从事二手车估价职业。

(2)注册二手车鉴定公司、二手车评估机构等，必须至少持有3张二手车鉴定评估师职业资格证书，地方工商局才受理核发营业执照。

(3)上述注册的公司在年检、核查时或产生法律纠纷取证时，二手车鉴定评估师职业资格都可作为有效合法的证明和依据。

3. 二手车鉴定评估师职业等级

根据《二手车鉴定评估师国家职业》职业规定，二手车鉴定评估师共设立两个等级，分别为：二手车鉴定评估师(国家职业资格四级)、高级二手车鉴定评估师(国家职业资格三级)。

4. 二手车鉴定评估师的职业素质

二手车鉴定评估师对汽车的定价直接涉及当事人双方的权益，是一项政策性和专业性都非常强的工作。汽车鉴定评估人员的素质高低，对评估结果的质量起着至关重要的影响。二手车鉴定评估师不但要能准确鉴定评估二手车的技术状况，还应掌握国家基本政策理论，应具有较高的业务素质和良好的思想品德。二手车鉴定评估师作为注册资产评估师中的一类，应该遵守中国资产评估协会制定的《资产评估准则——基本准则》和《资产评估职业道德准则——基本准则》。

1)资产评估准则

(1)基本要求

①注册资产评估师执行资产评估业务，应当遵守相关法律、法规和资产评估准则，具有良好的职业道德。

②注册资产评估师执行资产评估业务，应当勤勉尽责，恪守独立、客观、公正的原则。

③注册资产评估师应当经过专门教育和培训，具备相应的专业知识和经验，能够胜任所执行的评估业务。

④注册资产评估师执行资产评估业务，可以聘请专家协助工作，但应当采取必要措施确信专家工作的合理性。

⑤注册资产评估师应当对业务助理人员进行指导，并对业务助理人员工作结果负责。

⑥注册资产评估师执行资产评估业务，采用不同于资产评估准则规定的程序和方法时，不得违背本准则的基本要求，应当确信所采用程序和方法的合理性，并在评估报告中明确说明。

(2)操作准则

①注册资产评估师执行资产评估业务，应当根据业务具体情况履行适当的评估程序。

②评估程序通常包括：明确评估业务基本事项→签订业务约定书→编制评估计划→现场调查→收集评估资料→评定估算→编制和提交评估报告→工作底稿归挡。

注册资产评估师不得随意删减评估程序。

③注册资产评估师执行资产评估业务，应当根据评估目的等相关条件选择适当的价值类型，并对价值类型予以明确定义。

④注册资产评估师应当熟知、理解并恰当运用评估方法。资产评估基本方法包括市场法、收益法和成本法。

⑤注册资产评估师执行资产评估业务，应当根据评估对象、价值类型、资料收集情况等相关条件，分析三种资产评估基本方法的适用性，恰当选择评估方法，形成合理评估结论。

⑥注册资产评估师执行资产评估业务，应当科学合理使用评估假设，并在评估报告中披露评估假设及其对评估结论的影响。

⑦注册资产评估师执行资产评估业务，应当形成能够支持评估结论的工作底稿。

(3)报告准则

①注册资产评估师应当在执行必要的评估程序后，编制并由所在评估机构出具评估报告。

②注册资产评估师应当在评估报告中提供必要信息，使评估报告使用者能够合理理解评估结论。

③注册资产评估师应当根据评估业务具体情况，提供能够满足委托方和其他评估报告使用者合理需求的评估报告。

(4)执业责任

①注册资产评估师执行资产评估业务，应当对评估结论的合理性承担责任。

②遵守相关法律、法规和资产评估准则，对评估对象在评估基准日特定目的下的价值进行分析、估算并发表专业意见，是注册资产评估师的责任；提供必要的资料并保证所提供资料的真实性、合法性、完整性，恰当使用评估报告是委托方和相关当事方的责任。

评估结论不应当被认为是对评估对象可实现价格的保证。

③注册资产评估师执行资产评估业务，应当关注评估对象的法律权属，并在评估报告中对评估对象法律权属及其证明资料来源予以必要说明。注册资产评估师不得对评估对象的法律权属提供保证。

2)资产评估职业道德准则

为规范注册资产评估师职业道德行为，提高注册资产评估师职业道德素质，维护注册资产评估师职业形象，制定本准则。注册资产评估师执行资产评估业务，应当遵守本准则。注册资产评估师执行与价值估算相关的其他业务，可以参照本准则。注册资产评估师应当指导业务助理人员和专家遵守本准则。

(1)基本要求

①注册资产评估师应当诚实正直，勤勉尽责，恪守独立、客观、公正的原则。

②注册资产评估师执行资产评估业务，应当遵守相关法律、法规和资产评估准则。

③注册资产评估师应当维护职业形象，不得从事与注册资产评估师身份不符或可能损害职业形象的活动。

④注册资产评估师执行资产评估业务，应当独立进行分析、估算并形成专业意见，不受

委托方或相关当事方的影响，不得以预先设定的价值作为评估结论。

⑤注册资产评估师执行资产评估业务，应当合理使用评估假设，并在评估报告中披露评估假设及其对评估结论的影响。

⑥注册资产评估师应当在评估报告中提供必要信息，使评估报告使用者能够合理理解评估结论。注册资产评估师不得出具含有虚假、不实、有偏见或具有误导性的分析或结论的评估报告。

⑦注册资产评估师应当遵守保密原则，除法律、法规另有规定外，未经委托方书面许可，不得对外提供执业过程中获知的商业秘密和业务资料。

⑧注册资产评估师不得采用欺诈、利诱、强迫等不正当手段招揽业务。

⑨注册资产评估师不得利用执业便利为自己或他人谋取不正当利益。

⑩注册资产评估师应当在资产评估机构执业，不得以个人名义执业，也不得同时在两家或两家以上评估机构执业。

⑪注册资产评估师执行资产评估业务，应当形成能够支持评估结论的工作底稿，并按有关规定管理和保存工作档案。

⑫注册资产评估师不得签署本人未参与项目的评估报告，也不得允许他人以本人名义签署评估报告。

⑬注册资产评估师应当接受中国资产评估协会的管理，履行中国资产评估协会规定的义务。

（2）专业胜任能力

①注册资产评估师应当经过专门教育和培训，具备相应的专业知识和经验，能够胜任所执行的评估业务。

②注册资产评估师应当接受后续教育，保持和提高专业胜任能力。

③注册资产评估师应当如实声明其具有的专业胜任能力和执业经验，不得对其专业胜任能力和执业经验进行夸张、虚假和误导性宣传。

④注册资产评估师执行资产评估业务，可以聘请专家协助工作，但应当采取必要措施确信专家工作的合理性。

（3）与委托方和相关当事方的关系

①注册资产评估师与委托方或相关当事方之间存在可能影响注册资产评估师公正执业的利害关系时，应当予以回避。

②注册资产评估师执行资产评估业务，不得对委托方和相关当事方进行误导和欺诈。

③注册资产评估师应当履行业务约定书中规定的义务，竭诚为委托方服务。

④注册资产评估师不得向委托方或相关当事方索取约定服务费之外的不正当利益。

⑤注册资产评估师应当与委托方进行必要沟通，提示评估报告使用者合理理解并恰当使用评估报告，并声明不承担相关当事人决策的责任。

（4）与其他注册资产评估师的关系

①注册资产评估师在执行资产评估业务过程中，应当与其他注册资产评估师保持良好的工作关系。

②注册资产评估师不得贬损或诋毁其他注册资产评估师。

③注册资产评估师不得以恶意降低服务费等不正当的手段与其他注册资产评估师争揽

业务。

评估机构在执行资产评估业务过程中应当遵守本准则的相关规定。

5. 二手车鉴定评估师职业标准

《二手车鉴定评估师国家职业标准》(2007 年修订)由中华人民共和国劳动和社会保障部制定，内容如下：

二手车鉴定评估师国家职业标准

1　职业概况

1.1　职业名称

二手车鉴定评估师。

1.2　职业定义

从事二手车技术状况鉴定和价值评估的人员。

1.3　职业等级

本职业共设立两个等级，分别为：二手车鉴定评估师(国家职业资格四级)、高级二手车鉴定评估师(国家职业资格三级)。

1.4　职业环境

室内、外，常温。

1.5　职业能力特征

身体健康，具有较强的观察判断、表达沟通、信息处理，计算分析能力。

1.6　基本文化程度

高中毕业(或同等学力)。

1.7　培训要求

1.7.1　培训期限

全日制职业学校教育，可根据其培养目标和教学计划确定，晋级培训期限：二手车鉴定评估师不少于 100 标准学时；高级二手车鉴定评估师不少于 80 标准学时。

1.7.2　培训教师

培训二手车鉴定评估师的教师应具有本职业高级二手车鉴定评估师职业资格证书或相关专业(评估类、汽车类相关专业)中级以上专业技术职务任职资格；培训高级二手车鉴定评估师的教师应具有本职业高级二手车鉴定评估师职业资格证书 3 年以上或相关专业(评估类、汽车类相关专业)高级专业技术职务任职资格。

1.7.3　培训场地设备

理论培训场地应为可容纳 30 名以上学员的标准教室，并配备多媒体教学设备。实际操作培训场地应为 1000 m^2 以上，能满足培训要求的场地，并配备相应的二手车教学设备，仪器仪表和必要的工具、量具、光线充足，通风条件良好，安全设施完善。

1.8　鉴定要求

1.8.1　适用对象

从事或准备从事本职业的人员。

1.8.2　申报条件

——二手车鉴定评估师(持有《中华人民共和国机动车驾驶证》C1 照以上并具备以下条件之一者)

(1) 连续从事本职业工作 5 年以上。

(2) 具有中等专科学校非机动车专业和非评估类专业毕业证书，连续从事本职业工作 4 年以上。

(3) 具有中等专科学校机动车专业或评估类专业毕业证书，连续从事本职业工作 3 年以上。

(4) 具有大专以上非机动车专业毕业证书，连续从事本职业工作 2 年以上。

(5) 具有大专以上机动车专业毕业证书，连续从事本职业工作 1 年以上。

——高级二手车鉴定评估师(持有《中华人民共和国机动车驾驶证》C1 照以上并具备以下条件之一者)

(1) 连续从事本职业工作 8 年以上。

(2) 取得二手车鉴定评估师职业资格证书后，连续从事本职工作 4 年以上。

(3) 具有大专以上学历证书，取得二手车鉴定评估师职业资格证书后，连续从事本职工作 2 年以上。

1.8.3 鉴定方式

分为理论知识考试和技能操作考核。理论知识考试采用闭卷笔试或机考方式，技能操作考核采用实际操作、现场答辩等方式。理论知识考试和技能操作考试均实行百分制，成绩皆达 60 分以上者合格。

1.8.4 考评人员与考生配比

理论知识考试考评人员与考生配比为 1∶20，且每个标准教室不少于 2 名考评人员；技能操作考核考评员与考生配比为 3∶1，且每个考场不少于 3 名考评员。

1.8.5 鉴定时间

理论知识考试时间为 120 分钟，技能操作考核时间为 90 分钟。

1.8.6 鉴定场所设备

理论知识考试在标准教室进行。技能操作考核在具备不同类型的二手车和有关设备且光线充足、通风条件良好和安全措施完善的场所进行。

2 基本要求

2.1 职业道德

2.1.1 职业道德基本知识

2.1.2 职业守则

(1)遵纪守法，廉洁自律。

(2)客观独立，公正科学。

(3)诚实守信，规范服务。

(4)客户至上，保守秘密。

(5)团队合作，锐意进取。

(6)操作规范，保证安全。

2.2 基础知识

2.2.1 汽车结构与理论

(1)机动车分类、编号和识别代号(VIN)。

(2)汽车总体构造、原理、技术参数和性能指标。

(3)汽车发动机。
(4)汽车底盘。
(5)汽车车身。
(6)汽车电器电子。
2.2.2　汽车使用与维修
(1)汽车技术状况与使用寿命。
(2)汽车使用性能。
(3)汽车定期检验要求。
(4)汽车检测与维修。
2.2.3　二手车鉴定评估基础
(1)二手车鉴定评估要素。
(2)二手车鉴定评估方法。
(3)二手车鉴定评估流程。
2.2.4　事故车的鉴定评估
(1)车辆碰撞损伤鉴定评估。
(2)车辆泡水损伤鉴定评估。
(3)车辆火烧损伤鉴定评估。
(4)车辆其他损伤鉴定评估。
2.2.5　鉴定评估委托合同
(1)合同效力。
(2)合同履行。
2.2.6　机动车市场信息
(1)市场调查。
(2)数据处理。
2.2.7　相关法律、法规知识
(1)《二手车流通管理办法》的相关知识。
(2)《机动车登记规定》的相关知识。
(3)机动车强制报废标准规定和相关知识。
(4)汽车安全、排放、节能等相关标准。
(5)其他相关法律、法规知识。
3　工作要求
本标准对二手车鉴定评估师、高级二手车鉴定评估师的技能要求依次递进，高级别涵盖低级别的要求。
3.1　二手车鉴定评估师

职业功能	工作内容	技能要求	相关知识
一、评估准备	(一)接受委托	1. 能介绍二手车鉴定评估程序 2. 能介绍二手车鉴定评估方法 3. 能签订二手车鉴定评估委托合同	1. 社交礼仪 2. 二手车鉴定评估委托合同使用方法
	(二)核查证件、税费	1. 能确认被评估车辆及评估委托人的机动车来历凭证、机动车行驶证、机动车登记证书等是否合法有效 2. 能核实被评估车辆税费缴纳情况 3. 能按要求对被评估车辆进行拍照	1. 机动车证件类型 2. 机动车证件识别方式 3. 车辆税费种类 4. 车辆税费凭证识别方法 5. 拍照技巧
二、技术状况鉴定	(一)静态检查	1. 能根据资料核对车辆基本情况 2. 能检查发动机技术状况 3. 能检查底盘技术状况 4. 能检查车身技术状况 5. 能检查电器电子技术状况 6. 能识别事故车辆	1. 机动车识伪检查方法 2. 发动机静态检查方法 3. 底盘静态检查方法 4. 车身静态检查方法 5. 电器电子静态检查方法 6. 事故车静态检查方法
	(二)动态路试检查	1. 能进行路试前的准备工作 2. 能动态检查机动车性能 3. 能进行路试后的检查工作	1. 机动车制动性能检查方法 2. 机动车动力性能检查方法 3. 机动车操纵性能检查方法 4. 机动车滑行性能检查方法 5. 机动车噪声和废气检查方法
	(三)技术状况综合评定	1. 能分析二手车的技术状况 2. 能提出机动车检测建议 3. 能识读机动车综合性能检测报告	1. 机动车技术等级标准 2. 机动车技术状况分析方法 3. 机动车技术状况检测项目和内容
三、价值评估	(一)选择评估方法	1. 能区分评估类型 2. 能根据评估目的选定评估方法	1. 评估类型分类 2. 评估方法分类
	(二)评估计算	1. 能用重置成本法评估二手车价值 2. 能用现行市价法评估二手车价值 3. 能用收益现值法评估二手车价值 4. 能用清算价格法评估二手车价值	1. 重置成本法的计算模型和估算方法 2. 二手车贬值及其估算 3. 成新率确定方法 4. 现行市价法的评估流程和计算方法 5. 收益现值法的评估流程和计算方法 6. 清算价格法的基本方法
	(三)撰写二手车鉴定评估报告	1. 能与委托方交流，确认鉴定评估结论 2. 能编写二手车鉴定评估报告 3. 能归档二手车鉴定评估报告	1. 写二手车鉴定评估报告要求 2. 二手车鉴定评估报告要素 3. 二手车鉴定评估报告内容

3.2　高级二手车鉴定评估师

职业功能	工作内容	技能要求	相关知识
一、故障判断	(一)判断发动机常见故障	能判断发动机起动困难、怠速不良、动力不足、排烟异常、机油消耗异常、异响等故障原因	1. 发动车故障表现形式 2. 发动机故障诊断方法 3. 发动机传感器、执行器、电子控制器(ECU)检测方法
	(二)判断底盘常见故障	能判断传动系、转向系、行驶系、制动系等故障原因	1. 传动系、转向系、行驶系、制动系等故障表现形式 2. 传动系、转向系、行驶系、制动系等故障诊断方法
	(三)判断电器电子常见故障	1. 能判断蓄电池、发电机、起动机、空调、电子元件等故障原因 2. 能判断汽车起火自燃原因	1. 汽车电路常见故障 2. 汽车常见电器电子元件 3. 汽车电器电子故障诊断程序 4. 汽车电器电子检修常用仪表
	(四)判断对车价影响较大的故障	1. 能分析汽车故障与车价的关系 2. 能判断对车价影响较大的故障	1. 汽车维修配件价格相关标准 2. 汽车修理成本核算方法
二、高配置装置识别与技术状况鉴定	(一)发动机技术状况鉴定	1. 能识别和鉴定涡轮增压发动机 2. 能识别和鉴定多气门发动机	1. 电控燃油喷射结构原理 2. 涡轮增压装置结构原理 3. 多气门发动机结构原理
	(二)底盘高配置装置识别与技术状况鉴定	1. 能识别和鉴定动力转向装置 2. 能识别和鉴定防抱死制动系统(ABS) 3. 能识别和鉴定巡航控制装置	1. 自动变速器(AT)、无级变速器(CVT)机构原理 2. 动力转向装置结构原理 3. 防抱死制动系统(ABS)结构原理 4. 巡航控制装置结构原理
	(三)车身高配置装置识别与技术状况鉴定	1. 能识别和鉴定倒车雷达装置 2. 能识别和鉴定防盗装置 3. 能识别和鉴定汽车音响	1. 安全气囊结构原理 2. 倒车雷达装置结构原理 3. 防盗装置结构原理 4. 汽车音响结构原理 5. 电动天窗结构原理
三、专项作业车和大型客鉴定评估	(一)专项作业本鉴定评估	1. 能判别专项作业车技术状况好坏 2. 能静、动态检查专项作业车 3. 能评估专项作业车价值	1. 专项作业车分类、型号和技术指标 2. 专项作业车基本结构和技术参数
	(二)大型客车鉴定评估	1. 能判别大型客车技术状况好坏 2. 能静、动态检查大型客车 3. 能评估大型客车价值	1. 大型客车分类、型号和技术指标 2. 大型客车基本结构和技术参数

职业功能	工作内容	技能要求	相关知识
四、二手车营销	(一)二手车收购、销售、置换	1. 能确定二手车收购价格 2. 能确定二手车销售定价方法 3. 能制定二手车销售定价目标 4. 能确定二手车销售最终价格 5. 能制订二手车置换流程	1. 二手车收购估价方法 2. 二手车收购估价与鉴定估价的区别 3. 二手车销售定价应考虑的因素 4. 二手车营销实务 5. 二手车置换方式
	(二)二手车质量认证	能制订二手车质量认证流程	二手车质量认证内容
	(三)二手车拍卖	能确定二手车拍卖底价	1. 二手车拍卖方式 2. 拍卖相关法规 3. 二手车拍卖的运作过程
五、事故车辆鉴定评估	(一)事故车辆的鉴定	1. 能检查事故车技术状况 2. 能鉴定事故车辆的损伤程度	车辆损伤类型
	(二)事故车辆的评估	1. 能对碰撞车辆进行评估 2. 能对泡水车辆进行评估 3. 能对火烧车辆进行评估	1. 损失项目的确定 2. 损失费用的确定
六、培训指导	(一)指导操作	能指导二手车鉴定评估师及鉴定评估从业人员进行实际操作	二手车鉴定评估实际操作流程
	(二)理论培训	能指导二手车鉴定评估师及鉴定评估从业人员进行理论培训	二手车鉴定评估师培训讲义编写方法

6.2 二手车鉴定评估工作流程

6.2.1 概述

二手车鉴定评估作为一个重要的专业领域，在进行鉴定评估工作时，必须遵守工作程序。二手车鉴定评估工作程序也就是二手车鉴定评估作业流程。在《二手车鉴定评估技术规范》(GB/T 30323—2013)中给出的二手车鉴定评估作业流程，如图6－1所示。

二手车鉴定评估机构开展二手车鉴定评估经营活动按相关流程作业，并填写《二手车鉴定评估作业表》。二手车经销、拍卖、经纪等企业开展业务涉及二手车鉴定评估活动的，参照图6－1所示的有关内容和顺序作业，即受理鉴定评估、查验可交易车辆、签订委托书、登记基本信息、判别事故车、鉴定技术状况、评估车辆价值、撰出具鉴定评估报告、归挡工作底稿，并填写《二手车技术状况表》(表3－16)。

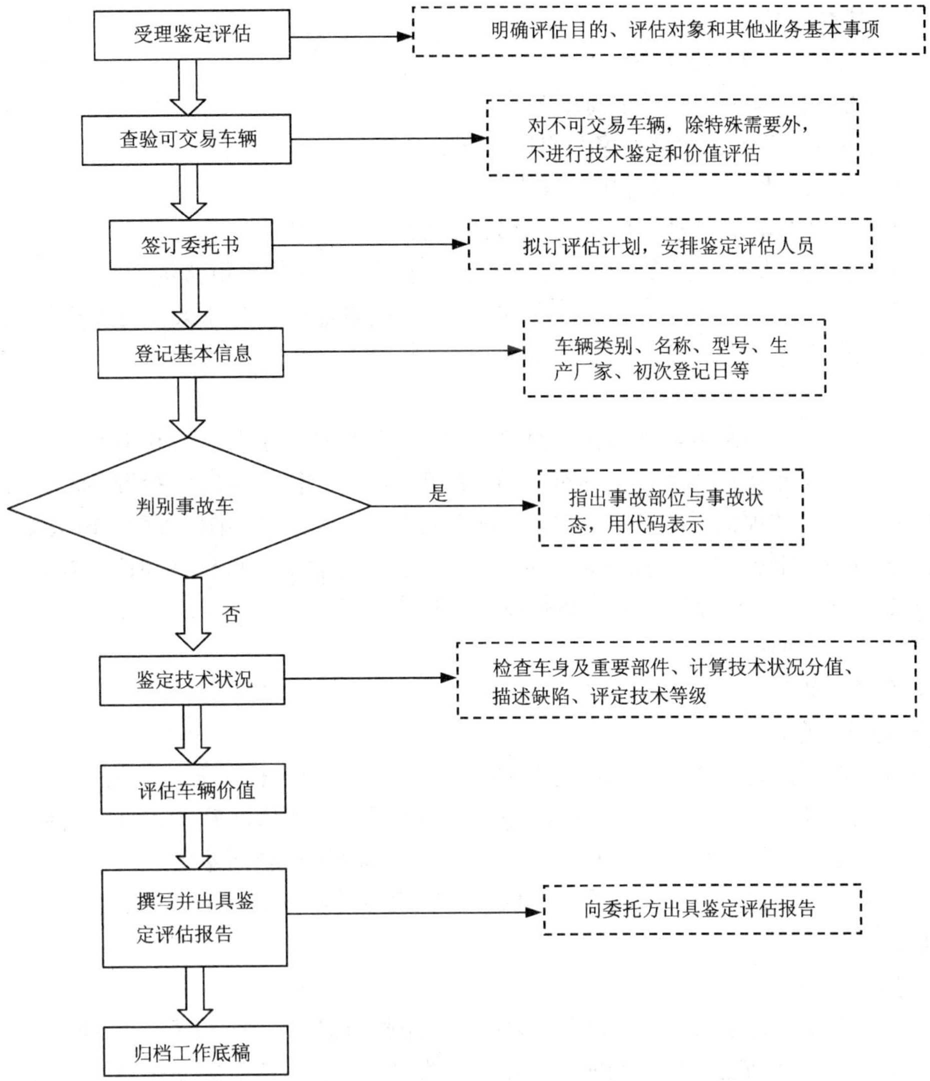

图 6－1　二手车鉴定评估作业流程

6.2.2　受理鉴定评估

受理鉴定评估就是通过洽谈，了解委托方及车辆的基本情况、评估目的、评估基准日、期望完成评估的时间等。从而明确委托方要求，为顺利开展鉴定评估工作打下坚实的基础。

1. 委托方及其车辆的基本情况

1）委托方的基本情况

作为二手车鉴定评估机构或鉴定评估师，在开展二手车鉴定评估之前，了解客户的基本情况，明确客户的身份，确定客户与车主的关系，这是很重要的一点。车主就是二手车所有人，即车辆所有权的单位或个人，只有车主或车主授权代理人才有车辆处置权，其他人无车辆处置权，因此，在进行二手车鉴定评估时，一定要确认客户为车主或车主的授权代理人，否则，没有必要进行受理。另外，还应了解车主单位（或个人）名称、隶属关系和所在地等。

2）车辆基本情况

车辆基本情况主要包括以下内容：

（1）车辆类别。是乘用车还是商用车等。

（2）车辆名称、型号、生产厂家和出厂日期。

（3）车辆初次注册登记日期和已行驶里程。

（4）车籍。即车辆落户地，指车辆牌证发放地。

（5）使用性质。是公务用车、商用车，还是专业运输车或是出租营运车。

（6）购买保险情况。交强险是强制性的，商业险是自愿的。专业人士可以根据商业险的保费情况，判断上年度车辆发生事故的情况。

2. 评估目的

评估目的是评估服务的经济行为的具体类型，分为变动二手车产权和不变动二手车产权两大类。变动二手车产权的评估目的有交易、置换、转让、并购、拍卖、投资、抵债、捐赠等；不变动二手车产权的评估目的有车辆保险、抵押贷款、担保典当、纳税评估、司法鉴定（海关罚没、盗抢、财产纠纷）等。根据评估目的不同，选择最适合的计价标准和评估方法。一般来说，委托二手车交易市场评估的大多数是属于交易类业务，车主要求评估价格的目的大都是作为买卖双方成交的参考底价。

3. 完成评估的时间和评估基准日

1）完成评估的时间

完成评估的时间与评估人的业务能力和知识水平以及二手车市场信息的占有度有关。如果客户要求完成评估的时间较早，评估人的工作强度就大，评估准确率还可能较低；如果客户要求完成的评估时间较晚，评估人有足够的时间对车辆进行全面鉴定，对二手车市场行情能够充分了解，能得到比较准确的评估价值。一般交易类业务的二手车评估，要求在较短时间内完成。

2）评估基准日

车辆在进行价值评估时，许多计算参数（如成新率、保值率、折损率等）随着评估基准日的变化而不同。当评估基准日不同时，计算得到的评估值就可能有较为明显的差别，所以在二手车鉴定评估时，要明确评估基准日。

6.2.3 查验可交易车辆

1. 基本要求

查验可交易车辆，主要是查验车辆的合法性。查验车辆合法性主要是查验来历和处置的合法性、使用和行驶的合法性。对于不合法车辆不但不能进行评估，还要尽可能请求相关部门协助查证，确实为不合法车辆，应及时向公安部门举报。对不可交易车辆，除特殊需要外，不进行技术鉴定和价值评估。

2. 查验可交易车辆的方法

根据《二手车鉴定评估技术规范》（GB/T 30323—2013）的规定，并结合实际，查验车辆是否为可交易车辆的具体方法如下。

（1）查验机动车登记证书、行驶证、有效机动车安全技术检验合格标志、车辆购置税完税证明、车船使用税缴付凭证、车辆保险单等法定证明、凭证是否齐全，并按照表6－1所列项目逐一进行查验，如果全部判定为“Y”，即为可交易车辆。

表 6－1　可交易车辆判别表

序号	检查项目	判别
1	是否达到国家强制报废标准	Y 否　N 是
2	是否为抵押期间或海关监管期间	Y 否　N 是
3	是否为人民法院、检察院、行政执法等部门依法查封、扣押期间的车辆	Y 否　N 是
4	是否为通过盗窃、抢劫、诈骗等违法犯罪手段获得的车辆	Y 否　N 是
5	发动机号与机动车登记证书登记号码是否一致，且无凿改痕迹	Y 是　N 否
6	车辆识别代号或车架号码与机动车登记证书登记号码是否一致，且无凿改痕迹	Y 是　N 否
7	是否走私、非法拼组装车辆	Y 否　N 是
8	是否法律法规禁止经营的车辆	Y 否　N 是

（2）通过查验，如果发现相关法定证明、凭证不全、或检查表 6－1 中所列项目任何一项判别为“N”的车辆，应告知委托方，不需继续进行技术鉴定和价值评估（司法机关委托等特殊要求的除外）。

（3）发现法定证明、凭证不全，或者表 6－1 中第 1 项、4 项至 8 项任意一项判断为“N”的车辆应及时报告公安机关等执法部门。

（4）检查《机动车行驶证》登记的事项与行驶牌照和实物是否相符，如果不符，需要确定车辆的合法性。

6.2.4　签订业务委托书

1. 签订业务委托书的作用

对客户和车辆基本情况了解清楚以后，就可以作出是否接受委托的决定。如果接受委托，就要签订二手车鉴定评估委托书。《二手车鉴定评估委托书》的作用是明确鉴定评估方与委托方的权利、责任和义务，约束双方的经济活动行为，是一种经济合同性质的契约。

2.《二手车鉴定评估委托书》的基本内容

《二手车鉴定评估委托书》的基本内容包括：委托方和评估机构的名称、住所、工商登记注册号、上级单位、鉴定评估资格类型及证书编号，评估目的、评估范围、被评估车辆的类型和数量、评估工作起止时间、评估机构的其他具体工作；任务委托方须做好的基础工作和配合工作；评估收费方式和金额；反映评估业务委托方和评估机构各自的责任、权利、义务以及违约责任的其他具体内容。

3. 二手车鉴定评估委托书的要求

（1）《二手车鉴定评估委托书》必须符合国家法律法规和汽车鉴定评估行业管理规定，并做到内容全面、具体，含义清晰准确。

（2）涉及国有资产占有单位的汽车鉴定评估项目，应由委托方按规定办妥有关手续后再进行评估业务委托。

4.《二手车鉴定评估委托书》的格式

《二手车鉴定评估委托书》(示范文本)如图6-2所示。

二手车鉴定评估委托书(示范文本)

委托书编号:__________

委托方名称(姓名): 法人代码证(身份证)号:

鉴定评估机构名称: 法人代码证:

委托方地址: 鉴定评估机构地址:

联系人: 电话:

因 □交易 □典当 □拍卖 □置换 □抵押 □担保 □咨询 □司法裁决需要,委托人与受托人达成委托关系,号牌号码为__________,车辆类型为__________,车架号(VIN码)为__________的车辆进行技术状况鉴定并出具评估报告书,______年______月______日前完成。

委托评估车辆基本信息

<table>
<tr><td rowspan="7">车辆情况</td><td>厂牌型号</td><td colspan="2"></td><td>使用用途</td><td>□营运□非营运</td></tr>
<tr><td>总质量/座位/排量</td><td colspan="2"></td><td>燃料种类</td><td></td></tr>
<tr><td>初次登记日期</td><td colspan="2">年 月 日</td><td>车身颜色</td><td></td></tr>
<tr><td>已使用年限</td><td>年 月</td><td colspan="2">累计行驶里程(万公里)</td><td></td></tr>
<tr><td>大修次数</td><td>发动机(次)</td><td></td><td>整车(次)</td><td></td></tr>
<tr><td>维修情况</td><td colspan="4"></td></tr>
<tr><td>事故情况</td><td colspan="4"></td></tr>
<tr><td>价值反映</td><td>购置日期</td><td colspan="2">年 月 日</td><td>原始价格(元)</td><td></td></tr>
<tr><td colspan="6">备注:</td></tr>
</table>

委托方:(签字、盖章) 受托方:(签字、盖章)

(二手车鉴定评估机构盖章)

年 月 日 年 月 日

1.委托方保证所提供的资料客观真实,并负法律责任。

3.仅对车辆进行鉴定评估。

4.评估依据:《机动车运行安全技术条件》《二手车鉴定评估技术规范》等。

5.评估结论仅对本次委托有效,不做他用。

6.鉴定评估人员与有关当事人没有利害关系。

7.委托方如对评估结论有异议,可于收到《二手车鉴定评估报告》之日起10日内向受托方提出,受托方应给予解释。

图6-2 二手车鉴定评估委托书(示范文本)

6.2.5　登记基本信息

1. 登记车辆使用性质信息

明确营运与非营运车辆；是乘用车还是商用车；是公务用车、商用车，还是专业运输车或是出租营运车。

2. 登记车辆基本情况信息

车辆基本情况信息包括车辆类别、名称、型号、生产厂家、初次登记日期、表征行驶里程等。如果表征行驶里程如与实际车况明显不符，应在《二手车鉴定评估报告》或《二手车技术状况表》有关技术缺陷描述时予以注明。

6.2.6　判别事故车

1. 外观检查法

参照图 6－3 所示车体部位，按照表 6－2 要求检查车辆外观，判别车辆是否发生过碰撞、泡水、火烧，确定车体结构是完好无损或者有事故痕迹，并给出结论。

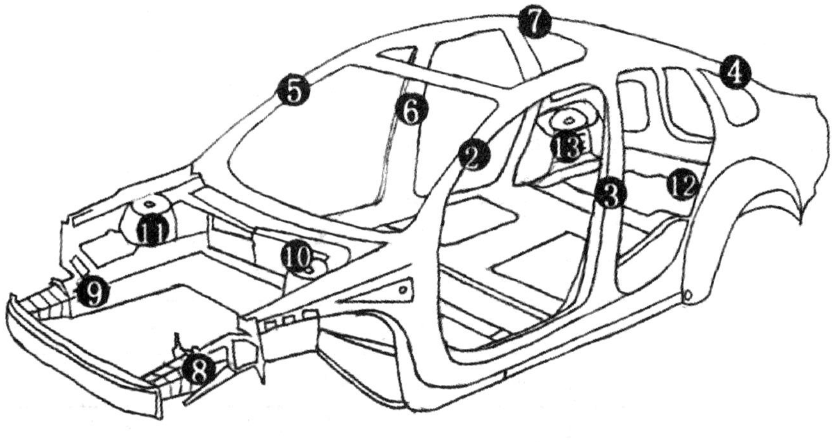

2左A柱　6右B柱　10左减震器悬挂部位
3左B柱　7右C柱　11右减震器悬挂部位
4左C柱　8左纵梁　12左后减震器悬挂部位
5右A柱　9右纵梁　13右后减震器悬挂部位

图 6－3　车体结构示意图

2. 检测设备测量法

使用漆面厚度检测设备配合对车体结构部件进行检测；使用车辆结构尺寸检测工具或设备检测车体左右对称性。

3. 综合描述法

根据表 6－2、表 6－3 对车体状态进行缺陷描述。即：车身部位＋状态。例：4SH，即：左 C 柱有烧焊痕迹。

当表 6－2 中任何一个检查项目存在表 6－3 中对应的缺陷时，则该车为事故车。

◆特别提醒◆

事故车的车辆技术鉴定和价值评估不在《二手车鉴定评估技术规范》(GB/T 30323—2013)的范围之内，如果市场需要，二手车鉴定评估师可根据市场行情，结合工作经验，选用合理的二手车价值评估方法，确定其评估值。

表 6-2 车体部位代码表

序号	检查项目	序号	检查项目
1	车体左右对称性	8	左前纵梁
2	左 A 柱	9	右前纵梁
3	左 B 柱	10	左前减震器悬挂部位
4	左 C 柱	11	右前减震器悬挂部位
5	右 A 柱	12	左后减震器悬挂部位
6	右 B 柱	13	右后减震器悬挂部位
7	右 C 柱		
车辆缺陷状态描述			
结论			

表 6-3 车辆缺陷状态描述对应表

代表字母	BX	NQ	GH	SH	ZZ
缺陷描述	变形	扭曲	更换	烧焊	折皱

6.2.7 鉴定技术状况

1. 二手车技术状况鉴定的目的

(1)为车辆的价值估算提供科学的评估证据。

(2)为期望使用者提供车辆技术状况的质量保证。

(3)为车辆发生的经济行为提供法律依据。

2. 二手车技术状况鉴定要做到的基本事项

(1)识别伪造、拼装、组装、盗抢和走私车辆。

(2)鉴别手续牌证的真伪。

(3)鉴别由事故造成的严重损伤。

(4)鉴别由自然灾害(水淹、火烧)造成的严重损伤。

(5)鉴别车辆内部和外部技术状况。

3. 技术状况鉴定的检查项目

技术状况鉴定应检查的部位和检查的项目主要有车身、发动机舱、驾驶舱、启动、路试、底盘等。

4. 技术状况鉴定的方法

二手车技术状况鉴定的方法主要有常规检查法、1000 分检查法、100 分检查法，具体方法在“模块三”中已做了介绍，在此不再赘述。

6.2.8　评估车辆价值

1. 确定评估车辆价值估算方法

(1)车辆价值评估方法主要有现行市价法、重置成本法、收益现值法、价格清算法等。

(2)根据车辆有关情况，确立估值方法，并对车辆价值进行估算。一般情况下，推荐选用现行市价法。在无参照物、无法使用现行市价法的情况下，选用重置成本法；投资营运的车辆选用收益现值法。企业破产、抵押、停业清理时要售出的车辆适用于价格清算法。

(3)对同一被评估车辆宜选用两种以上的评估方法进行评估。

(4)有条件选用市价法进行评估的，应以市价法为主要的评估方法。

(5)营运车辆的评估在评估资料可查并齐全的情况下，可选用收益法为其中的一种评估方法。

(6)车辆鉴定评估一般适宜采用市价法和成本法进行评估。

2. 评价评估结果

(1)对不同评估方法估算出的结果，应进行比较分析。当这些结果差异较大时，应找出原因，排除影响。

(2)对不同评估方法估算出的结果应做下列检查：①计算过程是否有误；②基础数据是否准确；③参数选择是否合理；④是否符合评估原则；⑤公式选用是否恰当；⑥选用的评估方法是否适合评估对象和评估目的。

(3)在确认所选用的评估方法估算出的结果无误之后，应根据具体情况计算求出一个综合结果。

(4)在计算求出一个综合结果的基础上，应考虑一些不可量化的价格影响因素，对结果进行适当的调整，认定该结果为最终的评估结果。

6.2.9　撰写及出具鉴定评估报告

1. 撰写二手车鉴定评估报告

(1)二手车鉴定评估报告是记述鉴定评估成果的文件，是鉴定评估机构向委托鉴定评估者和二手车鉴定评估管理部门提交的主要成果。鉴定评估报告质量的高低，不仅反映鉴定评估人员的水平，而且直接关系到有关各方的利益。这就要求评估人员编制的报告要思路清晰、文字简练准确、格式规范、有关的取证与调查材料和数据真实可靠。

(2)在完成二手车鉴定评估数据的分析和讨论后，对有关部分的数据进行调整。由具体参加评估的汽车鉴定评估人员草拟出汽车鉴定评估报告书。

(3)就鉴定评估的基本情况和评估报告初稿的初步结论与委托方交换意见。在听取委托方的反馈意见后，在坚持独立、客观和公正的前提下，认真分析委托方提出的问题和建议，考虑是否应该修改评估报告书，对报告书中存在的疏忽、遗漏和错误之处进行修正，待修改完毕即可撰写出正式的汽车鉴定评估报告。

2. 提交汽车鉴定评估报告

汽车鉴定评估机构在撰写出正式的鉴定评估报告以后，经过审核无误，由车辆鉴定评估人员、复核人、评估机构负责人签章并加盖机构公章后提交委托方。

6.2.10 归档工作底稿

1. 归挡资料范围

二手车鉴定评估归挡资料主要是《二手车鉴定评估报告》及其附件与工作底稿，具体包括以下内容。

(1)二手车鉴定评估委托书。委托书是一种合同契约文件，由委托方与受托方共同签字。委托书应如实提供标的详细资料，如机动车登记证书、机动车行驶证、附加税完税凭证、道路运输证等的复印件，作为委托书的附件。

(2)二手车鉴定评估的调查资料包括：①二手车鉴定评估的法律依据，国家有关法律法规的相关条款；②委托标的物的照片、图像资料，必要的技术鉴定材料，特别是车辆受损较为严重的部位，必要时要有修理厂或保险公司的修理清单；③与二手车鉴定评估有关的其他资料，如相关车辆的价格行情、价格指数、汇率、利率、参照物等。

(3)委托人所从事的主要经济活动或者委托事项的背景材料。

(4)《二手车鉴定评估报告》及其附件。《二手车鉴定评估报告》是反映评价过程和成果的综合性文件，是二手车鉴定评估的成果形态。二手车鉴定评估报告一般根据委托方的要求和二手车鉴定评估业务的具体情况来确定基本内容，包括结论书正文和附件两部分。其主要内容是阐述价格鉴定的基本结论、二手车鉴定评估报告书成立的前提条件、得出结论的主要过程、方法和依据，并附录必要的文件资料。

(5)二手车鉴定评估的工作底稿，主要是指车辆技术状况表、车辆检查记录表、车辆价值评估方法的选择原因和评估价值的估算过程记录等。

2. 存挡要求

根据原国家经济贸易委员会、劳动和社会保障部《关于规范二手车鉴定评估工作的通知》国经贸发〔2002〕825 号文件精神的要求，鉴定评估机构应由专人负责管理二手车鉴定评估报告，形成完整的评估档案。评估档案应保留到评估车辆达到法定报废年限为止。

(1)将《二手车鉴定评估报告》及其附件与工作底稿独立汇编成册，并分类保管，一般可分为交易类和专案类，按年度分类保存，由专人保管。存挡备查。

(2)档案保存一般不低于 5 年；鉴定评估目的涉及财产纠纷的，其档案至少应当保存 10 年；法律法规另有规定的，从其规定。

(3)在保管过程中，要防火、防潮、防虫、防盗，同时还要建立健全二手车鉴定评估档案的安全、保密等工作制度，并严格执行。

6.3　二手车鉴定评估报告

6.3.1　概述

1. 二手车鉴定评估报告的作用

二手车鉴定评估报告对管理部门及各类交易的市场主体都是十分重要的。一份二手车鉴定评估报告，特别是涉及国有资产的评估报告资料，不仅是一份评估工作的总结，也是其价格的公证性文件和资产交易双方认定资产价格的依据。由于目的的不同，其作用可从两个方面进行分析。

1）委托方（客户）对二手车鉴定评估报告作用的理解

（1）作为产权变动交易作价的基础材料，二手车鉴定评估报告的结论可以作为车辆买卖交易谈判底价的参考依据，或作为投资比例出资价格的证明材料，特别是对涉及国有资产的二手车的客观公正的作价，可以有效防止国有资产的流失，确保国有资产价格的客观、公正、真实。

（2）作为各类企业进行会计记录的依据，按评估值对会计账目的调整必须由有权机关批准。

（3）作为法庭辩论和裁决时确认财产价格的举证材料。一般是指发生纠纷案时的资产评估，其评估结果可作为法庭做出裁决的证明材料。

（4）作为支付评估费用的依据。当委托方（客户）收到评估资料及报告后没有提出异议，也就是说评估的资料及结果符合委托书的条款，委托方应以此为前提和依据向受托方的评估机构付费。

（5）二手车鉴定评估报告是反映和体现评估工作情况，明确委托方、受托方及有关方面责任的根据。报告采用文字的形式，对受托方进行机动车评估的目的、背景、产权、依据、程序、方法等过程和评定的结果进行说明和总结，体现了评估机构的工作成果。同时，二手车鉴定评估报告也反映和体现了受托的机动车评估结果与鉴定估价师的权利和义务，并依此来明确委托方和受托方的法律责任。

（6）二手车鉴定评估报告赋予二手车鉴定评估师签字的权利，并给予了签字人承担相应责任的义务。

2）评估机构对二手车鉴定评估报告作用的理解

（1）是评估机构成果的体现，是一种动态管理的信息资料，体现了评估机构的工作情况和工作质量。

（2）二手车鉴定评估报告是建立评估档案、归集评估档案资料的重要信息来源。

2. 撰写二手车鉴定评估报告的基本要求

国家国有资产管理局以国资办发〔1993〕55号文发布了《关于资产评估报告书的规范意见》，对资产评估报告书的撰写提出比较系统的规范要求，结合二手车鉴定评估的实际情况，主要要求如下。

（1）鉴定评估报告必须依照客观、公正、实事求是的原则由二手车鉴定评估机构独立撰写，如实反映鉴定估价的工作情况。

(2)鉴定评估报告应有委托单位(或个人)的名称、二手车鉴定评估机构的名称和印章，二手车鉴定评估机构法人代表或其委托人和二手车鉴定估价师的签字，以及提供报告的日期。

(3)鉴定评估报告要写明评估基准日，并且不得随意更改。

(4)鉴定评估报告中应写明估价的目的、范围、二手车的状态和产权归属。

(5)鉴定评估报告应说明估价工作遵循的原则和依据的法律、法规。

(6)鉴定评估报告应有明确的鉴定估算价值的结果，鉴定结果应有二手车的成新率、二手车原值、重置价值、评估价值等。

(7)鉴定评估报告还应有齐全的附件。

3. 二手车鉴定评估报告的类型

二手车鉴定评估报告分为定型式、自由式与混合式三种。

1)定型式

定型式二手车鉴定评估报告又称封闭式二手车鉴定评估报告，采用固定格式、固定内容，评估人员必须按要求填写，不得随意增减。其优点是通用性好，写作省时省力，缺点是不能根据评估对象的具体情况而深入分析某些特殊事项。如果能针对不同的评估目的和不同类型的机动车作相应的定型式二手车鉴定评估报告，则可以在一定程度上纠正这一缺点。

2)自由式

自由式二手车鉴定评估报告又称开放式二手车鉴定评估报告，是由评估人员根据评估对象的情况而自由创作，无一定格式的二手车鉴定评估报告。其优点是可深入分析某些特殊事项，缺点是易遗漏一般事项。

3)混合式

混合式二手车鉴定评估报告兼取定型式和自由式的格式，兼顾了两种报告的优点。

一般来说，专案案件采用自由式为优，例行案件采用定型式为佳。

不论二手车鉴定评估报告的形式如何，均应客观、公正、详实地记载评估结果和过程。如果仅以结论告知，必然会使委托评估者或二手车鉴定评估报告的其他使用者心理上的信任度降低。二手车鉴定评估报告的用语要力求准确、肯定，避免模棱两可或易生误解的文字，对于难以确定的事项应在报告中说明，并描述其可能影响二手车价格的情形。

建议尽可能地采用《二手车鉴定评估技术规范》(GB/T 30323—2013)中，提供的《二手车鉴定评估报告(示范文本)》的格式。

4. 二手车鉴定评估报告的撰写方法

二手车鉴定评估报告不仅要真实准确地反映评估工作情况，而且要明示评估人员在今后一段时期里对评估的结果和有关的全部附件资料承担相应的法律责任。同时，评估报告也是记述鉴定评估成果的文件，是鉴定评估机构向委托方和二手车鉴定评估管理部门提交的主要成果。因此，评估人员编制的报告要思路清晰、文字简练准确、格式规范、有关的取证与调查材料和数据真实可靠。为了达到这些要求，评估人员应按下列方法和步骤编制评估报告。

1)评估资料的分类整理

被评估二手车的有关背景资料、技术鉴定情况资料及其他可供参考的数据记录等评估资料是编制二手车鉴定评估报告的基础，所以，应由专人将评估资料进行分类整理，包括评估鉴定作业表的审核、评估依据的说明和最后形成评估的文字材料等。

2）鉴定评估资料的分析讨论

在整理资料工作完成后，评估工作人员应对评估的情况和初步结论进行分析讨论。如果发现存在提法不妥、计算错误、作价不合理等方面的问题，要求进行必要的调整，最终应在充分讨论的基础上得出一个正确的结论。

3）鉴定评估报告书的撰写

评估人员通过资料的汇总编排，确定二手车鉴定评估的基本情况，完成评估报告的初稿，然后与委托方交换意见，认真分析委托方提出的问题和意见，在坚持客观、公正、科学、可行的前提下修改评估报告书，修正完毕后可撰写正式二手车鉴定评估报告书。

4）评估报告的审核

完成的评估报告应先由项目负责人审核，再报评估机构经理审核签发，再由二手车鉴定评估人员签字并加盖评估机构公章，最后送达客户签收。

5. 二手车鉴定评估报告的基本内容

目前二手车鉴定评估报告没有统一样式，二手车鉴定评估报告基本内容如下。

1）封面

二手车鉴定评估报告的封面应包含的内容有二手车鉴定评估报告名称、鉴定评估机构出具鉴定评估报告的编号、二手车鉴定评估机构全称和鉴定评估报告提交日期等。有服务商标的，评估机构可在封面载明其图形标志。

2）首部

（1）标题。标题应简练清晰，含有"××××（评估项目名称）鉴定评估报告"字样，位置居中偏上。

（2）报告序号。报告序号应符合公文的要求，包括评估机构特征字、公文种类特征字、年份、文件序号等。例如：××评报字（2016年）第001号。

3）绪言

写明该评估报告委托方的全称、受委托评估事项及评估工作的整体情况。一般采用包含下列内容的表达格式。

×××（鉴定评估机构）接受×××的委托，根据国家有关资产评估的规定，本着客观、独立、公正、科学的原则，按照公认的资产评估方法，对×××（车辆）进行了鉴定评估。

4）委托方与车辆所有方简介

（1）应写明委托方、委托方联系人的名称、联系电话及住址。

（2）车主的名称。

5）鉴定评估目的

应写明本次鉴定评估是为了满足委托方的何种需要，及其所对应的经济行为类型。

根据委托方的要求，本项目评估目的（在□处填"√"）：

□交易　□转籍　□拍卖　□置换　□抵押　□担保　□咨询　□司法裁决

6）鉴定评估对象

需简要写明车辆的厂牌型号、车牌号码、发动机号、车辆识别代号/车架号、注册登记日期、年审检验合格有效日期、公路规费交至日期、车辆购置税证号码、车船使用税缴纳有效期。

7）鉴定评估基准日

写明鉴定评估基准日的具体日期，式样为：鉴定评估基准日是××××年××月××日。

8）评估原则

严格遵循“客观性、独立性、公正性、科学性”原则。

9）评估依据

评估的依据包括以下几个方面。

（1）行为依据。行为依据主要是指二手车鉴定评估委托书、法院的委托书等经济行为文件。

（2）法律、法规依据。法律、法规依据应包括车辆鉴定评估的有关条款、文件及涉及车辆评估的有关法律、法规等。

（3）产权依据。产权依据是指被评估车辆的机动车登记证书或其他能够证明车辆产权的文件等。

（4）评定及取价依据。评定及取价依据主要包括以下内容。。

①技术标准资料。《最新资产评估常用数据与参数手册》。

②技术参数资料。被评估二手车的技术参数表。

③技术鉴定资料。车辆检测报告单。

④其他资料。现场工作底稿、市场询价资料等。

10）评估方法及计算过程

简要说明评估人员在评估过程中所选择并使用的评估方法；简要说明选择评估方法的依据或原因；如评估时采用一种以上的评估方法，应适当说明原因并说明该资产评估价值的确定方法；对于所选择的特殊评估方法，应适当介绍其原理与适用范围；简要说明各种评估方法的主要计算步骤等。

11）评估过程

评估过程应反映二手车鉴定评估机构自接受评估委托起至提交评估报告的工作过程。

包括接受委托、验证、现场查勘、市场调查与询证、评定估算和提交报告等过程。

12）评估结论

给出被评估车辆的评估价格，小写和大写金额。

13）特别事项说明

在评估报告中，陈述的特别事项是指在已确定评估结果的前提下，评估人员提示在评估过程中已发现可能影响评估结论，但非评估人员执业水平和能力所能评定估算的有关事项。

14）评估报告的法律效力

提示评估报告的有效日期，特别提示评估基准日期后的事项对评估结论的影响以及评估报告的使用范围等，常见写法如下。

（1）本项评估结论有效期为90天，自评估基准日至××××年××月××日止。

（2）当评估目的在有效期内实现时，本评估结果可以作为交易价参考依据，超过90天，须重新评估。另外在评估报告的有效期内若被评估车辆的市场价格发生变化或由于交通事故等原因导致车辆的价值发生变化，对车辆评估结果产生明显影响时，委托方也需重新委托评估机构进行评估。

(3)鉴定评估报告的使用权归委托方所有，其评估结论仅供委托方为本项目评估目的使用或送交二手车鉴定评估主管机关审查使用，不适用于其他目的。因使用本报告不当而产生的任何后果与签署本报告的鉴定评估师无关。未经委托方许可，本鉴定评估机构承诺不将本报告的内容向他人提供或公开。

15)鉴定评估报告提出日期

写明评估报告应提交委托方的具体时间，评估报告原则上应在确定的评估基准日后1周内提出。

16)附件及工作底稿

(1)附件。附件应包括二手车鉴定评估委托书(图6－2)及其附件、二手车技术状况表(表3－16)、二手车技术状况鉴定作业表、车辆行驶证复印件、车辆购置税复印件、车辆登记证书复印件、二手车鉴定评估师资格证书复印件、鉴定评估机构营业执照复印件、鉴定评估机构资质复印件和二手车照片等。

(2)工作底稿。工作底稿主要包括：评估依据；评估采用的方法、技术路线和测算过程；决定评估额的理由；评估前提及评估价额应用的说明事项。

①评估依据。评估依据分为法律法规依据、行为依据和取价依据。法律法规依据应包括车辆鉴定评估的有关条法、文件及涉及车辆评估的有关法律、法规等。行为依据主要是指二手车鉴定评估委托书及载明的委托事项。取价依据为鉴定评估机构收集的国家有关部门发布的技术资料和统计资料，以及评估机构经市场调查取得的询价资料和相关技术参数资料。

②评估采用的方法、技术路线和测算过程。应简要说明评估人员在评估过程中选择并使用的评估方法，并阐述选择该方法的依据或者原因。如选用两种或两种以上的方法，应当说明原因，并详细说明评估计算方法的主要步骤。

③决定评估额的理由。对估算的评估值，如果进行了调整，应说明调整的理由和根据。

④评估前提及评估价额应用的说明事项。评估前提及评估价额应用的说明事项(包括应用时应注意的问题)主要有：a. 如果评估有前提条件，一定要说明前提条件，否则评估价与市场价可能产生较大差别；b. 评估报告中陈述的特别事项是指在已确定的前提下，评估人揭示在评估过程中已发现可能影响评估结论，但非评估人员执业水平和能力评定估算的有关事项；c. 提示评估报告使用者应注意特别事项对评估结论的影响；d. 揭示鉴定评估人员认为需要说明的其他问题。

17)尾部

写明出具评估报告的评估机构名称，并盖章；写明评估机构法定代表人姓名并签名；鉴定评估师盖章并签名；高级鉴定评估师审核签章；注明报告日期。

6.3.2　二手车鉴定评估报告的格式

二手车鉴定评估报告的格式应以《二手车鉴定评估技术规范》(GB/T 30323—2013)中推荐的示范文本为依据，它属于定型式，其规范格式样本如下：

二手车鉴定评估报告(示范文本)

××××鉴定评估机构评报字(20　　年)第××号

一、绪言

(鉴定评估机构)接受________的委托，根据国家有关评估及《二手车流通管理办法》和《二手车鉴定评估技术规范》的规定，本着客观、独立、公正、科学的原则，按照公认的评估方法，对牌号为________的车辆进行了鉴定。本机构鉴定评估人员按照必要的程序，对委托鉴定评估的车辆进行了实地查勘与市场调查，并对其在______年______月______日所表现的市场价值作出了公允反映。现将该车辆鉴定评估结果报告如下：

二、委托方信息

委托方：________________________　　委托方联系人：________________________

联系电话：____________________　　车主姓名/名称：(填写机动车登记证书所示的名称)

三、鉴定评估基准日　______________年__________月__________日

四、鉴定评估车辆信息

厂牌型号：________________________　　牌照号码：______________________________

发动机号：________________________　　车辆 VIN 码：______________________________

车身颜色：__________　表征里程：__________　初次登记日期：__________________

年审检验合格至：________年______月　　交强险截至日期：______年______月

车船税截至日期：______年______月

是否查封、抵押车辆：□是 □否　　车辆购置税(费)证：　□有 □无

机动车登记证书：　□有 □无　　机动车行驶证：　□有 □无

未接受处理的交通违法记录：□有 □无

使用性质：□公务用车 □家庭用车 □营运用车 □出租车　□其他：________________

五、技术鉴定结果

技术状况缺陷描述：____

____

重要配置及参数信息：____

技术状况鉴定等级：____________________　　等级描述：________________________

六、价值评估

价值估算方法：□现行市价法□重置成本法□其他______________________________

价值估算结果：车辆鉴定评估价值为人民币________元，金额大写：____________

七、特别事项说明[1]

八、鉴定评估报告法律效力

本鉴定评估结果可以作为作价参考依据。本项鉴定评估结论有效期为90天，自鉴定评估基准日至　　年　　月　　日止；

九、声明

(1)本鉴定评估机构对该鉴定评估报告承担法律责任。

(2)本报告所提供的车辆评估价值为评估基准日的价值。

(3)该鉴定评估报告的使用权归委托方所有，其鉴定评估结论仅供委托方为本项目鉴定

评估目的使用和送交二手车鉴定评估主管机关审查使用，不适用于其他目的，否则本鉴定评估机构不承担相应法律责任；因使用本报告不当而产生的任何后果与签署本报告书的鉴定评估人员无关。

(4)本鉴定评估机构承诺，未经委托方许可，不将本报告的内容向他人提供或公开，否则本鉴定评估机构将承担相应法律责任。

附件：

一、二手车鉴定评估委托书

二、二手车技术状况鉴定作业表

三、车辆行驶证、机动车登记证书复印件

四、被鉴定评估二手车照片(要求外观清晰，车辆牌照能够辨认)

二手车鉴定评估师(签字、盖章)　　　　复核人[2](签字、盖章)

年　月　日　　　　(二手车鉴定评估机构盖章)

年　月　日

[1]特别事项是指在已确定鉴定评估结果的前提下，鉴定评估人员认为需要说明在鉴定过程中已发现可能影响鉴定评估结论，但非鉴定评估人员执业水平和能力所能鉴定评定估算的有关事项以及其他问题。

[2]复核人是指具有高级二手车鉴定评估师资格的人员

备注：1. 本报告书和作业表一式三份，委托方二份，受托方一份；

2. 鉴定评估基准日即为《二手车鉴定评估委托书》签订的日期。

6.3.3　二手车鉴定评估案例

1. 二手车鉴定评估报告案例

二手车鉴定评估报告

兰州正邦二手车鉴定评估有限公司评报字(2016年)第025号

一、绪言

兰州正邦二手车鉴定评估有限公司接受 <u>王一斐</u> 的委托，根据国家有关评估及《二手车流通管理办法》和《二手车鉴定评估技术规范》的规定，本着客观、独立、公正、科学的原则，按照公认的评估方法，对牌号为 <u>甘AN××××</u> 的车辆进行了鉴定。本机构鉴定评估人员按照必要的程序，对委托鉴定评估的车辆进行了实地查勘与市场调查，并对其在 <u>2016</u> 年 <u>9</u> 月 <u>8</u> 日所表现的市场价值作出了公允反映。现将该车辆鉴定评估结果报告如下：

二、委托方信息

委托方：<u>王一斐</u>　委托方联系人：<u>王一斐</u>　联系电话：<u>×××××××××××</u>

车主姓名/名称：<u>王一斐</u>

三、评估目的

根据委托方的要求，本项目评估目的：

☑交易 □转籍 □拍卖 □置换 □抵押 □担保 □咨询 □司法裁决

四、鉴定评估基准日 2016 年 9 月 8 日

五、鉴定评估车辆信息

厂牌型号：SVW7167ASD 牌照号码：甘 AN××××

发动机号：790922 车辆 VIN 码：LSVAA418992234875

车身颜色：黑 表征里程：7.5 万 km 初次登记日期：2009-06-25

年审检验合格至：2017 年 06 月 交强险截至日期：2017 年 06 月

车船税截至日期：2017 年 06 月

是否查封、抵押车辆：□是 ☑否 车辆购置税(费)证： ☑有 □无

机动车登记证书： ☑有 □无 机动车行驶证： ☑有 □无

未接受处理的交通违法记录：□有 ☑无

使用性质：□公务用车 ☑家庭用车 □营运用车 □出租车 □其他：

六、评估原则

严格遵守"客观性、独立性、公正性、科学性"评估原则。

七、评估依据

(一)行为依据

二手车鉴定评估委托书第 2016-025 号。

(二)法律、法规依据

1.《固有资产评估管理办法》(国务院令第 91 号)；

2.《机动车强制报废标准规定》(2012 年 12 月 27 日商务部、国家发展和改革委员会、公安部、环境保护部令)；

3. 原国家国有资产管理局《关于印发〈固有资产评估管理办法施行细则〉的通知》(国资办发〔1992〕36 号；

4. 原国家国有资产管理局《关于转发〈资产评估操作规范意见(试行)的通知》(国资办发〔1996〕23 号；

5. 其他相关的法律、法规等。

(三)产权依据

委托鉴定评估车辆的机动车登记证书编号：620001024021。

(四)评定及取价依据

技术标准资料：《机动车运行安全技术条件》(GB7258—2012)

技术参数资料：《汽车技术说明书》《车型技术参数表》《汽车技术参数手册》

技术鉴定资料：《车辆检测报告单》《交通事故车辆技术鉴定书》

其他资料：《市场询价资料》《行业协会价格指导手册》

八、技术鉴定结果

技术状况缺陷描述：前风窗玻璃更换，全车喷漆；右后减震器渗油；车辆后门不易打开。

重要配置及参数信息：除原车配置外，加装了 DVD，四个轮胎更换不久。

技术状况鉴定等级：一级 等级描述：该车技术状况良好，维护保养良好，作为私家车，主要在城市市区使用，使用强度也很低，平均每年行驶里程为 1 万 km，未发现车辆有

较大事故迹象。用二手车100分检查法检查二手车辆技术状况等级为一级。

九、价值评估

价值估算方法：□现行市价法☑重置成本法□其他________

价值估算结果：车辆鉴定评估价值为人民币 91896.5 元

金额大写：玖万壹仟捌佰玖拾陆元伍角整

十、计算过程

本公司接受委托后，对评估对象进行了现场查勘和市场调研，并根据此次评估以咨询为目的，故决定采取重置成本法为评估方法。

评估价值计算公式：评估价值 = 重置成本 × 成新率

1. 现行市场购置价的确定

根据市场调查与询价，该车市场综合价为131000元。

2. 重置成本

因属交易咨询类，故重置成本 = 市场综合价

3. 综合调整系数的计算：用加权平均法计算综合调整系数。

(1) 技术状况良好取0.9；

(2) 维护情况良好取0.9；

(3) 制造质量属中外合资名牌车取0.9；

(4) 工作性质属私家车取1.0；

(5) 工作条件良好取1.0；

综合调整系数：$0.9\times30\% + 0.9\times25\% + 0.9\times20\% + 1.0\times15\% + 1.0\times10\% = 0.925$

4. 成新率的计算

采用综合分析法计算：

$$C_F = C_Y \times K \times 100\%$$

根据《机动车强制报废标准规定》该车无规定使用年限，规定行驶里程60万km，我国私家车年平均行驶里程1~3万km，取其中间值2万km，计算折算年限为60÷2=30年，该车已使用年限为87个月。

成新率 $= [(360-87)\div360] \times 0.925\times100\% = 70.15\%$

5. 评估价值 = 重置成本 × 成新率 $= 131000\times70.15\% = 91896.5$（元）

十一、特别事项说明[2]

该车虽然使用强度低，使用条件好，但车辆使用了7年，根据二手车快捷评估方法"简易折旧评估法"法，结合二手车两头快速折旧的理论，并参照二手车估价的实际经验，对该车的评估价格进行适当调整。

1. 简易折旧评估法的计算依据和计算结果

简易折旧评估法以待评估汽车同款的"基本型"作为估价折旧的基础，在车型没有发生大改款前提下，取第一年15%折旧率、第二年12%折旧率、第三年10%折旧率、第四年8%折旧率、第五年6%折旧率、第六年往后每年5%的折旧率进行折旧。

该车已使用7年零3个月，按7年计算，则评估价值为

$131000\times(1-15\%)\times(1-12\%)\times(1-10\%)\times(1-8\%)\times(1-6\%)\times(1-5\%)\times(1-5\%) = 68830$（元）

2. 调整后的评估价值

将使用简易折旧评估法得到的评估价值适当调高，将重置成本评估价值适当调低，综合分析比较，确定该车的评估价格为75000元。

十二、评估结论

车辆评估价格：¥75000元，金额大写：柒万伍仟元整。

十三、评估报告法律效力

本鉴定评估结果可以作为作价参考依据。本项鉴定评估结论有效期为90天，自鉴定评估基准日至2016年12月8日止。

十四、声明

(1)本鉴定评估机构对该鉴定评估报告承担法律责任。

(2)本报告所提供的车辆评估价值为评估基准日的价值。

(3)该鉴定评估报告的使用权归委托方所有，其鉴定评估结论仅供委托方为本项目鉴定评估目的使用和送交二手车鉴定评估主管机关审查使用，不适用于其他目的，否则本鉴定评估机构不承担相应法律责任；因使用本报告不当而产生的任何后果与签署本报告书的鉴定评估人员无关。

(4)本鉴定评估机构承诺，未经委托方许可，不将本报告的内容向他人提供或公开，否则本鉴定评估机构将承担相应法律责任。

附件：

一、二手车鉴定评估委托书

二、二手车技术状况鉴定作业表

三、二手车技术状况鉴定作业表

四、100分检查评分表

五、车辆行驶证、机动车登记证书复印件

六、被鉴定评估二手车照片(要求外观清晰，车辆牌照能够辨认)

二手车鉴定评估师(签字、盖章)
姜国寿
2016年9月15日

复核人[2](签字、盖章)
李平
(二手车鉴定评估机构盖章)
2016年9月16日

[1]特别事项是指在已确定鉴定评估结果的前提下，鉴定评估人员认为需要说明在鉴定过程中已发现可能影响鉴定评估结论，但非鉴定评估人员执业水平和能力所能鉴定评定估算的有关事项以及其他问题。

[2]复核人是指具有高级二手车鉴定评估师资格的人员。

备注：1. 本报告书和作业表一式三份，委托方二份，受托方一份；

2. 鉴定评估基准日即为《二手车鉴定评估委托书》签订的日期。

附件一

二手车鉴定评估委托书

委托书编号：__2016－025 号__

委托方名称(姓名)：王一斐　　法人代码证(身份证)号：620105××××××××××××

鉴定评估机构名称：兰州正邦二手车鉴定评估有限公司　　法人代码证：××××××××

委托方地址：兰州市安宁区邱家湾128号　鉴定评估机构地址：兰州市城关区北滨河中路253号

联系人：王一斐　　　　　　　　　电话：13893192567

因 ☑交易 □典当 □拍卖 □置换 □抵押 □担保 □咨询 □司法裁决需要，委托人与受托人达成委托关系，号牌号码为__甘AN××××__，车辆类型为__轿车__，车架号(VIN码)为__LSVAA418992234875__的车辆进行技术状况鉴定并出具评估报告书，__2016__年__9__月__20__日前完成。

委托评估车辆基本信息

<table>
<tr><td rowspan="7">车辆情况</td><td colspan="2">厂牌型号</td><td colspan="3">SVW7167ASD</td><td>使用用途</td><td>□营运☑非营运</td></tr>
<tr><td colspan="2">总质量/座位/排量</td><td colspan="3">1.6L</td><td>燃料种类</td><td>93号汽油</td></tr>
<tr><td colspan="2">初次登记日期</td><td colspan="3">2009年6月25日</td><td>车身颜色</td><td>黑色</td></tr>
<tr><td colspan="2">已使用年限</td><td>年　月</td><td colspan="3">累计行驶里程(万km)</td><td></td></tr>
<tr><td colspan="2">大修次数</td><td colspan="2">发动机(次)</td><td>零</td><td>整车(次)</td><td>零</td></tr>
<tr><td colspan="2">维修情况</td><td colspan="5">维护保养好</td></tr>
<tr><td colspan="2">事故情况</td><td colspan="5">元</td></tr>
<tr><td colspan="2">价值反映</td><td>购置日期</td><td colspan="3">2009年6月25日</td><td>原始价格(元)</td><td>123800</td></tr>
<tr><td colspan="8">备注：</td></tr>
</table>

委托方：(签字、盖章)　　　　　　　　受托方：(签字、盖章)

王一斐　　　　　　　　　　　　　　　李平

　　　　　　　　　　　　　　　　　　(二手车鉴定评估机构盖章)

2016年9月5日　　　　　　　　　　　2016年9月5日

1. 委托方保证所提供的资料客观真实，并负法律责任。

3. 仅对车辆进行鉴定评估。

4. 评估依据：《机动车运行安全技术条件》《二手车鉴定评估技术规范》等。

5. 评估结论仅对本次委托有效，不做他用。

6. 鉴定评估人员与有关当事人没有利害关系。

7. 委托方如对评估结论有异议，可于收到《二手车鉴定评估报告》之日起10日内向受托方提出，受托方应给予解释。

附件二

二手车技术状况鉴定作业表

评估日期：2016年9月10日　　　　委托书编号：2016－025号

<table>
<tr><td>车主</td><td>王一斐</td><td>所有权性质</td><td colspan="2">☑私 □公</td><td>联系电话</td><td>13893192567</td></tr>
<tr><td>地址</td><td colspan="4">兰州市安宁区邱家湾128号</td><td>联系人</td><td>王一斐</td></tr>
<tr><td rowspan="7">车辆情况</td><td>车辆类型</td><td colspan="5">☑轿车□客车□越野车□载货车□摩托车□其他</td></tr>
<tr><td>车辆品牌</td><td>朗逸</td><td colspan="2">车辆型号</td><td colspan="2">SVW7167ASD</td></tr>
<tr><td>车牌号码</td><td>甘AN××××</td><td colspan="2">产地</td><td colspan="2">☑国产□进口</td></tr>
<tr><td>发动机号</td><td>ASD</td><td colspan="2">车身识别代码</td><td colspan="2">LSVAA418992234875</td></tr>
<tr><td>车身颜色</td><td>黑色</td><td colspan="2">燃料种类</td><td colspan="2">☑汽油□柴油□电动车□其他</td></tr>
<tr><td>已使用年限</td><td>87个月</td><td colspan="2">规定使用年限</td><td colspan="2">无</td></tr>
<tr><td>累计行驶里程</td><td>75000 km</td><td colspan="2">规定行驶里程</td><td colspan="2">60万km</td></tr>
<tr><td rowspan="2">核对证件</td><td>证件</td><td colspan="5">☑原始发票☑机动车登记证书☑机动车行驶证
☑车主身份证□资产证明□其他</td></tr>
<tr><td>税费</td><td colspan="5">☑购置附加税☑车船使用税□其他</td></tr>
<tr><td rowspan="6">现时技术状况</td><td>1. 外观状况</td><td>好</td><td>2. 内饰</td><td>好</td><td>3. 底盘</td><td>好</td></tr>
<tr><td>4. 发动机性能</td><td>好</td><td>5. 转向系</td><td>好</td><td>6. 行驶系</td><td>好</td></tr>
<tr><td>7. 离合器</td><td></td><td>8. 悬架</td><td></td><td>9. 润滑系</td><td></td></tr>
<tr><td>10. 变速器</td><td></td><td>11. 制动系</td><td></td><td>12. 冷却第</td><td></td></tr>
<tr><td>13. 大修次数</td><td></td><td>14. 排放指标</td><td></td><td>15. 行驶平顺性</td><td></td></tr>
<tr><td>16. 操纵稳定性</td><td></td><td>17. 动力性</td><td></td><td></td><td></td></tr>
<tr><td colspan="2">维护保养情况</td><td colspan="5">□好 ☑较好 □一般 □差</td></tr>
<tr><td colspan="2">制造质量</td><td colspan="5">□进口 ☑国产名牌 □国产非名牌</td></tr>
<tr><td colspan="2">车辆用途</td><td colspan="5">☑私用 □公务 □商务 □营运</td></tr>
<tr><td colspan="2">使用条件</td><td colspan="5">☑好 □一般 □差</td></tr>
<tr><td colspan="2" rowspan="3">价值反应</td><td>重置成本价值</td><td>91896.5元</td><td colspan="2">简易折旧评估价值</td><td>68830元</td></tr>
<tr><td>其他</td><td></td><td colspan="2">车主报价</td><td>82000元</td></tr>
<tr><td>评估确定价值</td><td colspan="4">75000元</td></tr>
<tr><td colspan="7">如果被评估车辆需要大众修或换件，请自行给定综合调整系数，并详细备注说明</td></tr>
</table>

二手车鉴定评估师（签字、盖章）　　　　复核人（签字、盖章）

刘建国　　　　王平

2016年9月15日　　　　2016年9月16日

2. 评估案例

【案例 6－1】一汽大众奥迪 A4 的评估

评估车型：一汽大众奥迪 A4－3.0Quattro

登记日期：2003 年 8 月

新车包牌价格：国产最新款相似配置 65 万元

表征行驶里程：10.3 万 km

用户情况：车主置换新款车辆，希望价格 25 万元

该车配置和手续：

发动机：V 型 6 缸 3.0 L 汽油发动机

变速器：5 挡自动变速器

评估基准日：2008 年 8 月 12 日

车船使用税缴纳至 2009 年 8 月

交强险和商业险到期日期为 2009 年 8 月

登记证、发票：有机动车登记证、原始购车发票

其他手续齐全有效。

静态检查：车辆整体外观基本良好，车身颜色略显陈旧，车身有多处轻微的划痕，打开车门后车身骨架检查没有发现明显的碰撞修复痕迹，副驾驶侧面下方踏板部分有轻微的刮蹭，前风挡玻璃有 5 cm 左右的直线裂痕，车灯老化痕迹出现。底盘系统良好，悬挂系统没有渗漏痕迹，轮毂有多处划痕，轮胎磨损正常，制动盘磨损明显。发动机舱内线路正常，转向助力泵有轻微渗油痕迹，发动机和变速器没有渗漏痕迹，密封良好，其他结构部分基本正常。

动态检查：车辆起动低速噪声略高，抖动不明显。各类电子部件显示正常，换挡行驶过程中车辆的稳定性不错，动力储备充足，全车操控非常好，四驱系统工作正常，相关部件工作良好。

第一评估师李岩意见：轿车拥有四驱系统一直是高档运动车所标榜的特征之一。二手车市场这类车辆的购买用户多用来改装，销售情况不错，保值率较好，奥迪 A4 系列、斯巴鲁、保时捷系列都有四驱系统。根据市场近期行情，这款车的成交价格应该在 20 万～21 万元比较合理。

第二评估师王萌意见：奔驰 C 系列、宝马 3 系列、奥迪 A4 系列三款车型在国内的豪华入门级别车型中竞争非常激烈，尤其是今年随着改款的开始，宝马 3 系列、奥迪 A4 系列最低配置甚至到了 25 万元左右，紧逼丰田锐志等标榜运动的车型，市场内的成交价格一落千丈，尤其是 2004 年之前的老款车型更是低迷不振，根据市场近期行情分析，这款车的成交价格应该在 20.5 万～21 万元比较合理。

总评估师刘爱军意见：虽然全球金融危机开始，但是对于北京地区目前的二手车交易情况分析，成交量相对比较稳定，甚至小排量车出现增长趋势，不过经销商为了促进销售降低风险，纷纷调整了策略，采取薄利多销的策略，进一步拉开与新车的价格竞争，即吸引力，因此目前的二手车成交价格比较低，根据市场行情分析这款车的成交价格应该在 21 万～22 万元比较合理。

【案例 6－2】哈飞路宝节油派的评估

品牌：哈飞　　型号：路宝节油派　　车辆类型：小客车

国产/进口：国产　制造厂名称：一汽轿车　　车辆用途：家庭使用

VIN 号：LKHBG2AJ68A××××××　发动机号：8203×××　排量/功率：1.1

发动机型号：DA468Q　车身颜色：蓝色　　燃油种类：汽油

出厂日期：2008 年　登记日期：2008 年 9 月　评估基准日：2012 年 8 月 12 日

手续、规费情况：此车手续齐全，主要手续有原车发票、车辆登记证书、行驶证、车辆购置税完税证明、交强险保单(2012 年 9 月 21 日到期)。

配置：真皮座椅、DVD、电动门窗、手动空调、车载电视、LED 前夜行灯、红白爆闪、电子助力转向、铝合金轮圈。

静态检查：查看车辆，发现有些地方有漏底漆锈蚀的地方，可以看出均为原漆。打开发动机查看水箱框架和机盖没有修复的痕迹可以证明正面没有发生过碰撞。打开后备箱，备胎下钣金没有修复的痕迹，左右胶线没有修过的痕迹，后备箱盖都是原车的，可以确定没有追尾事故。进入驾驶室，仪表台和棚顶很干净，没有刮花和破损的地方，查看座椅皮革没有掉皮刮花的地方，整体内饰保养很好。

动态检查：起动发动机，起动顺畅，冷车高怠速在 1200 r/min，怠速平稳无异响，约 3 分钟后，怠速降到了正常的 800 r/min。打开前机盖听发动机没有任何异响，开车上路，原地打方向很轻，上路后快速加速完成 5 个挡位的切换，在换挡中变速器无异响，离合器位置正常，车加速 60 km 后，松开方盘查看车在 400 m 内是否有跑偏现象，此车没有出现跑偏，车轮定位正常；在路经过减速带和有轨电车路面的时候听底盘是否有异响，此车无异响一切正常。通过动态测试，此车可以打 9 分，车子整体性能不错。如购买没有需要维修花钱的地方。

综合评定：通过车辆静态和动态的测试，此车综合评定为 9 分左右，此车当年提车办完牌证的价格为 4.5 万元，1.0～1.3L 排量的路宝是路宝里最保值的车型，而且特别省油，所以此车实用性非常高，所以结合本地二手车市场此车行情，评估价格确定为 2.3 万～2.5 万元。

【案例 6－3】丰田凯美瑞的评估

品牌：丰田凯美瑞　型号：GTM7240V　车辆类型：轿车国产/进口：国产

制造厂名称：广州丰田　VIN 号：LVGRE40K778×××××　车身颜色：黑

发动机号：C30××××　发动机型号：2AZ　燃油种类：汽油

排量/功率：2362 m/L/123 kW　出厂日期：2007/9/21

登记日期：2007 年 12 月　评估基准日：2009 年 9 月 10 日

手续、证件情况：机动车登记证、交强险至 2009 年 12 月、机动车行驶证、车辆购置税完税证明、原购车发票等手续齐全有效。

配置：6 碟 CD、6 喇叭、灯光范围自动调节、牵引力控制系统、电动调节驾驶员座椅、电动调节前排乘客座椅、电动天窗、电子制动力分配系统、电子刹车辅助系统、真皮座椅、真皮方向盘、第 2 排座椅 3 点式安全带、遥控中控锁、自动发光式仪表盘、自动水平车头灯、防紫外线玻璃、防抱死制动系统、行车电脑/电子控制单元、驾驶员座椅电子腰部支撑、驾驶员信息系统、车门遥控开启、车身稳定控制系统、车身镀铬装饰、车室照明灯、车库门遥控锁、远程无钥匙进入系统、倒车报警装置、前雾灯、前座预紧式安全带、前座有安全气囊、前座后方储物袋、前排 3 点式安全带、前排电动窗防夹手、前排加热座椅、前排安全侧气帘/气囊、前排中央扶手、前杯托架、双区自动空调带粉尘过滤器、双氙气灯、可调节方向盘、后窗电动遮阳帘、后窗除霜器后门儿童保护锁、后雾灯、后排儿童座椅固定装置、后排中央扶手、后排乘客出风口、后杯托架、四门电动窗、地毯、外后视镜带LED转向灯、多功能方向盘、大灯清洗器、大型组合尾灯、定这巡航系统、向盘音响控制系统、智能钥匙系统、主动转向前大灯。

静态检查：车辆整体外观良好，全车原车漆，有多处划痕、车架连接处没有碰撞变形的痕迹。车辆内部整齐，各部件位置正常，功能良好，没有发现有改动过或翻新的痕迹。发动机舱内线路正常。部件没有改动过的痕迹，发动机和变速器都没有油痕迹。备胎、千斤顶完好，轮胎磨损正常，刹车片正常。进入车内查看，内饰干净。各仪表工作正常。表显里程为34000 km。

动态检查：车辆启动后发动机抖动和噪声状态基本正常，发动机没有维修过的痕迹。

车内感觉比较舒适。变速器结合动力良好，挡位清晰，转向准确，轮胎抓地力稳定，各部件工作基本正常，加速有力。车辆制动系统工作正常。

综合评定：本车自用，行驶较少，新车厂家指导价为25.18万元。结合二手车交易市场本车型交易价格进行评估，给出评估价为19.6万元。

【技能训练】

【技能训练试题6－1】由教师提供车辆、车辆证件和其他相关的信息，学生撰写《二手车鉴定评估报告》一份。

【思考与练习】

一、填空题

1. 二手车鉴定评估机构的职能有＿＿＿＿＿、＿＿＿＿＿、＿＿＿＿＿。

2. 二手车鉴定评估机构的特征有＿＿＿＿＿、＿＿＿＿＿、＿＿＿＿＿。

3. 根据《二手车鉴定评估师国家职业标准》规定，二手车鉴定评估师共设立＿＿个等级，分别为：＿＿＿＿＿（国家职业资格＿＿级）、＿＿＿＿＿（国家职业资格＿＿级）。

4. 注册资产评估师执行资产评估业务，应当合理使用＿＿＿＿＿，并在评估报告中披露＿＿＿＿及其对＿＿＿＿＿的影响。

5. 申请高级二手车鉴定评估师职业资格除具有C1照以上，还需要满足连续从事本职业工作＿＿＿年以上或取得二手车鉴定评估师职业资格证书后，连续从事本职工作＿＿年以上

6. 评估目的是评估服务的经济行为的具体类型，分为＿＿＿＿＿和＿＿＿＿两大类。

7. 变动二手车产权的评估目的有＿＿、＿＿、＿＿、＿＿、＿＿、＿＿、＿、＿等。

8. 不变动二手车产权的评估目的有＿＿＿、＿＿、＿＿＿、＿＿＿、＿＿＿＿等。

9. 汽车鉴定评估机构在撰写出正式的鉴定评估报告以后，经过审核无误，由＿＿＿＿、＿＿＿＿、＿＿＿＿签章并加盖机构公章后提交委托方。

10. 二手车鉴定评估报告分为＿＿＿＿、＿＿＿与＿＿＿＿三种。

11. 二手车鉴定评估报告是反映和体现评估工作情况，明确＿＿、＿＿＿及＿＿责任的

根据。报告采用文字的形式，对受托方进行机动车评估的____、____、____、____、____、______等过程和评定的结果进行说明和总结，体现了评估机构的工作成果。同时，二手车鉴定评估报告也反映和体现了受托的机动车________与鉴定估价师的________，并依此来明确______和______的法律责任。

二、判断题

(　　)1. 设立二手车鉴定评估机构应向所在地省级商务主管部门提出书面申请。

(　　)2. 二手车鉴定评估结论应当认为是对评估对象可实现价格的保证。

(　　)3. 注册资产评估师执行资产评估业务，应当对评估结论的合理性承担责任。

(　　)4. 注册资产评估师执行资产评估业务，不得对委托方和相关当事方进行误导和欺诈。

(　　)5. 注册资产评估师不得签署本人未参与项目的评估报告，但可以委托他人以本人名义签署评估报告。

(　　)6. 注册资产评估师应当在资产评估机构执业，不得以个人名义执业，也不得同时在两家或两家以上评估机构执业。

(　　)7. 申请二手车鉴定评估师可以没有驾驶证。

(　　)8. 二手车鉴定评估目的不同，选择的计价标准和评估方法也不同。

(　　)9. 对不可交易车辆，绝对不能进行技术鉴定和价值评估。

(　　)10. 二手车鉴定评估基准日就是鉴定评估当日。

(　　)11. 当评估基准日不同时，计算得到的评估值就可能有较为明显的差别，所以在二手车鉴定评估时，要明确评估基准日。

(　　)12. 评估报告是评估师在完成鉴定评估工作以后，向委托方提供鉴定评估工作的总结。

(　　)13. 评估报告是评估师向委托方传达评估调查、分析工作及评估结论的重要文件。

(　　)14. 评估报告中不必对为什么要评估做出说明。

(　　)15. 评估基准日，是评估报告中一个重要的参数。

(　　)16. 鉴定评估基准日是评估师在评估鉴定车辆和选取市场价格标准所依据的基准时间。

(　　)17. 评估报告无须写明评估工作过程中应遵循的各项原则。

(　　)18. 若涉及企、事业单位等国有资产的评估，则一定要有协议书、作业表，并需撰写出评估报告。

(　　)19. 二手车鉴定评估作业表，也是存档备查的重要文件。

(　　)20. 评估报告的内容必须正确无误，评估师必须对报告的正确性负责。

三、选择题

1. 申请人向拟设立二手车鉴定评估机构所在地(　　)部门提出书面申请。

A. 省级商务主管　　B. 省级工商行政管理

C. 县级商务主管　　D. 县级工商行政管理

2. 省级商务主管部门自收到全部申请材料之日起(　　)个工作日内作出是否予以核准的决定。

A. 20　　B. 25　　C. 30　　D. 15

3. 二手车鉴定评估师共设立(　　)个等级。

A. 5　　B. 4　　C. 3　　D. 2

4. (　　)不是二手车鉴定评估机构和工作人员应遵守的一项最基本的道德规范。

A. 公平　　B. 专业　　C. 公正　　D. 客观

5. 二手车评估档案保存一般不低于(　　)年。

A. 3　　B. 4　　C. 5　　D. 10

6. 鉴定评估目的涉及财产纠纷的，其档案至少应当保存(　　)年；法律法规另有规定的，从其规定。

A. 3　　B. 5　　C. 8　　D. 10

7. 二手车鉴定评估以(　　)为基础。

A. 车内鉴定　　B. 排放鉴定

C. 外观鉴定　　D. 技术鉴定

8. 因为二手车的技术状况和市场价格都随时间变化而变动，所以(　　)是非常重要的参数。

A. 评估基准日　　B. 检验日期

C. 车辆的出厂日期　　D. 初次注册登记日

9. 评估报告中的评估原则应遵循(　　)的原则。

A. 客观性、自立性、公正性、科学性

B. 公开性、独立性、公正性、科学性

C. 客观性、独立性、公正性、科学性

D. 公开性、自立性、公正性、科学性

10. 鉴定评估报告的使用权归(　　)所有。

A. 委托方　　B. 评估机构

C. 受托方　　D. 评估师

11. 二手车鉴定评估结论有效期为(　　)天，自鉴定评估基准日起计算。

A. 120　　B. 90　　C. 60　　D. 30

四、简答题

1. 二手车评估程序通常包括哪些环节？

2. 二手车鉴定评估工作底稿主要包括哪些内容？

3. 二手车鉴定评估作业流程包括哪些环节？

五、问答题

1. 注册资产评估师的专业胜任能力有哪些要求？

2. 受理二手车鉴定评估时，应了解车辆的哪些基本情况？

3.《二手车鉴定评估委托书》的基本内容包括哪些？

模块七 二手车交易

【学习目标】

知识目标

1. 理解二手车交易的含义。
2. 熟悉二手车交易的类型。
3. 了解二手车交易的相关规定。
4. 熟悉二手车直接交易程序、二手车销售交易程序、二手车拍卖交易程序。
5. 知道交易过户业务的具体流程和车辆所有权转移登记过户流程及办理相关手续需要的资料。
6. 掌握订立二手车交易合同的基本原则。
7. 知道交易合同变更和解除的条件。
8. 违约责任和合同纠纷处理方式。
9. 清楚二手车交易合同的种类和格式。
10. 熟悉二手车收购的流程、定价方法及经营技巧。
11. 熟悉二手车销售的流程、定价方法及定价策略。
12. 了解二手车置换的业务情况和二手车置换的模式。

能力目标

1. 学会签订交易合同。
2. 能完成二手车交易过户和车辆所有权转移登记过户的业务。
3. 能基本完成二手车收购、置换、销售业务。

7.1 概述

7.1.1 二手车交易的含义和特殊性

1. 二手车交易的含义

为了充分发挥二手车的使用价值，体现二手车作为商品的商品交换价值，对二手车进行再流通，形成二手车交易。二手车交易是指以合法的、可交易的在用车为交易对象，在国家规定的二手车交易市场或其他合法的交易市场中进行的二手车的商品交换和产权交易。二手车交易是一种产权交易，实现二手车所有权从卖方到买方的转移过程。二手车必须完成所有权转移登记（即过户）才算是合法、完整的交易。

2. 二手车交易的特殊性

二手车交易是汽车交易的一种，具有汽车交易的共同特点，但同时又有别于新车的交易，主要有四个特点。

1）技术性和专业性

不同的二手车之间技术状况差异很大，从事二手车交易的人员对各种品牌型号的汽车的各种检查检测方法、故障现象、故障原因以及维修工艺和费用都要有较深的了解，还要熟悉二手车交易的相关法律法规和交易程序。

2）价值评估技能要求高

由于当前二手车交易市场不够成熟，信息极度不对称，交易人员定价随意，投机心态强，交易价格往往会偏离合理的价值范围，评估交易人员必须掌握价值规律的相关知识，具备价值评估技能。

3）交易技巧要求高

二手车产品的结构和技术复杂性决定二手车交易在难度上比一般的旧货交易大得多。在交易的收购阶段，还要进行"美容整容"、技术状况鉴定、价格评估、确定销售价格、签订交易合同、办理过户手续、车辆交接、售后服务等，使整个交易过程延长。

4）交易管理难度大

由于二手车经营者在技术上相对买主而言具有绝对的优势，一方面由于监控管理困难，易受利益驱使，出现了许多调里程表、隐瞒事故现实等违规行为，致使行业普遍缺乏信任；另一方面经营者自身管理难度较大，由于每一辆二手车车况差异较大，价格的高低、成交与否很大程度上取决于收购评估师或销售人员，经营者无法掌握每一辆二手车的交易过程，高额利润驱使许多人参与暗箱操作、私下炒车。究其根源，客观上是由于二手车交易的复杂性所决定，主观上则是由于从业人员素质参差不齐所造成。

7.1.2　二手车交易类型

根据《二手车流通管理办法》规定，二手车交易有以下几种类型。

1. 直接交易

二手车直接交易是指二手车所有人不通过经销企业、拍卖企业和经纪机构，将车辆直接出售给买方的交易行为。交易可以在二手车交易市场内进行也可以在场外进行。

2. 中介经营

中介经营是指二手车买卖双方通过中介方的帮助而实现交易，中介方收取约定佣金的一种交易行为。

中介经营包括二手车经纪、二手车拍卖等。

1）二手车经纪

二手车经纪是指二手车经纪机构以收取佣金为目的，为促成他人交易二手车而从中提供信息服务的行为。二手车经纪主要是从事居间、寄售、代购、代销等经营活动。

2)二手车拍卖

二手车拍卖是指二手车拍卖企业以公开竞价的形式将二手车转让给高应价者的经营活动。

3. 二手车销售

二手车销售是指二手车销售企业收购、销售二手车的经营活动。

4. 二手车置换

二手车置换也是一种二手车经销行为。所谓二手车置换就是客户在汽车销售公司购买新车时，将目前在用的汽车经过该公司的检测估价后以一定的折价抵扣部分新车款的一种交易方式。目前二手车置换业务主要在同品牌的车型中开展，汽车销售企业将置换的汽车经过检测、维修后，作为一辆认证二手车卖给消费者。我国已有部分汽车品牌开展了认证二手车销售业务，如上海通用“诚新二手车”、北京现代“首选二手车”、梅赛德斯—奔驰“星睿二手车”等。

5. 二手车典当

二手车典当不赎回情况也可以算作一种二手车销售。二手车典当是指二手车所有人将其拥有的、具有合法手续的车辆质押给典当公司，典当公司支付典当当金，封存质押车辆，双方约定在一定期限内由出典人(二手车所有人)结清典当本息、赎回车辆的一种贷款行为。典当时二手车所有人须持合法有效的手续到典当行办理典当手续，由典当行工作人员和车主当面查验，填写《机动车抵押/注销登记申请表》，此申请表必须交到车辆管理所备案，然后封入典当公司的专业车辆库房。如果到约定的赎回期限二手车所有人不赎回车辆，则典当行就可以依据协议自行处置该车，如出售。

6. 二手车赠予

二手车交易还有一种形式是赠予。赠予就是将二手车让与别人而不要求任何实体性回报的二手车处理方式，赠予不需到二手车交易市场或二手车办证大厅办理过户手续，只需到车管所申请办理变更手续即可。

7.1.3 二手车交易者类型

二手车可以在任何身份的人群中交易。根据二手车买卖双方身份不同，二手车交易者有以下四种类型。

1. 个人对个人交易

这种交易类型是：二手车所有权人为个人，二手车买受人也是个人。

2. 个人对单位交易

这种交易类型是：二手车所有权人为个人，二手车买受人是单位。

3. 单位对个人交易

这种交易类型是：二手车所有权人为单位，二手车买受人是个人。

4. 单位对单位交易

这种交易类型是：二手车所有权人为单位，二手车买受人也是单位。

7.1.4　二手车交易中相关规定

1. 二手车交易地点

二手车应在车辆注册登记所在地交易，也就是说，二手车不允许在异地交易。

2. 二手车办理转移登记手续地点

二手车转移登记手续应按照公安部门有关规定在原车辆注册登记所在地公安机关交通管理部门办理。需要进行异地转移登记的由车辆原属地公安机关交通管理部门办理车辆转出手续，在接收地公安机关交通管理部门办理车辆转入手续。

3. 建立二手车交易档案

交易后，二手车交易市场经营者、经销企业、拍卖公司应建立交易档案。交易档案主要包括以下内容：

(1)法定证明、凭证复印件。主要包括车辆号牌、机动车登记证书、机动车行驶证和机动车安全技术检验合格标志。

(2)购车原始发票或者最近一次交易发票复印件。

(3)买卖双方身份证明或者机构代码证书复印件。

(4)委托人及授权代理人身份证或者机构代码证书，以及授权委托书复印件。

(5)交易合同原件。

(6)二手车经销企业的《车辆信息表》、二手车拍卖公司的《拍卖车辆信息》和《二手车拍卖成交确认书》。

(7)其他需要存挡的有关资料。一般交易档案保留期限不少于3年。

7.2　二手车交易程序

7.2.1　二手车直接交易程序

二手车个人直接交易和通过二手车经纪机构进行的二手车交易，卖方不能直接给买方开具二手车销售统一发票。根据《二手车流通管理办法》规定，买卖双方达成交易意向后应当到二手车交易市场办理过户业务，由二手车交易市场经营者按规定向买方开具税务机关监制的统一发票——二手车销售统一发票，以便办理车辆相关证件及手续的变更。交易流程如图7－1所示。

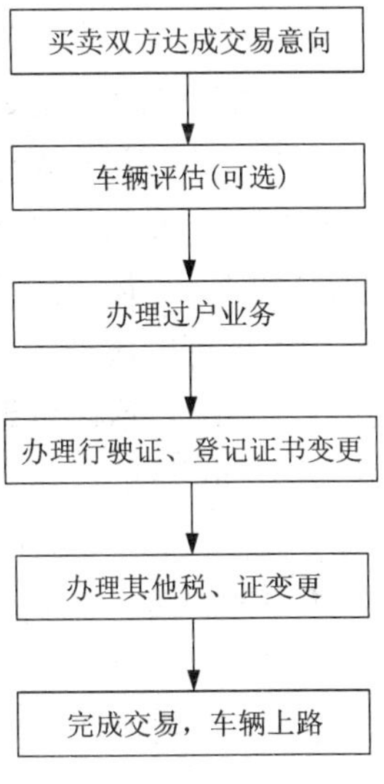

图7－1　二手车直接交易

1. 买卖双方达成交易意向

买卖双方达成交易意向是指买卖双方已就二手车交易谈妥了相关条件(如成交价格)，达成了成交愿望。交易意向的达成是买卖双方的一个谈判过程，一旦谈妥就可以进入办理交易过户的相关手续，完成交易。

2. 车辆评估

二手车鉴定评估是买卖双方达成交易意向后自愿选择的项目。实施《二手车流通管理办法》以后规定交易二手车时，除属国有资产的二手车外，二手车鉴定评估应本着买卖双方自愿的原则，不得强制执行，更不能以此为依据强制收取评估费。

消费者要求鉴定评估的目的主要有二：一是想通过鉴定评估了解二手车的技术状况，尤其是发现车辆存在的故障和安全隐患；二是了解二手车的真实价值。对于不熟悉汽车性能的普通消费者来说，在购买二手车时，委托二手车鉴定评估机构作鉴定评估还是十分必要的。但一定要委托正规的、有资质的第三方评估机构(如二手车鉴定评估中心、资产评估事务所、价格认证中心)，并签订鉴定评估委托书，以使自己的权益得到保证。消费者得到的鉴定评估结果是二手车鉴定评估报告书，由评估机构签章后生效，作为车辆交易的参考。

车辆评估的相关技术和方法已在模块三、模块四、模块五、模块六中做了介绍，此处不再重复。下面通过一个评估案例介绍二手车评估中值得注意的一些问题。

在现实的二手车收购业务中，除了参考当前新车的售价以外，有时也要考虑二手车的原始价格，以平衡买卖双方的利益。

例如，某车是在半年前购买的，发票上注明的价格是 11.58 万元，而该车当时的厂家指导价为 11.98 万元，由此可见是优惠了 0.4 万元后购买的。而在半年后，厂家和 4S 店加大了对该车型的优惠幅度，达到 1.5 万元，目前提车时，发票上所注价格为 10.48 万元。那么，根据重置成本法中有关重置成本方面的要求，需要按 10.48 万元作为重置成本评估标准。假使按第一年折旧率 15% ~20% 来计算，该车的收购行情价在 8.4 万元至 8.9 万元之间。那么就与该车主原购买价有近 3.2 万元的差距。试想一下，11 万多元，购买的新车，使用仅半年，且车况良好，卖车时损失近 3.2 万元，车主显然是无法接受的。

在二手车交易具体环节中，买卖双方都会追求自身利益的最大化，只有交易双方达成一致、认可价格的基础上，才能达成交易。对于上述这辆车，如果二手车经营者想达成交易，就要保证车主的损失不应过大，至少应该在其可以接受的范围之内。所以，比较现实的做法就是依据购车发票上的原始价格，即 11.58 万元来进行价值评估，评估价范围在 9.2 万元至 9.8 万元之间。当然，如果收购价格达到 9.8 万元，与当前新车优惠后的购买价，即 10.48 万元过于接近，对二手车经营者来说，必然造成经营风险，所以现实中是采取“折中”的办法，一般会选择 9.2 万元的价格，或适当再高一些的价格。因为选择 9.2 万元的收购价，二手车商家再转手时，可能会有 0.7 万元至 0.9 万元的利润，销售价也不会超过 10 万元，这让消费者在心理上也可以接受。例如收购价超过 9.5 万元，那么想不超过 10 万元转手，利润最多不会超过 0.5 万元。这样对于二手车经营者而言，利润显然太少了。但如果转手价超过 10 万元，就与 10.48 万元的新车售价非常接近，消费者是很难接受的。

从上面的例子可见原购车发票价格的重要性，所以在车辆收购环节中，不应过分依赖评估方法和各种公式，应权衡利弊，斟酌损益。二手车经营的最终目的是顺利地达成交易，实现经济利益。但需要注意的是，对于一些使用年限短，通常为使用一年或一年以内的车辆适用于上述办法。对于使用时间超过一年的，采用“重置成本法”较为有效。

3. 办理过户业务

办理二手车过户可以从法律上完成车辆所有权的转移，保障车辆来源的合法性，避免买到走私和盗抢车等，同时明确了买卖双方与车辆相关的责任划分，如债务纠纷、交通违法等，确保了买卖双方的合法权益。办理过户业务是二手车交易不可缺少的环节。二手车过户过程分为车辆交易过户和所有权转移登记过户两个步骤，两个步骤缺一不可，具体环节在7.3中介绍。

4. 办理行驶证、登记证书的变更

在车辆管理所办理完成车辆过户手续的同时，就会对机动车登记证书和行驶证进行变更。

5. 办理其他税、证变更

1）车辆购置税的变更

根据国家税务总局第33号令《车辆购置税征收管理办法》（2015年2月1日起施行）规定，车主办理车辆过户手续时，应如实填写《车辆变动情况登记表》，并提供完税证明正本和《机动车行驶证》原件及复印件，提供公安机关车辆管理机构出具的车辆转出证明材料。转出地主管税务机关审核后，据此办理档案转出手续，向转入地主管税务机关开具《车辆购置税档案转移通知书》。

车主办理车辆转入手续时，应如实填写《车辆变动情况登记表》，提供转出地主管税务机关核发的完税证明正本、档案转移通知书和档案。转入地主管税务机关审核后，将转出地主管税务机关核发的完税证明正本、档案转移通知书和档案留存。对转籍车辆核发新的完税证明正本（副本留存）。

办理变更时，还需携带相应资料。

（1）办理车辆购置税同城过户业务提供的资料。

①新车主的身份证明。

②二手车交易发票。

③机动车行驶证。

④车辆购置税完税证明正本。

上述资料均需提供原件及复印件。

（2）办理车辆购置税同城过户业务流程。

填写《车辆变动情况登记表》→报送资料→办理过户→换领车辆购置税完税证明。

（3）办理转出业务提供的资料。

①车主身份证明。

②车辆交易有效凭证原件（二手车交易发票）。

③车辆购置税完税证明（正本）。

④公安车管部门出具的车辆转出证明材料。

上述资料均需提供原件及复印件。

（4）办理转入业务提供资料。

①车主身份证明。

②本地公安车管部门核发的机动车行驶证。

③车辆交易有效凭证原件（二手车交易发票）。

④车辆购置税完税证明。

⑤档案转移通知书。

⑥转出地车辆购置税办封签的档案袋。

2. 车辆保险合同的变更

新的保险法规定：随着车辆过户，车辆保险自动转移，即被保险人将保险标的转让他人时，推定其同时转让保险合同的权利，如果车辆过户没有增加车辆使用危险程度，保险公司不得拒绝理赔。保险业内人士提醒，车辆过户后最好进行保险过户，以防日后发生理赔纠纷。

1）办理车辆保险过户的方式

办理车辆保险过户有两种方式。

（1）对保单要素进行更改，如更换被保险人与车主。

（2）申请退保，即把原来那份车险退掉，终止以前的合同。这时保险公司会退还剩余的保费。之后，新车主就可以到任何一家保险公司去重新办理一份车险。

2）车辆保险合同变更的程序

（1）填写一份汽车保险过户申请书，向原投保的保险公司申请办理批改被保险人称谓的手续。申请书上注明保险单号码、车牌号、新旧车主的姓名及过户原因，并签字或盖章，以便保险公司重新核保。

（2）带保险单和已过户的机动车行驶证，找保险公司的业务部门办理。

一般情况下，保险公司都会受理并出具一张变更被保险人的批单，批单上面写明了被保险人的变化情况。

7.2.2 二手车销售交易程序

由于二手车销售企业能够直接给购车者开具二手车销售统一发票，所以只要购车者和二手车销售企业达成交易意向，双方即可签订二手车交易合同，购车者付清车款后，企业按规定给购车者开具二手车销售统一发票，那么购车者就可以携带发票和要求的证件去相关部门办理车辆相关证件及手续的变更，交易流程如图7－2所示。有关车辆的合法性手续，二手车经销企业在收购车时已经查验过，可以通过二手车交易合同加以保证。

7.2.3 二手车拍卖交易程序

根据《二手车流通管理办法》规定，二手车拍卖企业也能够直接给买受人开具二手车销售统一发票，所以在拍卖会结束后，买受人和拍卖企业签订成交确认书（相当于二手车交易合同）、交款得到二手车销售统一发票，凭成交确认书到指定地点提车，然后携带发票和要求的证件去相关部门办理车辆相关证件及手续的变更，拍卖交易流程如图7－3所示。有些拍卖企业虽然有二手车拍卖业务，但没有开具二手车销售统一发票的资格，此时，在交款后需要到指定的二手车交易市场办理相关过户手续，由市场按规定开具二手车销售统一发票。

有关车辆的合法性手续，二手车拍卖企业在接受拍卖委托时已经查验过，可以通过二手车拍卖成交确认书加以保证。

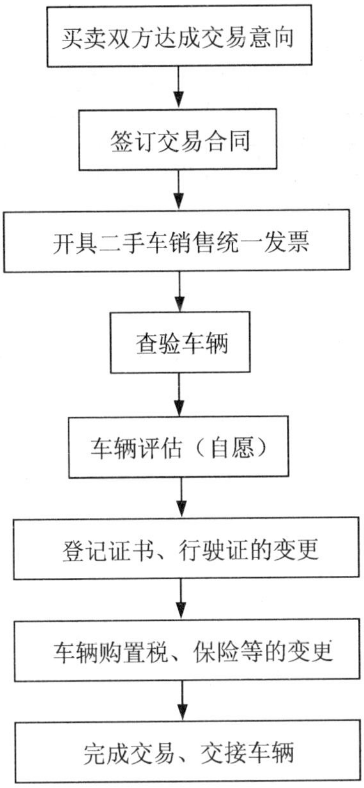

图 7－2　二手车销售交易流程

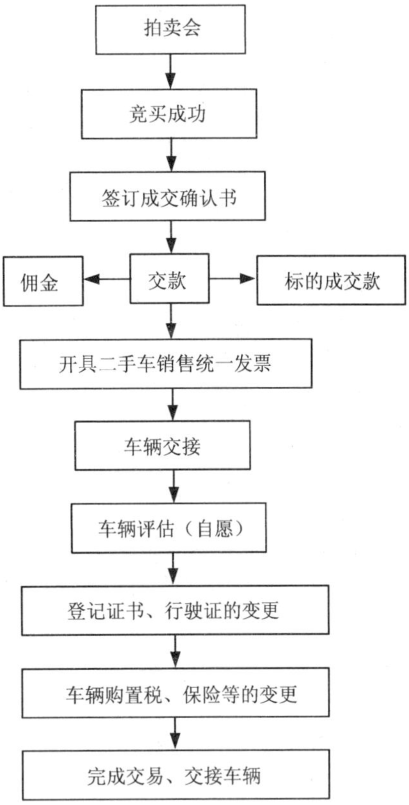

图 7－3　二手车拍卖交易流程

7.3　办理过户业务的流程

7.3.1　交易过户

交易过户业务在二手车交易市场里办理，具体流程如图 7－4 所示。

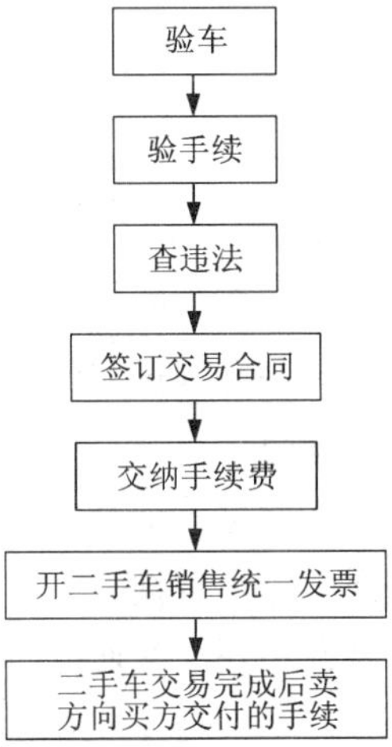

图 7－4　二手车交易过户流程

1. 验车

验车是买卖双方到二手车交易市场办理过户业务的第一道程序，由市场主办方委派负责过户的业务人员办理。验车的目的主要是检查车辆和行驶证上的内容是否一致，对车辆的合法性进行验证。经检查无误后，填写如图 7－5 所示的《车辆检验单》。

一：证件基本情况

证件	有	无	证件	有	无	证件	有	无
身份证	✓		车船证	✓		保险	✓	✓
产权证	✓		养路费	✓		合格证		✓
行驶证	✓		车船购置税	✓		车辆发票（过户票）		✓
证件过户/转籍：齐全□ 真实☑ 有效☑ 一致☑								

二：车辆基本情况

品牌型号：帕萨特SVW7183BGI

车 牌 号：沪DK1629

车型种类：轿车

登记日期：2003.6

表显里程（KM）：40191

颜　　色：银色

车辆识别代码：LSVCB49F732272458

发 动 机 号 码：ANQ0114910

使用性质：非营运☑ 营运□ 营转非□

三：车辆配置

有配置☑　无配置□

发动机	L4☑ L6□ V6□ V8□ V12□ 其他□			排量（L）	1.8
供油方式	电喷（单点□ 多点☑ 直喷□）化油器□ 混合动力□			座椅调节	手动☑ 电动□
变速器	手动□ 自动☑ 手动一体□ CVT□			座椅	针织□ 真皮☑
ABS制动系统	有☑ 无□			天窗	有□ 无☑
安全气囊	单囊□ 双囊☑ 多囊□			后视镜调节	电动☑ 手动□
排放	欧1□ 欧2□ 欧3☑ 欧4□			中控门锁	有☑ 无□
空调	手动☑ 自动□ 没有□	卫星导航（GPS）	有□ 无☑	CD	有□ 无☑
巡航定速（CCS）	有□ 无☑	防盗系统	有☑ 无□	VCD	有□ 无☑
倒车雷达	有□ 无☑	助力转向	有☑ 无□	DVD	有□ 无☑
备注说明					

图7－5　车辆检验单样本

2. 验手续

验手续主要查验车辆手续和机动车所有人身份证明。目的是检验买卖双方所提供的所有手续是否具备办理过户的条件，检查有无缺失以及不符合规定的手续。

3. 查违法

查违法就是查询交易的二手车是否有违法记录。具体方法是登录车辆管理部门的网站或信息数据库进行查询。

甘肃省公安厅交通警察总队互联网交通安全服务管理平台（https：//gs. 122. gov. cn/）首页，如图7－6所示，在网页右上角“信息查询”中，可查询机动车违法记录。

4. 签订交易合同

根据《二手车流通管理办法》规定，二手车交易双方应该签订交易合同，要在合同当中对

图7-6　甘肃省机动车违法查询页面

二手车的状况、来源的合法性、费用负担以及出现问题的解决方法等各方面进行约定，明确买卖双方交易关系和履行责任的法律合约，是办理交易手续和过户手续的必要凭证之一。

二手车经过查验和评估后，其车辆的真实性和基本价格已基本确定。如果车主不同意评估价格，可以和二手车销售企业协商达成最终交易的价格，同时，需要原车主对其车辆的使用年限、行驶里程、安全隐患、有无违章记录等作出一个书面承诺，这些都要以签订交易合同的形式来确定。关于二手车交易合同的相关知识在7.4中详细介绍。

5. 交纳手续费

二手车交易手续费包含代办费用、过户费用以及其他费用。

1）代办费用

代办费用是指委托经营公司待办费用，一般在200元左右，因为实行经营公司代理制，这笔费用是没法省掉的。

2）过户费用

过户费用是指交易过户费按车辆评估价的5‰收取，这笔费用由买卖双方协商各自承担的比例。

3）其他费用

其他费用包括评估车辆费、验车费等。

二手车的交易手续费无全国统一的收费标准，不同地区收费不同。

6. 开具二手车销售统一发票

交完手续费后，就可以开具二手车销售统一发票。

7. 二手车交易完成后卖方向买方交付的手续

二手车交易完成后卖方应当及时向买方交付车辆、号牌及车辆法定证明及凭证。车辆法定证明及凭证主要包括：机动车登记证书、机动车行驶证、机动车安全技术检验合格标志、车辆购置完税证明、车船使用税缴付凭证、车辆保险单。

7.3.2 车辆所有权转移登记过户

1. 转移登记类型

二手车交易后必须办理机动车产权变更的转移登记手续，使交易合法有效。机动车产权证明是机动车登记证书、机动车行驶证和机动车号牌。根据买卖双方的住所是否在同一车辆管理所管辖区内，机动车产权转移登记可分为同城转移登记（即同一车辆管理所管辖区内的所有权转移登记）和异地转移登记（即不同车辆管理所管辖区的所有权转移登记）两种登记类型。

二手车同城转移登记手续应当在原车辆注册登记所在地公安交通管理部门办理。需要进行异地转移登记的，由车辆原属地公安交通管理部门办理车辆迁出手续，在接收地公安交通管理部门办理车辆迁入手续。

2. 二手车办理转移登记所需的手续及证件

二手车在同城交易和所有权转移登记时，根据买卖双方身份不同、二手车交易类型不同，办理转移登记时所需的手续和证件也相应不同。

1）二手车所有权由个人转移给个人

（1）卖方个人身份证原件及复印件。

（2）买方个人身份证原件及复印件。

（3）车辆原始购置发票或上次交易过户发票原件及复印件。

（4）过户车辆的《机动车登记证书》原件及复印件。

（5）过户车辆的《机动车行驶证》原件及复印件。

（6）二手车买卖合同。

（7）外地户口需持暂住证。

（8）过户车辆到场。

2）二手车所有权由个人转移给单位

（1）卖方个人身份证原件及复印件。

（2）买方单位法人代码证原件及复印件（须在年检有效期之内）。

（3）车辆原始购置发票或上次交易过户发票原件及复印件。

（4）过户车辆的《机动车登记证书》原件及复印件。

（5）过户车辆的《机动车行驶证》原件及复印件。

（6）二手车买卖合同。

（7）过户车辆到场。

3）二手车所有权由单位转移给个人

（1）卖方单位法人代码证原件及复印件（须在年检有效期之内）。

（2）买方个人身份证原件及复印件。

(3)车辆原始购置发票或上次交易过户发票原件及复印件。

(4)卖方单位须按实际成交价格给买方个人开具成交发票(需复印)。

(5)过户车辆的《机动车登记证书》原件及复印件。

(6)过户车辆的《机动车行驶证》原件及复印件。

(7)二手车买卖合同。

(8)过户车辆到场。

4)二手车所有权由单位转移给单位

(1)卖方单位法人代码证原件及复印件(须在年检有效期之内)。

(2)买方单位法人代码证原件及复印件(须在年检有效期之内)。

(3)车辆原始购置发票或上次交易过户发票原件及复印件。

(4)卖方单位须按实际成交价格给买方单位开具成交发票(需复印)。

(5)过户车辆的《机动车登记证书》原件及复印件。

(6)过户车辆的《机动车行驶证》原件及复印件。

(7)二手车买卖合同。

(8)过户车辆到场。

3. 车辆所有权转移登记手续

1)同城转移登记

同城转移登记，只需要更改车主姓名(单位名称)和住所等资料，机动车及机动车号牌可以不变更。这种变更情形习惯上称为办理过户手续，即把机动车原车主的登记信息变更为新车主的登记信息。

(1)过户登记的程序

过户登记流程如图7-7所示。

①提出申请

现车主向辖区车辆管理所提出机动车产权转移申请，填写《机动车转移登记申请表》(表7-1)。填表时应注意以下事项：

a. 填写时使用黑色、蓝色墨水笔，字体工整；

b. 标注有“□”符号的为选择项目，选择后在“□”中画“√”；

c. 现机动车所有人的住所地址栏，属于个人的，填写实际居住的地址；属于单位的，填写组织机构代码证书上签注的地址；

d. 机动车栏的“机动车品牌型号”、“车辆识别代码/车架号”、“发动机号码”项目，按照车辆的技术说明书、合格证等资料标注的内容与车辆核对后填写；

e. 申请方式栏，属于由机动车所有人委托代理单位或者代理人代为申请的，除在“□”内画“√”外，还应当在下画线处填写代理单位或者代理人的全称；

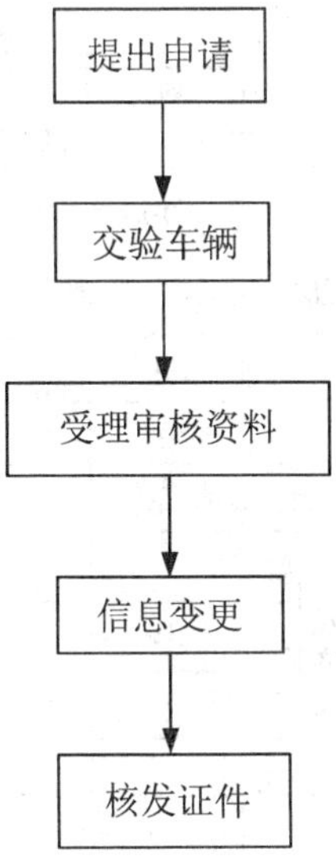

图7-7　二手车过户登记流程

f. 机动车所有人的签字/盖章栏，属于个人的，由机动车所有人签字，属于单位的，盖单位公章；

g. 代理人栏，属于个人代理的，填写代理人的姓名、住所地址、身份证明名称、号码，在代理人栏内签名，不必填写经办人姓名等项目；属于单位代理的，应填写代理人栏的所有内容，代理单位应盖单位公章，经办人应签字。

表 7－1 机动车转移登记申请表

机动车登记证书编号			号牌号码	
申请事项	□机动车在车辆管理所管辖区内的转移登记		□机动车转出车辆管理所管辖区的转移登记	
现机动车所有人	姓名/名称		联系电话	
	住所地址		邮政编码	
	身份证明名称	号码	□常住人 □暂住人	
	居住/暂住证明名称	号码		
机动车	机动车使用性质	□公路客运 □公交客运 □出租客运 □租赁 □货运 □旅游客运 □非营运 □警用 □消防 □救护 □工程抢险 □营转非 □出租营转非		
	机动车获得方式	□购买 □中奖 □仲裁裁决 □继承 □赠予 □协议抵偿债务 □资产重组 □资产整体买卖 □调拨 □法院调解、裁定、判决		
	机动车品牌型号			
	车辆识别代号/车架号			
	发动机号码			
相关资料	来历凭证	□销售 交易发票 □《调解书》 □《裁定书》 □《判决书》 □《仲裁裁决书》 □相关文书 □批准文件 □调拨证明 □权益转让证明书		
	其他	□《中华人民共和国海关监管车辆解除监管证明书》 □《协助执行通知书》 □《公证书》 □身份证明 □行驶证	现机动车所有人： （个人签字 单位盖章） 年 月 日	
事项明细	转入地车辆管理所名称	车辆管理所		
申请方式	□由现机动车所有人申请 □现机动车所有人委托 ______ 代理申请			
代理人	姓名/名称		联系电话	
	住所地址			
	身份证明名称	号码	代理人： （个人签字 单位盖章） 年 月 日	
	经办人 姓名			
	经办人 身份证明名称	号码		
	经办人 住所地址			
	经办人 签字	年 月 日		

②交验车辆

a. 查验车辆身份。新车主将机动车送到机动车检测站检测，查验车辆识别代码（或车架号码）是否有凿改现象，是否与拓印膜上的号码一致，如果有问题，要认真核查，确实有问题的应由相关管理部门进行处理。

b. 查验年检情况。查验机动车行驶证上的年检记录和机动车安全技术检验合格标志，判断车辆是否已经超过检验周期，如果超过了检验周期，还要进行安全检测。

③受理审核资料

受理转移登记申请，查验并收存相关资料，向现车主出具受理凭证。审批相关手续、符合规定的在计算机登记系统中确认，不符合规定的说明理由开具退办单，将资料退回车主。

④信息变更

信息变更主要包括以下内容：

a. 在《机动车登记证书》上记载转移登记事项和变更信息。

b. 在机动车管理信息系统中变更车主信息。

c. 办理新旧车主信息资料的转移登记手续。

d. 如果需要改变机动车登记编号的，则进行机动车号牌选号、照相，重新确定机动车登记编号。

⑤核发证件

a. 将变更后的《机动车登记证书》交给新车主。

b. 如果不改变机动车登记编号，收回原机动车行驶证，核发新的机动车行驶证。

c. 如果变更了机动车登记编号，收回原机动车号牌、机动车行驶证，确定新的机动车登记编号，核发新的机动车号牌和机动车行驶证，并交给新车主。

（2）过户登记需要的材料

①机动车转移登记申请表。

②现车主的身份证明。身份证明主要有以下几类：

a. 机关、学校、工厂、公司等行政、事业、企业单位和社会团体的身份证明，是《组织机构代码证书》。上述单位已注销、撤销或者破产其机动车需要办理变更登记、转移登记、注销登记和补领机动车登记证书、号牌、行驶证的，已注销的企业单位的身份证明，是工商行政管理部门出具的注销证明。已撤销的机关、事业单位的身份证明，是其上级主管机关出具的有关证明。已破产的企业单位的身份证明，是依法成立的财产清算机构出具的有关证明。

b. 外国驻华使馆、领馆和外国驻华办事机构、国际组织驻华代表机构的身份证明，是该使馆、领馆或者该办事机构、代表机构出具的证明。

c. 居民的身份证明，是居民身份证或者居民户口簿；在暂住地居住的内地居民，其身份证明是居民身份证和公安机关核发的居住及暂住证明。

d. 军人（含武警）的身份证明，是居民身份证或者军官证、文职干部证、警官证、士兵证。

e. 香港、澳门特别行政区，台湾地区居民的身份证明，是其入境的身份证明和居留证明。

f. 外国人的身份证明，是其入境的身份证明和居留证明。

g. 外国驻华使馆、领馆人员，国际组织驻华代表机构人员的身份证明，是外交部核发的有效身份证件。

③《机动车登记证书》原件。

④机动车行驶证原件。

⑤解除海关监管的机动车，应当提交监管海关出具的《中华人民共和国海关监管车辆解除监管证明书》。

⑥机动车来历凭证。二手车交易的机动车来历凭证就是二手车销售统一发票。

⑦车辆购置税完税证明。

⑧所购买的二手车。

(3)过户登记的事项

①现车主的姓名或者单位名称、身份证明名称、身份证明号码、住所地址、邮政编码和联系电话。住所地址是指:

a. 单位住所的地址为其《组织机构代码证书》记载的地址。

b. 居民住所的地址为其《居民户口簿》或者《居民身份证》或者《暂住证》记载的地址。

c. 军人住所的地址为其团以上单位出具的本人住所地址证明记载的地址。

d. 香港、澳门特别行政区的居民,台湾居民和外国人住所的地址为其居留证件记载的地址。

②机动车获得方式。机动车获得方式是指人民法院调解、裁定、判决、仲裁机构仲裁裁决,购买、继承、赠予、中奖、协议抵偿债务、资产重组、资产整体买卖和调拨等。

③机动车来历凭证的名称、编号。

④转移登记的日期。

⑤海关解除监管的机动车,登记海关出具的《中华人民共和国海关监管车辆解除监管证明书》的名称、编号。

⑥改变机动车登记编号的,登记机动车登记编号。

(4)不能办理过户登记的情形。有下列情形之一的,不能办理过户登记:

①车主提交的证明、凭证无效的。

②机动车来历凭证涂改的,或者机动车来历凭证记载的车主与身份证明不符的。

③车主提交的证明、凭证与机动车不符的。

④机动车未经国家机动车产品主管部门许可生产、销售或者未经国家进口机动车主管部门许可进口的。

⑤机动车的有关技术数据与国家机动车产品主管部门公告的数据不符的。

⑥机动车达到国家规定的强制报废标准的。

⑦机动车属于被盗抢的。

⑧机动车与该车的档案记载的内容不一致的。

⑨机动车未被海关解除监管的。

⑩机动车在抵押期间的。

⑪机动车或者机动车档案被人民法院、人民检察院、行政执法部门依法查封、扣押的。

⑫机动车涉及未处理完毕的道路交通安全违法行为或者交通事故的。

2)异地转移登记

二手车交易后,如果新车主和原车主的住所不在同一城市,不能直接办理《机动车登记证书》和机动车行驶证的变更,需要到新车主住所所属的车辆管理所管辖区内办理。这就牵涉二手车转出和转入登记问题。

(1)转出登记

车辆转出登记是指在现车辆管理所管辖区内已注册登记的车辆,办理车辆档案转出的手续。一般是由于现车主的住所或工作地址变动等原因需要将车辆转出本地。

①转出登记程序。现车主提出申请，填写《机动车转移登记申请表》→车辆管理所受理审核资料→确认车辆→在《机动车登记证书》上记载转出登记事项→收回机动车号牌和《机动车行驶证》→核发临时行驶号牌，密封机动车档案→交机动车所有人。

②转出登记的规定。根据《机动车登记规定》，二手车交易后且现车主的住所不在原车辆管理所管辖区的，现车主应当于机动车交付之日（以二手车销售发票上登记日期为准）起30日内，向原二手车管辖地车辆管理所提出转移登记申请，填写《机动车转移登记申请表》，有些地方还要求车主签订外迁保证书。

③转出登记需要的资料。现车主在规定的时间内，持下列资料，向原二手车管辖地车辆管理所申请转出登记，并交验车辆：

a. 机动车转移登记申请表。

b. 现车主的身份证明。

c. 机动车登记证书原件。

d. 机动车来历凭证（二手车发票）。

e. 如果属于解除海关监管的机动车，应当提交监管海关出具的《中华人民共和国海关监管车辆解除监管证明书》。

f. 交回机动车号牌和机动车行驶证。

④转出登记事项。车辆管理所办理转出登记时，要在《机动车登记证书》上记载下列转出登记事项：

a. 现车主的姓名或者单位名称、身份证明名称、身份证明号码、住所地址、邮政编码和联系电话。

b. 机动车获得方式。机动车获得方式是指人民法院调解、裁定、判决、仲裁机构仲裁裁决、购买、继承、赠予、中奖、协议抵偿债务、资产重组、资产整体买卖和调拨等。

c. 机动车来历凭证的名称、编号。

d. 转移登记的日期。

e. 海关解除监管的机动车，登记海关出具的《中华人民共和国海关监管车辆解除监管证明书》的名称、编号。

f. 变更机动车登记编号的，登记机动车登记编号。

g. 登记转入地车辆管理所的名称。

完成转出登记的办理后，收回机动车号牌和机动车行驶证，核发机动车临时号牌，密封机动车档案，交给车主到转入地办理转入登记手续。

（2）转入登记

①机动车转入登记的条件。

a. 现车主的住所属于本地车管所登记规定范围的。

b. 转入机动车符合国家机动车登记规定的。

②转入登记规定。根据《机动车登记规定》，机动车档案转出原车辆管理所后机动车所有人必须在90日内携带车辆及档案资料到住所地车辆管理所申请机动车转入登记。

③转入登记程序。车主提出申请→交验车辆→车辆管理所受理申请→审核资料→在《机

动车登记证书》上记载转入登记事项→核发机动车号牌、机动车行驶证和检验合格标志。

a. 提出申请。车主向转入地车辆管理所提出转入申请，填写《机动车注册登记/转入申请表》(表7－2)。

b. 交验车辆。车主将机动车送到机动车检测站检测，车管所民警确认机动车的唯一性，查验车辆识别代码(或车架号码)有无人为更改痕迹。

表7－2 机动车注册登记/转入申请表

<table>
<tr><td colspan="2">申请事项</td><td colspan="4">□注册登记　　　　□转入</td></tr>
<tr><td rowspan="4">机动车所有人</td><td>姓名/名称</td><td colspan="2"></td><td>联系电话</td><td></td></tr>
<tr><td>住所地址</td><td colspan="2"></td><td>邮政编码</td><td></td></tr>
<tr><td>身份证明名称</td><td></td><td>号码</td><td></td><td colspan="2">□常住人口　□暂住人口</td></tr>
<tr><td>居住/暂住证明名称</td><td colspan="2"></td><td>号码</td><td colspan="2"></td></tr>
<tr><td rowspan="5">机动车</td><td>机动车使用性质</td><td colspan="4">□公路客运　□公交客运　□出租客运　□旅游客运　□租赁　□货运
□非营运　□警用　□消防　□救护　□工程抢险
□营转非　□出租营转非</td></tr>
<tr><td>机动车获得方式</td><td colspan="4">□购买　□仲裁裁决　□继承　□赠予　□协议抵偿债务　□中奖
□资产重组　□资产整体买卖　□调拨　□境外自带　□法院调解、裁定、判决</td></tr>
<tr><td>机动车品牌型号</td><td colspan="4"></td></tr>
<tr><td>车辆识别代号/车架号</td><td colspan="4"></td></tr>
<tr><td>发动机号码</td><td colspan="4"></td></tr>
<tr><td rowspan="3">相关资料</td><td>来历凭证</td><td colspan="3">□销售/交易发票　□<调解书>　□《裁定书》
□《判决书》　□相关文书　□批准文件
□调拨证明　□《仲裁裁决书》</td><td rowspan="4">机动车所有人签章：
(个人签字/单位盖章)
年　月　日</td></tr>
<tr><td>进□凭证</td><td colspan="3">□《货物进口证明书》
□《没收走私汽车、摩托车证明书》
□《中华人民共和国海关监管车辆进(出)境领(销)牌证通知书》</td></tr>
<tr><td>其他</td><td colspan="3">□国产机动车的整车出厂合格证　□机动车档案
□身份证明　□《协助执行通知书》　□《公证书》</td></tr>
<tr><td>申请方式</td><td colspan="4">□由机动车所有人申请　□机动车所有人委托　代理申请</td></tr>
</table>

<table>
<tr><td rowspan="7">代理人</td><td colspan="2">姓名/名称</td><td colspan="5"></td></tr>
<tr><td colspan="2">住所地址</td><td colspan="3"></td><td>联系电话</td><td></td></tr>
<tr><td colspan="2">身份证明名称</td><td></td><td>号码</td><td></td><td colspan="2" rowspan="5">代理人签章：

(个人签字/单位盖章)
年　月　日</td></tr>
<tr><td rowspan="4">经办人</td><td>姓名</td><td colspan="3"></td></tr>
<tr><td>身份证明名称</td><td></td><td>号码</td><td></td></tr>
<tr><td>住所地址</td><td colspan="3"></td></tr>
<tr><td>签字</td><td colspan="3">年　月　日</td></tr>
</table>

c. 车辆管理所受理申请。受理转入登记申请，查验并收存机动车档案，向车主出具受理凭证。

d. 审核资料。审批相关手续，符合规定的在计算机登记系统中确认，不符合规定的说明理由开具退办单，将资料退回车主。

e. 办理转入登记手续。审验合格后，进行机动车号牌选号、照相，确定机动车登记编号，并在《机动车登记证书》上记载转入登记事项。

f. 核发新的机动车号牌和机动车行驶证。

④登记需要的资料

a. 车辆注册登记转入申请表。

b. 车主的身份证明。

c. 机动车登记证书。

d. 机动车密封档案(封条无断裂、破损)。

e. 申请办理转入登记的机动车的标准照片。

f. 海关监管的机动车，还应当提交监管海关出具的《中华人民共和国海关监管车辆进(出)境领(销)牌照通知书》。

由于各地区对车辆环保要求执行不同的标准，有的地区对机动车在办理注册登记以及申请转入时，有特殊的要求。所以，车主在将车辆转入“转入地”前，应向转入地的车辆管理部门征询该车辆是否符合转入条件。

⑤转入登记事项

车辆管理所办理转入登记时，要在《机动车登记证书》上记载下列登记事项：

a. 车主的姓名或者单位名称、身份证明号码或者单位代码、住所的地址、邮政编码和联系电话。

b. 机动车的使用性质。

c. 转入登记的日期。

属于机动车所有权发生转移的，还应当登记下列事项：

d. 机动车获得方式。

e. 机动车来历凭证的名称、编号和进口机动车的进口凭证的名称、编号。

f. 机动车办理保险的种类、保险的日期和保险公司的名称。

g. 机动车销售单位或者交易市场的名称和机动车销售价格。

7.4 二手车交易合同

7.4.1 订立二手车交易合同的基本原则

二手车交易合同是指二手车经营公司、经纪公司与法人、其他组织和自然人相互之间为实现二手车交易的目的，明确相互权利义务关系，所订立的协议。

订立交易合同时须遵守合法原则、平等互利与协商一致原则的基本原则。

1. 合法原则

订立二手车交易合同，必须遵守法律和行政法规。合同的内容及订立合同的程序、形式只有与法律法规相符合，才会具有法律效力，当事人的合法权益才可得到保护。任何单位和个人都不得利用经济合同进行违法活动，扰乱市场秩序，损害国家和社会利益，牟取非法收入。

2. 平等互利与协商一致原则

订立合同的当事人法律地位一律平等，任何一方不得以大欺小、以强凌弱，把自己的意愿强加给对方，双方都必须在完全平等的地位上签订二手车交易合同。二手车交易合同应当在当事人之间充分协商、意思表示一致的基础上订立，采取胁迫、乘人之危、违背当事人真实意志而订立的合同都是无效的，也不允许任何单位和个人进行非法干预。

7.4.2 二手车交易合同的主体

二手车交易合同主体是指为了实现二手车交易目的，以自己名义签订交易合同，享有合同权利、承担合同义务的组织和个人。根据《中华人民共和国合同法》的规定，我国合同当事人根据其法律地位划分法人、自然人、其他组织三种。

1. 法人

法人是指具有民事权利能力和民事行为能力，依法独立享有民事权利和承担民事义务的组织。它必须具备以下条件。

(1)依法成立。

(2)有必要的财产或经费。

(3)有自己的名称、场所和组织机构。

(4)能够独立承担民事责任的企业法人、机关法人、事业单位法人和社会团体法人。

2. 自然人

自然人是指具有完全民事行为能力，可以独立进行民事活动的人。

3. 其他组织

其他组织是指合法成立、有一定的组织机构和财产，但又不具备法人资格的组织，如私营独资企合伙组织和个体工商户。

7.4.3　二手车交易合同的变更和解除

1. 交易合同的变更

交易合同的变更，通常是指依法成立的交易合同尚未履行或未完全履行之前，当事人就其内容进行修改和补充而达成的协议。

交易合同的变更必须以有效成立的合同为对象，凡未成立或无效的合同，不存在变更问题。交易合同的变更是在原合同的基础上，达成新的合同条款作为修正，以新协议代替原协议。所以，变更作为一种法律行为，使原合同的权利义务关系消灭，产生新的权利义务关系。

2. 交易合同的解除

交易合同的解除是指交易合同订立后，没有履行或没有完全履行以前，当事人依法提前终止合同。

3. 交易合同变更和解除的条件

合同法规定，凡发生下列情况之一，允许变更或解除合同。

(1) 当事人双方经协商同意，并且不能损害国家利益和社会公共利益。

(2) 由于不可抗力致使合同的全部义务不能履行。

(3) 由于另一方在合同约定的期限内没有履行合同。

7.4.4　违约责任和合同纠纷处理方式

1. 违约责任

违约责任是指交易合同一方或双方当事人由于自己的过错造成合同不能履行或不能完全履行，依照法律或合同约定必须承受的法律制裁。

1) 违约责任的性质

(1) 等价补偿。凡是已给对方当事人造成财产损失的，就应当承担补偿责任。

(2) 违约惩罚。合同当事人违反合同的，无论这种违约是否已经给对方当事人造成财产损失，都要依照法律规定或合同约定，承担相应的违约责任。

2) 承担违约责任的条件

(1) 要有违约行为。要追究违约责任，必须有合同当事人不履行或不完全履行的违约行为。它可分为作为违约和不作为违约。

(2) 行为人要有过错。过错是指当事人违约行为主观上出于故意或过失。故意是指当事人应当预见自己的行为会产生一定的不良后果，但仍用积极的不作为或者消极的不作为希望或放任这种后果的发生。过失是指当事人对自己行为的不良后果应当预见或能够预见到，而由于疏忽大意没有预见到或虽已预见到但轻信可以避免，以致产生不良后果。

3) 承担违约责任的方式

(1) 违约金。违约金指合同当事人因过错不履行或不适当履行合同，依据法律规定或合同约支付给对方一定数额的货币。

根据《合同法》及有关条例或实施细则的规定，违约金分为法定违约金和约定违约金。

(2) 赔偿金。指合同当事人一方过错违约给另一方当事人造成损失超过违约金数额时，违约方当事人支付给对方当事人的一定数额的补偿货币。

(3)继续履行。指合同违约方支付违约金、赔偿金后，应对方的要求，在对方指定或双方约定的期限内，继续完成没有履行的那部分合同义务。

违约方在支付了违约金、赔偿金后，合同关系尚未终止，违约方有义务继续按约履行，最终实现合同目的。

2. 合同纠纷处理方式

合同纠纷指合同当事人之间因对合同的履行状况及不履行的后果所发生的争议。根据《合同法》及有关条例的规定，我国合同纠纷的解决方式一般有协商解决、调解解决、仲裁和诉讼四种方式。

1)协商解决

协商解决是指合同当事人之间，直接磋商，自行解决彼此间发生的合同纠纷。这是合同当事人在自愿、互谅互让基础上，按照法律、法规的规定和合同的约定，解决合同纠纷的一种方式。

2)调解解决

调解解决是指由合同当事人以外的第三人(交易市场管理部门或二手车易管理协会)出面调解，使争议双方在互谅互让基础上自愿达成解决纠纷的协议。

3)仲裁

仲裁是指合同当事人将合同纠纷提交国家规定的仲裁机关，由仲裁机关对合同纠纷作出裁决的一种活动。

4)诉讼

诉讼是指合同当事人之间发生争议而合同中未规定仲裁条款或发生争议后未达成仲裁协议的情况下，由当事人一方将争议提交有管辖权的法院，按诉讼程序审理作判决的活动。

7.4.5 二手车交易合同的种类和格式

1. 二手车交易合同的种类

二手车交易合同按当事人在合同中处于出让、受让或居间中介的不同情况，可分为二手车买卖合同和二手车居间合同两种。

1)二手车买卖合同当事人

(1)出让人(售车方)：有意向出让二手车合法产权的法人或其他组织、自然人。

(2)受让人(购车方)：有意向受让二手车合法产权的法人或其他组织、自然人。

2)二手车居间合同当事人

(1)出让人(售车方)：有意向出让二手车合法产权的法人或其他组织、自然人。

(2)受让人(购车方)：有意向受让二手车合法产权的法人或其他组织、自然人。

(3)居间方(中介方)：合法拥有二手车中介交易资质的二手车经纪公司。

2. 二手车交易合同的格式

二手车交易合同在我国暂无统一格式，但主要内容基本一致。二手车交易合同分为二手车买卖合同和二手车居间合同两种，样式分别如下所示。

二手车买卖合同范本(示范文本)

国家工商行政管理总局制定

使 用 说 明

一、本合同文本是依据《中华人民共和国合同法》《二手车流通管理办法》等有关法律、法规和规章制定的示范文本,供当事人约定使用。

二、本合同所称二手车,是指从办理完注册登记手续到达到国家强制报废标准之前进行交易并转移所有权的汽车(包括三轮汽车、低速载货汽车,即原农用运输车)、挂车和摩托车。

三、本合同签订前,买卖双方应充分了解合同的相关内容。卖方应向买方提供车辆的使用、修理、事故、检验以及是否办理抵押登记、缴纳税费、报废期等真实情况和信息;买方应了解、查验车辆的状况。

四、双方当事人应结合具体情况选择本合同协议条款中所提供的选择项,空格处应以文字形式填写完整。

五、本合同"其他约定"条款,供双方当事人自行约定。

六、本合同示范文本由国家工商行政管理总局负责解释,并在全国范围内推行使用。

二 手 车 买 卖 合 同

合同编号:____________________

卖　　方:____________________

住　　所:____________________　　　　法定代表人:____________________

(如为自然人)身份证号码:□□□□□□□□□□□□□□□□□□

电话号码:____________________

买　　方:____________________

住　　所:____________________　　　　法定代表人:____________________

(如为自然人)身份证号码:□□□□□□□□□□□□□□□□□□

电话号码:____________________

根据《中华人民共和国合同法》《二手车流通管理办法》等有关法律、法规、规章的规定,就二手车的买卖事宜,买卖双方在平等、自愿、协商一致的基础上签订本合同。

第一条　车辆基本情况

1. 车主名称:________________;车牌号码:________________;厂牌型号:________________。

2. 车辆状况说明见附件一。

3. 车辆相关凭证见附件二。

第二条　车辆价款、过户手续费及支付时间、方式

1. 车辆价款及过户手续费________________。

本车价款(不含税费或其他费用)为人民币:________________元(小写:________________元)。

过户手续费(包含税费)为人民币:________________元(小写:________________元)。

2. 支付时间、方式。

待本车过户、转籍手续办理完成后____ 个工作日内，买方向卖方支付本车价款。(采用分期付款方式的可另行约定)。

过户手续费由________方承担。________方应于本合同签订之日起____ 个工作日内，将过户手续费支付给双方约定的过户手续办理方。

第三条　车辆的过户、交付及风险承担

____ 方应于本合同签订之日起____ 个工作日内，将办理本车过户、转籍手续所需的一切有关证件、资料的原件及复印件交给____ 方，该方为过户手续办理方。

卖方应于本车过户、转籍手续办理完成后____ 个工作日内在____ (地点)向买方交付车辆及相关凭证(见附件一)。

在车辆交付买方之前所发生的所有风险由卖方承担和负责处理；在车辆交付买方之后所发生的所有风险由买方承担和负责处理。

第四条　双方的权利和义务

1. 卖方应按照合同约定的时间、地点向买方交付车辆。

2. 卖方应保证合法享有车辆的所有权或处置权。

3. 卖方保证所出示及提供的与车辆有关的一切证件、证明及信息合法、真实、有效。

4. 买方应按照合同约定支付价款。

5. 对转出本地的车辆，买方应了解、确认车辆能在转入所在地办理转入手续。

第五条　违约责任

1. 卖方向买方提供的有关车辆信息不真实，买方有权要求卖方赔偿因此造成的损失。

2. 卖方未按合同的约定将本车及其相关凭证交付买方的，逾期每日按本车价款总额的____ %向买方支付违约金。

3. 买方未按照合同约定支付本车价款的，逾期每日按本车价款总额____%向卖方支付违约金。

4. 因卖方原因致使车辆不能办理过户、转籍手续的，买方有权要求卖方返还车辆价款并承担一切损失；因买方原因致使车辆不能办理过户、转籍手续的，卖方有权要求买方返还车辆并承担一切损失。

5. 任何一方违反合同约定的，均应赔偿由此给对方造成的损失。

第六条　合同争议的解决方式

因本合同发生的争议，由当事人协商或调解解决；协商或调解不成的，按下列第____ 种方式解决：

1. 提交______________仲裁委员会仲裁；

2. 依法向人民法院起诉。

第七条　合同的生效

本合同一式____ 份，经双方当事人签字或盖章之日起生效。

第八条　其他约定

附件一：车辆状况说明书(车辆信息表)

附件二：车辆相关凭证

1.《机动车登记证书》
2.《机动车行驶证》
3. 有效的机动车安全技术检验合格标志
4. 车辆购置税完税证明
5. 车船使用税缴付凭证
6. 车辆养路费缴付凭证
7. 车辆保险单
8. 购车发票

卖方：________________（签章）　　卖方开户银行：________________
账　　号：________________
户　　名：________________
买方：________________（签章）　　买方开户银行：________________
账　　号：________________
户　　名：________________
签订地点：________________
签订日期：______年______月______日

车辆状况说明书（车辆信息表）

车辆信息表

<table>
<tr><td colspan="2">质量保证类别</td><td colspan="5"></td></tr>
<tr><td colspan="2">车　牌　号</td><td colspan="5"></td></tr>
<tr><td colspan="2">经销企业名称</td><td colspan="5"></td></tr>
<tr><td colspan="2">营业执照号码</td><td></td><td>地　址</td><td colspan="3"></td></tr>
<tr><td rowspan="8">车辆基本信息</td><td>车辆价格</td><td>¥　　元</td><td>品牌型号</td><td></td><td>车身颜色</td><td></td></tr>
<tr><td>初次登记</td><td>年　月　日</td><td>行驶里程</td><td>km</td><td>燃　料</td><td></td></tr>
<tr><td>发动机号</td><td></td><td>车架号码</td><td></td><td>生产厂家</td><td></td></tr>
<tr><td>出厂日期</td><td>年　月</td><td>年检到期</td><td>年　月</td><td>排放等级</td><td></td></tr>
<tr><td>结构特点</td><td colspan="5">□自动挡　□手动挡　□ABS　□其他</td></tr>
<tr><td>使用性质</td><td colspan="5">□营运　□出租车　□非营运　□营转非　□出租营转非　□教练车　□其他</td></tr>
<tr><td>交通事故记录
次数/类别/程度</td><td colspan="5"></td></tr>
<tr><td>重大维修记录
时间/部件</td><td colspan="5"></td></tr>
<tr><td colspan="2">法定证明凭证</td><td colspan="5">□号牌　□行驶证　□登记证　□年检证明　□车辆购置税完税证明
□养路费缴付证明　□车船使用税完税证明　□保险单　□其他</td></tr>
</table>

车辆技术状况	
质量保证	
声明	本车辆符合《二手车流通管理办法》有关规定，属合法车辆。
买方（签章）	经销企业（签章） 经办人（签章） 年 月 日
备注	1. 本表由经销企业负责填写。 2. 本表一式三份，一份用于车辆展示，其余作为销售合同附件。

填写说明

一、车辆基本信息

（一）“表征里程”项的内容，按照车辆里程表实际显示总里程数填写。

（二）“其他法定凭证、证明”项的内容，根据实际提交证明文件，在对应项前“□”内打“√”，未列明的填入“其他”项中。

二、重要技术配置及参数

“其他重要参数”：根据实际情况如实填写相关配置信息。

三、是否为事故车

如实明示是否为事故车，在对应项前“□”内打“√”。如果“是”，需在“损伤位置及损伤状况”项中描述损伤位置及损伤状况。损伤位置为可以影响到车辆整体结构的位置，主要为A. B. C. D柱，翼子板内板、前纵梁、地板等。损伤状况包括：变形、烧焊、扭曲、锈蚀、折皱、更换过等。如果“否”，则无须填写后项内容。

四、车辆状况描述

仅描述静态状况，应包括如下内容：

（一）车身外观状况：需描述外观的损伤位置及损伤状况。

损伤位置包括：翼子板、车门、行李箱盖、行李箱内侧、车顶、保险杠、格栅、玻璃、轮胎、备胎等。

损伤状况包括状态和程度两部分。

损伤状态包括：伤痕、凹陷、弯曲、波纹、锈斑、腐蚀、裂纹、小孔、调换、做漆、痕迹、条纹等。

损伤程度包括：一元硬币可覆盖、10 cm×10 cm 纸张可覆盖、20 cm×20 cm 可覆盖、A4 纸可覆盖、A4 纸无法覆盖、花纹深度少于 1.6 mm(轮胎损伤)。

(二)发动机舱内状况：需描述发动机外观状态，各液面状态，.线路状况。

(三)车内及电器状况：需描述内饰是否有破损，车内是否清洁，仪表是否正常，各部分电器是否工作正常，车窗密封及工作状况是否正常等。

(四)底盘状况：发动机底壳、变速箱、减震器是否有渗漏油现象，转向臂球销、三角臂球销是否松动，传动轴防尘罩是否有破损。

以上部分，如果无任何问题，填写“车辆状况良好”。有任何问题均需明确注明。

五、质量保证

明示车辆是否提供质量保证，在对应项前“□”内打“√”。如果“是”，需在“质保范围”项中填写质保内容。如果“否”，则无须填写后项内容。

二手车居间合同

合同编号：________________　　　　签订时间：________年______月______日

委托出让方(简称甲方)：________________

居间方：________________

委托买入方(简称乙方)：________________

第一条　目的

依据国家有关法律、法规和本市有关规定，三方在自愿、平等和协商一致的基础上，就居间方接受甲、乙双方的委托，促成甲、乙双方二手车交易，并完成其他委托的服务事项达成一致，订立本合同。

第二条　当事人及车辆情况

一、甲方基本情况

(1)单位代码□□□□□□□□□□□□□□□□□□□□-□　　经办人：________________

身份证号码□□□□□□□□□□□□□□□□□□□□□□□□

单位地址：________________，联系电话________________。

(2)自然人身份证号码□□□□□□□□□□□□□□□□□□□□□□□□

单位地址：________________，联系电话________________。

二、乙方基本状况

(1)单位代码证号□□□□□□□□□□□□□□□□□□□□-□　经办人：_____________

身份证号码□□□□□□□□□□□□□□□□□□□□□□□□

单位地址：________________，联系电话：________________。

(2)自然人身份证号码□□□□□□□□□□□□□□□□□□□□□□□□

现常住地址：________________，联系电话：________________。

车牌号：______________，车辆类型：______________，厂牌型号：______________，
颜色：____________，初次登记时间：____________，登记证号：______________，
发动机号码：________________，车架号码：________________，
行驶里程：___________km，允许使用年限至__________年_____月________日，
车辆年检签证有效期至________年______月______日，
车辆购置费完税缴纳证号：________________/免税交纳(有证/无证)，
车辆养路费交讫截止日期________年______月______日(证号：________________)，
车辆保险险种：1.____________2.____________3.______________4.______________，
保险有效期截止日期：________________年______月______日。
配置：________________。
其他情况：________________________________。

第三条 车辆价款

经协商一致，本车价款定为人民币________________元(大写：________________元)，上述价款包括车辆、备胎及________________。

第四条 付款及交付、过户

1. 乙方合同签订后(当日/____日)内支付价款______%，(人民币____________________元，大写：____________元)作为定金支付给甲方；支付方式：(现金/指定账户)。

2. 甲方于合同签订(当日/____日)内，将本车存放于居间方指定地点，居间方和乙方查验认可，出具检查单后，由居间方代为保管或三方约定由甲方继续使用本车。甲方于合同签订后______日内将本车有关证件原件及复印件交付给乙方，并协助乙方办理过户手续。

3. 乙方于(过户/转籍)事项完成后(当日/______日)内向甲方支付剩余价款(人民币__________元(大写：____________)；支付方式：(现金/指定账户)。

第五条 佣金标准、数额、收取方式和退赔

(一)居间方已完成本合同约定的委托人甲方委托的事项，委托人甲方按照下列第______种方式计算支付佣金(任选一种)：

1. 按照二手车成交价____________的______%，具体数额为人民币____________元作为佣金支付给居间方。

2. 按双方约定，佣金为人民币____________元，支付给居间方。

(二)居间方已完成本合同约定委托人乙方委托的事项，委托人乙方按照下列第______种方式计算支付佣金(任选一种)：

1. 按照二手车成交价____________的______%，具体数额为人民币____________元作为佣金支付给居间方。

2. 按双方约定，佣金为人民币____________元，支付给居间方。

(三)居间方未完成本合同委托事项，按照下列约定退还佣金：

1. 居间方未完成甲方委托事项，将本合同约定收取佣金的______%，具体数额为人民币____________元退还给委托人甲方，已发生费用由居间方承担；

2. 居间方未完成乙方委托事项，将本合同约定收取佣金的______%，具体数额为人民币____________元退还给委托人甲方，已发生费用由居间方承担。

第六条　甲方的权利和义务

甲方承诺车辆出让时不存在任何权属上的问题和各类未处理完毕的交通违章记录，所提供的证件、证明均真实、有效，无伪造情况；否则，致使出让车辆不能过户、转籍的，乙方有权单方面解除本合同或终止本合同的履行，甲方应接受退回车辆，全额退回车款，向居间方支付佣金和实际发生的费用，并承担赔偿责任。

本合同有效期内，甲方委托出让的车辆根据本合同约定将本车存放指定的地点，除支付停车费，因保管不善造成车辆损毁、灭失的，由责任方承担赔偿责任。

甲方不提供相关文件、证明，或未按合同第四条第二款的约定将本车存放于指定地点，除非有正当理由或不可抗力，否则乙方有权终止本合同并要求双倍返还定金。

第七条　乙方的权利和义务

本合同签订后，乙方应向居间方预支付定金（人民币____________元，大写：____________元）。

乙方履行合同后，定金抵作乙方应当支付给居间方的佣金。如乙方违约，乙方无权要求返还定金并支付实际发生的费用；如居间方违约，应双倍返还定金。

乙方如未按本合同规定时间支付定金，甲方有权单方解除本合同，并要求乙方赔偿相应的经济损失。

乙方如拒绝接受甲方提供的文件、证明，除非正当理由或不可抗力，否则甲方可单方终止本合同，并不返还定金。

乙方在收取有关文件、证明后______日内未办理（过户/转籍）手续或由于乙方的过失导致（过户/转籍）手续不能办理或不能在合理的期限内完成（双方约定该合理期限为收取文件、证明后______日内），除非有正当理由或不可抗力，否则甲方可单方终止本合同，并不返还定金，已发生的费用由乙方承担。

第八条　居间方的权利和义务

居间方应向甲、乙双方出示营业执照等有效证件。

居间方的执业经纪人应向甲、乙双方出示经纪执业证书，并应亲自处理委托事务，未经甲、乙双方同意，不得转委托。

居间方应按照甲、乙的要求处理委托事务，报告委托事务处理情况，为甲、乙双方保守商业秘密。

居间方应按约定或依规定收取甲、乙双方支付的款项并开具收款凭证。

居间方不得采取胁迫、欺诈、贿赂的恶意串通等手段，促成交易。

居间方不得伪造、涂改、买卖交易文件、证明和凭证。

第九条　合同在履行中的变更及处理

本合同在履行期间，任何一方要求变更合同条款的，应及时书面通知相对方，并未征得相对方的同意后，在约定的时限______天内，签订补充条款，注明变更事项。未书面通知相对方，并征得相对方同意擅自变更造成的经济损失，由责任方承担。

本合同履行期间，三方因履行本合同而签署的补充协议及其他书面文件，均为本合同不可分割的一部分具有同等效力。

第十条　违约事项

1. 三方商定，居间方有下列情况之一的，应承担违约责任：

(1) 无正当理由解除合同的；

(2) 与他人私下串通，损害委托人甲、乙双方利益的；

(3) 其他过失影响委托人甲、乙双方交易的。

2. 三方商定，委托人甲、乙双方有下列情况之一的，应承担违约责任：

(1) 无正当理由解除合同的；

(2) 未能按照合同提供必要的文件、证明和配合，造成居间方无法履行合同的；

(3) 相互或与他人私下串通，损害居间方利益的；

(4) 其他造成居间方无法完成委托事项的行为。

3. 三方商定，发生上述违约行为的，按照合同约定佣金总数的______%，计人民币____________元作为违约金支付给各守约方。违约方给各守约方造成的其他经济损失，由守约方按照法律、法规的有关规定追偿。

第十一条　风险承担

本车在过户、转籍手续完成前由甲方作为所有人承担一切风险；本车在过户、转籍手续完成后乙方作为所有人承担一切风险。

第十二条　其他规定

本合同未约定的事项，按照《中华人民共和国合同法》以及相关法律、法规的规定执行。

第十三条　发生争议的解决办法

三方在履行本合同过程中发生争议，由三方协商解决；协商不成的，提请二手车交易市场和二手车交易管理协会调解。调解成功的，三方应当履行调解协议；调解不成的按本合同约定的下列第______项进行解决：

1. 向仲裁委员会申请仲裁；

2. 向法院提起诉讼。

第十四条　合同效力和订立数目

本合同内空格部分填写的文字，其效力优于印刷文字的效力。本合同所称的“日”，均指工作日。

本合同经三方当事人签字、盖章后生效；本合同一式四份，由甲方、乙方、居间方、二手车交易市场各执一份，均具有同等的法律效力。

委托出售方(甲方)：______________________________

法定代表人/自然人(签章)：______________ 经办人(签章)：________________

开户银行：__________________，账户：______________________________；

居间方(名称)：____________，营业执照注册号：____________；

法定代表人(签章)：__________________　　执业经纪人(签章)：______________

执业经纪证书(编号)：______________________________

开户银行：__________________，账户：______________________________；

委托买入方(乙方)：______________________________

法定代表人/自然人(签章):　　　　　　　　　　经办人(签章):

开户银行: __________________ ,账户: ______________________________________ 。

7.5　二手车的收购、销售及置换

7.5.1　二手车的收购

1. 确定收购基准价

二手车收购是以盈利为目的,估价太低,收购不成功;估价太高,没有利润,甚至会亏损。在市场交易中,常用的收购基准价计算方式主要有两种。

1)以车辆价值评估方法确定收购价格

车辆价值评估方法在"模块四"中已做了详细介绍,主要方法有现行市价法、重置成本法、收益现值法、价格清算法等。确定收购价格采用现行市价法是最准确,也是最简单的方法,但要求收购者要了解市场行情;采用重置成本法进行收购时,除了参考当前新车的售价以外,也要考虑该车的原始价格,以平衡买卖双方的利益。

※特别提醒※

在二手车交易具体环节中,买卖双方都会追求自身利益的最大化,只有在交易双方达成一致、认可价格的基础上,才能达成交易。如果二手车经营者想达成交易,就要保证车主的损失不应过大,至少应该在其可以接受的范围之内。

2)以销售预期价为基础的计算方法

这是交易中非常实用的计算方法,计算公式为

收购基准价 = 销售期望价 - 纯利润期望值 - 经营成本

销售期望价是评估师对这辆车将来可能成交价格的判断,纯利润期望值就是评估师收购以后的最低获利期望。还应充分考虑收购至销售过程中该车的总成本费用,总成本费用由固定成本费用和变动成本费用之和构成,固定成本包括房租和工人工资,变动成本费用包括该种类型的新车降价带来的贬值,以及出于客户对车辆外观以及性能方面的考虑,二手车经营者要对车辆进行全面的维护和翻新,以及刊登广告的费用和支出停车费、货币利息等,车辆滞留的时间越长,支出就越大。

例如,对于一辆已使用7年的1.8L雅阁手动舒适版售价预期为9万元,纯利润期望值为6000元,同时测算出收购至销售过程将付出成本500元,那么该车的收购基准价就是8.35万元。

这种方式对评估师要求较高,要求其具有丰富的市场经验,了解市场行情及发展趋势。

不同的评估师对销售的预期价判断不同,不同的经营者对利润的要求也不同,于是收购定价体现出不确定性。

2. 二手车收购定价的主要影响因素

1)车辆实体价值因素

除了用鉴定估价的方法评估车辆实体的产品价值外，还应根据经验结合目前市场行情综合评定。主要评定的项目包括：车辆颜色、车身外观整齐程度、漆面质量等静态检查项目和发动机怠速声音、尾气排放情况等动态检查项目。另外，配置、装饰、改装等项目也很重要，包括有无 ABS、助力装置、真皮座椅、电动门窗、中控防盗锁、CD 音响等；有效的改装包括动力改装、悬架系统改装、音响改装、座椅及车内装饰改装等。

2）无形价值因素

无形价值是指办理各项手续的成本和各种手续的剩余价值。各项手续的价值主要包括：登记证、原始购车发票或交易过户票、行驶证、购置税本、车船使用费证明、车辆保险合同等。如果收购车辆的证件和规费凭证不全，就会影响收购价格，因为代办手续不但要耗费人工成本，而且可能造成转籍过户中意想不到的麻烦和带来许多难以解决的后续问题。

3）市场宏观政策因素

二手车收购要注意国家宏观政策、国家和地方法规的变化所导致的无形贬值。如国家发改委对燃油价格的政策以及对车船税的调整，对大排量车型的影响等不容忽视。

4）市场微观环境因素

市场微观环境主要指新车价格的变动和新车型的上市。新车一旦降价，同品牌的二手车收购价格就会迅速下降。

5）保值率

不同品牌的二手车由于其品牌知名度和售后服务条件不同，收购价格往往不同。奥迪、帕萨特、桑塔纳等车型，市场占有率比较高，车型降价概率低，保值率高。这些品牌多年来以良好的质量、品牌知名度、广泛的售后服务网络和低廉的维修费用赢得了消费者的认同，收购价格相当稳定，容易评估，风险不大。

6）售后维修服务品质

售后服务好的制造厂的品牌车辆，在二手车市场上也是受欢迎的，维修服务有保障，可维修性强，配件供应充足。但是有些市场上少见的车型，维修麻烦，配件贵，二手车的价格就会偏低。

7）收购后产生的成本

二手车收购除了支付车辆产品的货币以外，从收购到售出时限内，还要支出的费用有：保险费、日常维护费、停车费、收购支出的货币利息和其他管理费等。

8）经营状况

二手车经营者应根据库存车辆的多少，提高或降低收购价格。例如，本期库存车辆减少、货源紧张时，应适当提高车辆收购价格，以补充货源，保证库存的稳定。反之，库存车辆多时，则应降低收购价格。另外一种情况是，某一车型出现断挡情况，该车型的收购价格会提高。如某公司本期二手桑塔纳轿车销售一空，该公司会马上提高桑塔纳车型的收购价格。反之，如果某公司本期二手桑塔纳轿车销路不畅，库存积压显著，那么应降低桑塔纳轿车的收购价格，同时库存桑塔纳轿车的销售价格也会降低。

3. 二手车收购注意事项

1）辨别非法车辆

要防止收购偷盗车、伪劣改装车，以及伪造手续凭证、车辆档案的车辆。

2) 新车型对车价的影响

当前新车型投放速度明显加快，技术含量和配置越来越高，致使老车型加快贬值甚至被淘汰。桑塔纳经历了多次改款，虽然生产平台未变，但是早期的桑塔纳与现在的桑塔纳在装备上不可同日而语。因此收购旧车时应以最新款的技术装备和价格来做参照。

3) 新车降价的影响

新车的降价是二手车经营中最大的风险之一，个别车型的降价幅度很大，车商需广泛搜集市场信息，合理的调整库存结构，加快交易频率，适度降低利润标准，缩短销售周期，以降低经营风险。

4) 车辆潜在故障

不同车辆的技术状况不同，出现故障的概率也不相同。例如，车辆行驶了一定里程数需要更换正时带，若不及时更换，后果严重。但二手车收购人员很难准确了解该车正时带的磨损状况，对这类故障的判断就需要有相当丰富的经验。

5) 买卖双方信息不对称

由于市场经济的固有特性，出售者受利益的驱使，往往向收购者提供虚假信息。这其中有故意向消费者隐瞒二手车存在的问题，如隐瞒车辆曾经发生过事故或曾经修理过，从而蒙骗收购者。应该说二手车原车主对车况是最清楚的，在出售日才有责任如实反映和填写车辆的技术状态和使用维修情况，不应有任何隐瞒和欺诈行为。但实际情况是车主也想卖个好价钱。所以现在二手车市场一般均有购销合同，在合同条款中，规定车主应如实地把车的状况填写清楚。若在成交后，发现有不实之处，应负相关责任，以保证购销双方对车辆的信息对称，这也是公平市场交易中的起码原则。

6) 改动行驶里程表的里程数

私自对汽车里程表读数修改，减少汽车里程表读数，从而缩短汽车的使用年限或降低汽车的使用强度，蒙蔽收购者。

7) 政策法律环境

密切关注国家和地方有关二手车的政策与法规的变化，比如，国家对排放标准的要求，二手车交易发票的调整等，预测二手车价格的变动趋势，及时调整收购价格，降低风险。

※知识拓展※

商务部公告2006年第22号《二手车交易规范》

第二章　收购和销售

第十三条　二手车经销企业在收购车辆时，应按下列要求进行：

(一) 按本规范第五条和第六条所列项目核实卖方身份以及交易车辆的所有权或处置权，并查验车辆的合法性。

(二) 与卖方商定收购价格，如对车辆技术状况及价格存有异议，经双方商定可委托二手车鉴定评估机构对车辆技术状况及价值进行鉴定评估。达成车辆收购意向的，签订收购合同，收购合同中应明确收购方享有车辆的处置权。

(三) 按收购合同向卖方支付车款。

第十四条　二手车经销企业将二手车销售给买方之前，应对车辆进行检测和整备。

二手车经销企业应对进入销售展示区的车辆按《车辆信息表》的要求填写有关信息，在显要位置予以明示，并可根据需要增加《车辆信息表》的有关内容。

第十五条 达成车辆销售意向的，二手车经销企业应与买方签订销售合同，并将《车辆信息表》作为合同附件。按合同约定收取车款时，应向买方开具税务机关监制的统一发票，并如实填写成交价格。

买方持本规范第八条规定的法定证明、凭证到公安机关交通管理部门办理转移登记手续。

第十六条 二手车经销企业向最终用户销售使用年限在3年以内或行驶里程在6万km以内的车辆(以先到者为准，营运车除外)，应向用户提供不少于3个月或5000 km(以先到者为准)的质量保证。质量保证范围为发动机系统、转向系统、传动系统、制动系统、悬架系统等。

第十七条 二手车经销企业向最终用户提供售后服务时，应向其提供售后服务清单。

第十八条 二手车经销企业在提供售后服务的过程中，不得擅自增加未经客户同意的服务项目。

第十九条 二手车经销企业应建立售后服务技术档案。售后服务技术档案包括以下内容：

(一)车辆基本资料。主要包括车辆品牌型号、车牌号码、发动机号、车架号、出厂日期、使用性质、最近一次转移登记日期、销售时间、地点等。

(二)客户基本资料。主要包括客户名称(姓名)、地址、职业、联系方式等。

(三)维修记录。主要包括维修的时间、里程、项目等。

售后服务技术档案保存时间不少于3年。

7.5.2 二手车销售

1. 二手车销售定价的影响因素

1)成本因素

产品成本是定价的基础和最低界限，二手车的销售价格如果不能保证成本，企业的经营活动就难以维持。二手车流通企业销售定价应分析价格、需求量、成本、销量、利润之间的关系，正确地估算成本，以作为定价的依据。二手车销售定价时应考虑收购车辆的总成本费用，总成本费用由固定成本费用和变动成本费用之和构成。

(1)固定成本费用。固定成本费用是指在既定的经营目标内，不随收购车辆的变化而变动的成本费用。如分摊在这一经营项目的固定资产的折旧、管理费等项支出。

(2)固定成本费用摊销率。固定成本费用摊销率是指单位收购价值所包含的固定成本费用，即固定成本费用与收购车辆总价值之比。如某企业根据经营目标，预计某年度收购100万元的车辆价值，分摊固定成本费用1万元，则单位固定成本费用摊销率为1%。如花费4万元收购一辆旧桑塔纳轿车，则应该将400元计入固定成本费用。

(3)变动成本费用。变动成本费用指收购车辆随收购价格和其他费用而相应变动的费用，主要包括车辆实体的价格、运输费、车船税、保险费、日常维护费、维修翻新费、资金占用的利息等。

由上面成本分析可知，一辆二手车收购的总成本费用是这辆车应分摊的固定成本费用与变动成本费用之和，用数学式表达为

二手车的总成本费用 = 收购价格固定成本费用摊销 + 变动成本费用

2)供求关系

在市场经济中，产品的价格由买卖双方的相互作用来决定，以市场供求为前提，所以决定价格的基本因素有两个，即供给与需求。如果供大于求，价格会下降；如果供小于求，价格则会上升，这就是市场供求规律。供求关系必然会成为影响价格形成的重要因素，它是制定产品价格的一个重要前提。需求大于供给，价格就会上升，需求小于供给，价格就会下降，市场的一切交易活动和价格的变动都受这一规律的支配。这就是供求规律或称供求法则。它是市场变化的基本规律。供求关系表明价格只能围绕价值上下波动，而价值仍然是确定价格水平及其变动的决定性因素。企业在定价决策时，除以产品价值为基础外，还可以自觉运用供求关系来分析和制定产品的价格。

价格受供求影响而有规律性地变动过程中，不同商品的变动幅度是不一样的，因此在销售定价时还要考虑需求价格弹性。所谓需求价格弹性是指因价格变动而引起的需求相应的变动率，它反映需求变动对价格变动的敏感程度。按照西方经济学理论，当某种产品需求弹性较小时，提高价格可以增加企业利润；反之，当产品需求富有弹性时，降低价格也可以增加企业利润，同时还能起到打击竞争对手、提高自己产品市场占有率的作用。

对于二手车来说，其需求弹性较强，即二手车价格的上升(或下降)会引起需求量较大幅度的减少(增加)。因此，在二手车的销售定价时，应该把价格定低一些，以薄利多销达到增加盈利、服务顾客的目的。

3)竞争状况

在产品供不应求时，企业可以自由地选择定价方式；而在供大于求时，竞争必然随之加剧。定价方式的选择只能被动地根据市场竞争的需要来进行。为了稳定维持自己的市场份额，二手车的销售定价要考虑本地区同行业竞争对手的价格状况，根据自己的市场地位和定价的目标，选择与竞争对手相同的价格，甚至低于竞争对手的价格进行定价。

4)国家政策法令

任何国家对物价都有适度的管理，所不同的是，各个国家和地区对价格的控制程度、范围、方式等存在着一定的差异，完全放开和完全控制的情况是没有的。一般而言，国家可以通过物价部门直接对企业定价进行干预，也可以用一些财政、税收手段对企业定价实行间接影响。

2. 二手车销售定价目标

二手车销售定价的目标是指二手车流通企业通过制订价格水平，凭借价格产生的效用来达到预期目的要求。企业在定价以前，必须根据企业的内部和外部环境，制订出既不违背国家的方针政策，又能协调企业其他经营目标的价格。企业定价目标类型较多，二手车流通企业要根据自己树立的市场观念和市场微观、宏观环境，确立自己的销售定价目标。企业定价目标主要有两大类，即获取利润目标和占领市场目标。

1)获取利润目标

利润是考核和分析二手车流通企业营销工作好坏的一项综合性指标，是二手车流通企业

最主要的资金来源。以利润为定价目标有三种具体形式：预期收益、最大利润和合理利润。

(1)获取预期收益目标。预期收益目标是指二手车流通企业以预期利润(包括预交税金)为定价基点，并以利润加上商品的完全成本构成价格出售商品，从而获取预期收益的一种定价目标。预期收益目标有长期和短期之分，大多数企业都采用长期目标。预期收益高低的确定，应当考虑商品的质量与功能、同期的银行利率、消费者对价格的反应以及企业在同类企业中的地位和在市场竞争中的实力等因素。预期收益定得过高，企业会处于市场竞争的不利地位；定得过低，又会影响企业投资的回收。一般情况下，预期收益适中，可能获得长期稳定的收益。

(2)获取最大利润目标。最大利润目标是指二手车流通企业在一定时期内，综合考虑各种因素后，以总收入减去总成本的最大差额为基点确定单位商品的价格，以取得最大利润的一种定价目标。最大利润是企业在一定时期内可能并准备实现的最大利润总额，而不是单位商品的最高价格，最高价格不一定能获取最大利润。当企业的产品在市场上处于绝对有利地位时，往往采取这种定价目标，它能够使企业在短期内获得高额利润。最大利润一般应以长期的总利润为目标，在个别时期，甚至允许以低于成本的价格出售，以便招徕顾客。

(3)获取合理利润目标。合理利润目标是指二手车流通企业在补偿正常情况下的社会平均成本基础上，适当地加上一定量的利润作为商品价格，以获取正常情况下合理利润的一种定价目标。企业在自身力量不足、不能实行最大利润目标或预期收益目标时，往往采取这一定价目标。这种定价目标以稳定市场价格、避免不必要的竞争、获取长期利润为前提，因而商品价格适中，顾客乐于接受，政府积极鼓励。

2)占领市场目标

以市场占有率为定价目标是一种志存高远的选择方式。市场占有率是指一定时期内某二手车流通企业的销售量占当地细分市场销售总量的份额。市场占有率高意味着企业的竞争能力较强，说明企业对消费信息把握得较准确、充分。资料表明，企业利润与市场占有率正向相关。提高市场占有率是增加企业利润的有效途径。

由于企业所处的市场营销环境不同，自身条件与营销目标不同，企业定价目标也大相径庭。因此，二手车流通企业应在综合考虑市场环境、自身实力及经营目标的基础上，将利润目标和占领市场目标结合起来，兼顾企业的眼前利益与长远利益，来确定适当的定价目标。

3. 定价方法

定价方法是二手车流通企业为了在目标市场实现定价目标，给产品制定基本价格和浮动范围的技术思路。由于成本、需求和竞争是影响企业定价的最基本因素，产品成本决定了价格的最低限值，产品本身的特点决定了需求状况，从而确定了价格的最高限值。竞争者产品与价格又为定价提供了参考的基点，因此形成了以成本、需求、竞争为导向的三大基本定价思路。

1)成本导向定价法

(1)成本加成定价法。成本加成定价法也称为加额定价法、标高定价法或成本基数法，是一种应用比较普遍的定价方法。它首先确定单位产品总成本(包括单位变动成本和平均分摊的固定成本)，然后在单位产品总成本基础上加上一定比例的利润，从而形成产品的单位销售价格。该方法的计算公式是

单位产品价格 = 单位产品总成本 ×（1 + 成本加成率）

由此可以看到，成本加成定价法的关键是成本加成率的确定。一般地说，加成率应与单位产品成本成反比，和资金周转率成反比，与需求价格弹性成反比，需求价格弹性不变时加成率也应保持相对稳定。

(2)目标收益定价法。目标收益定价法又称投资收益率定价法，根据企业的投资总额、预期销量和投资回收期等因素来确定价格。在产品供不应求的条件下，或产品需求的价格弹性很小的细分市场中，目标收益法具有一定的应用价值。

(3)边际成本定价法。边际成本是指每增加或减少单位产品所引起的总成本的增加或减少。采用边际成本定价法时，以单位产品的边际成本作为定价依据。在价格高于边际成本的情况下，企业出售产品的收入除完全补偿变动成本外，尚可用来补偿一部分固定成本，甚至可能提供利润。在竞争激烈的市场条件下具有极大的定价灵活性，对于有效地应对竞争、开拓新市场、调节需求的季节差异、形成最优产品组合，可以发挥巨大的作用。

2)需求导向定价法

需求导向定价是以消费者的认知价值、需求强度及对价格的承受能力为依据，以市场占有率、品牌形象和最终利润为目标，真正按照有效需求来策划价格。需求导向定价法又称顾客导向定价法，是二手车流通企业根据市场需求状况和消费者的不同反应分别确定产品价格的一种定价方式。其特点是：平均成本相同的同一产品价格随需求变化而变化，一般是以该产品的历史价格为基础，根据市场需求变化情况，在一定的幅度内变动价格，以致同一商品可以按两种或两种以上价格销售。这种差价可以因顾客的购买能力、对产品的需求情况、产品的型号和式样以及时间、地点等因素而采用不同的形式。

3)竞争导向定价法

竞争导向定价是以企业所处的行业地位和竞争定位而制定价格的一种方法，是二手车流通企业根据市场竞争状况确定商品价格的一种定价方式。其特点是：价格与成本和需求不发生直接关系。它主要以竞争对手的价格为基础，并与竞争品价格保持一定的比例。即竞争品价格未变，即使产品成本或市场需求变动了，也应维持原价。竞争品价格变动，即使产品成本和市场需求未变，也要相应调整价格。

上述定价方法中，企业要考虑产品成本、市场需求和竞争形势，研究价格怎样适应这些因素，但在实际定价中，企业往往只能侧重于考虑某一类因素，选择某种定价方法，并通过一定的定价政策对计算结果进行修订，而成本加成定价法深受企业界欢迎，主要是有以下原因。

(1)定价工作简化。由于成本的不确定性一般比需求的不确定性小得多，定价着眼于成本可以使定价工作大大简化，不必随时根据需求情况的变化而频繁地调整，因而大大地简化了企业的定价工作。

(2)可降低价格竞争程度。只要同行业企业都采用这种定价方法，那么在成本与加成率相似的情况下价格也大致相同，这样可以使价格竞争减至最低限度。

(3)对买卖双方都较为公平。卖方不利用买方需求量增大的优势趁机哄抬物价，因而有利于买方，固定的加成率也可以使卖方获得相当稳定的投资收益。因此，推荐使用成本加成法来对二手车销售进行定价。

4. 定价策略

在二手车的市场营销中，尽管非价格竞争作用在增长，但价格仍然是影响销售的重要因素，是营销组合中的关键因素。定价是否恰当，不仅直接关系到二手车的销量和企业的利润，而且还关系到企业其他营销策略的制定。营销中定价策略的意义在于有利于挖掘新的市场机会，实现企业的整体目标。在市场经济条件下，价格决策已成为企业经营者面临的具有现实意义的重大决策课题。

二手车销售定价策略是指二手车流通企业根据市场中不同变化因素对二手车价格的影响程度采用不同的定价方法，制定出适合市场变化的二手车销售价格，进而实现定价目标的企业营销战术。

1)阶段定价策略

阶段定价策略就是根据产品寿命周期各阶段不同的市场特征而采用不同的定价目标和对策。投入期以打开市场为主，成长期以获取目标利润为主，成熟期以保持市场份额、利润总量最大为主，衰退期以回笼资金为主。另外，还要兼顾不同时期的市场行情，相应修改销售价格。

2)心理定价策略

不同的消费者有不同的消费心理，有的着重经济实惠、物美价廉，有的注重名牌产品，有的注重产品的文化情感含量，有的追赶消费潮流。心理定价策略就是在补偿成本的基础上，按不同的需求心理确定价格水平和变价幅度。如尾数定价策略就是企业针对消费者的求廉心理，在二手车定价时有意定一个与整数有一定差额的价格。这是一种具有强烈刺激作用的心理定价策略。价格尾数的微小差别，能够明显影响消费者的购买行为，会给消费者一种经过精确计算的、最低价格的心理感觉，如某品牌的二手车标价 69998 元，给人以便宜的感觉，认为只要不到 7 万元就能买一台质地不错的品牌二手车。

3)折扣定价策略

二手车流通企业在市场营销活动中，一般按照确定的目录价格或标价出售商品。但随着企业内外部环境的变化为了促进销售者、顾客更多地销售和购买本企业的产品，往往根据交易数量、付款方式等条件的不同，在价格上给销售者和顾客一定的减让，这种生产者给销售者或消费者的一定程度的价格减让就是折扣。灵活运用价格折扣策略，可以鼓励需求、刺激购买，有利于企业搞活经营，提高经济效益。

5. 销售价格确定

二手车流通企业通过以上程序制定的价格只是基本价格，只确定了价格的范围和变化的途径。为了实现定价目标，二手车流通企业还需要考虑国家的价格政策、用户的要求、产品的性价比、品牌价值及服务水平，应用各种灵活的定价战术对基本价格进行调整，同时将价格策略和其他营销策略结合起来，如针对不同消费心理的心理定价和让利促销的各种折扣定价等，以确定具体的最终价格。

7.5.3 二手车置换

随着我国汽车产业的快速发展，汽车保有量越来越多，同时人们对汽车的需求也越来越多样化，汽车置换作为汽车交易的一种方式逐渐显示出满足人们需要的优越性和调节汽车流通的重要作用。

1. 二手车置换的定义

二手车置换简单来说就是以旧换新，由经销商在4S店或各级网点进行，通过满足车主换车的需求，开展二手车的收购业务，用二手车的价值来补足车主购买新车的价款，并提供相关服务，从而促进新车销售。二手车置换业务实质上是为了将二手车业务和新车销售业务紧密结合起来。

2. 二手车置换业务的产生

目前车主进行车辆更新的手续比较烦琐。车主首先要到二手车市场把车卖掉，其中要经历了解市场行情、咨询二手车价格、与经纪公司讨价还价直至成交、办理各种手续和等待回款等一系列步骤，至少需要好几天。等拿到钱后再到新车市场买新车，又是一番周折。因此更新一部车比买一部新车麻烦得多。在生活节奏日益加快的今天，人们期盼有一种便捷的以旧换新业务，使他们在选择新车的同时，能很方便地处理旧车。于是二手车置换业务应运而生。

二手车置换业务既可以帮助经销商促进新车销售，经销商也可以从二手车的收购和销售过程中获得相当丰厚的利润，消费者也可以通过置换获得便捷可靠的换车服务，并可能获得更加优惠的价格。

3. 二手车置换业务的发展

汽车置换业务在中国市场主要是作为新车市场的一个辅助市场和竞争手段。最早开展二手车置换业务的是2002年上海通用推出的二手车品牌——“诚新二手车”。在通用的大力支持下，“诚新二手车”的二手车品牌活动也迅速在全国各大城市展开。随后各大汽车生产厂商也纷纷推出自己的二手车置换业务品牌，并对经销商的置换业务给予政策扶持。

当前置换业务的主要目标还是加快车辆更新周期，刺激新车消费，这和国外市场的经营宗旨有所区别，具有鲜明的中国特色。各大汽车生产厂商为扶持这一新市场，在经营模式、品牌形象、车辆供应、资金配套、储运分流、售后服务协调以及广告宣传方面，生产商均给予了有力的支持，这使得置换业务能在竞争激烈的汽车市场迅速打开局面。

各经销商在开展置换业务时并不限制置换的旧车是否是本品牌，但如果是本品牌置换，将会提供更加优惠的政策。“诚新二手车”在开展置换业务时，上海大众生产的POLO汽车来置换别克君越，仅能享受新车保修期延长一年1万km的优惠，而通用的凯越来置换别克君越，将享受新车保修期延长一年2万km的优惠。

4. 二手车置换的价值和意义

1）对新车生产厂商及其经销商而言

（1）获得更大利润。新车经销商为了开展二手车置换业务往往会推出让利置换、旧车增值的促销活动，其收购价格偏高，表面上减少了利润，但实际上经销商在品牌增值上同样能获得利润。

（2）促进新车销售。在国外发达市场，二手车置换率（指二手车置换新车占整个新车销售总量的比例）高达70%，“诚新二手车”的二手车置换率已经超过10%，其他品牌的经销商置换率也基本达到5%左右，二手车置换对新车的销售促进作用日渐凸显，发展空间极大。

（3）提升品牌价值。新车生产厂商积极开展置换业务，鼓励经销商们抬高价格收购本品牌的二手车，其目的是提高本品牌车辆的残值，提升品牌价值，增强消费者对其品牌的信任，从而获得长远的利益。

2）对二手车车主而言

（1）交易便捷。二手车置换服务将消费者淘汰旧车和购买新车的过程结合在一起，一次完成甚至一站完成，为用户解决了先要卖掉旧车再去购买新车的麻烦。

（2）新车经销商的让利置换，旧车增值。新车经销商们在生产厂商的支持和授权下，将车辆置换作为顾客购买新车的一项增值服务，与顾客将旧车出售给二手车经纪公司不同，经销商通常是以二手车交易市场二手车收购的最高价格甚至更高的价格，确定二手车价格，置换的钱款直接冲抵新车的价格。

（3）享受“全程一对一”的置换服务。从旧车定价、过户手续，到新车的贷款、购买、保险、牌照等过程都由二手车置换经销商公司内部的专业部门完成，保证效率和服务水准。

（4）完善而有保障的售后服务。通过置换购买的新车，汽车置换授权经销商将提供包括保险、救援、替换车、异地租车等服务在内的完善服务。有的经销商还提供更加个性化的车辆保值回购计划，使顾客可以无须考虑再次更新时的车辆残值，安心使用车辆。

5. 二手车置换模式

我国汽车置换模式从国内的交易情况来看，目前在我国进行的汽车置换有三种模式。

1）以旧换新

以旧换新是指用本厂旧车置换新车，如厂家为“一汽大众”，车主可将旧捷达车折价卖给一汽大众的零售店，再买一辆新宝来。

2）本品牌旧车置换新车

用本品牌旧车置换新车。如品牌为“大众”，假设拥有一辆旧捷达的车主看上了帕萨特，那么他可以在任何一家“大众”的零售店里置换到一辆喜欢的帕萨特。

3）只要购买本厂或本厂家的新车，置换的旧车不限品牌

国外基本上采用的是这种置换方式。上海通用汽车诚新二手车开展的就是这种汽车置换模式消费者可以用各种品牌的二手车置换别克品牌的新车。

如果考虑买车人的选择余地和便利程度，当然是第三种方式最佳。不过，这种方式对厂商和经销商而言非常具有挑战性。因为中国的车主一般既不从一而终地在指定维修点维护修理，也不保留车辆的维修档案，车况极不透明；再者，不同品牌、不同型号的车在技术和零部件上千差万别；而且对于个别已经停产的车型，更换零部件将越来越麻烦。

此外，我国也出现了委托寄卖等置换新模式。我国的委托寄卖主要分为自行定价型、二次付款型、周期寄卖型。自行定价型是由消费者自行定价，委托商家代卖，等到成交后再支付佣金；二次付款型是由商家先行支付部分费用，等到成交后再付余款，佣金以利润比例来定；周期寄卖型是由商家向车主承诺交易周期，车价由双方共同确定，而佣金则以成交时间和成交金额双重标准来定。

车辆更新对于车主来说，是一个烦琐的过程，对于车主来说，更新一部车比买新车麻烦得多。在生活节奏日益加快的今天，人们期盼能否有一种便捷的以旧换新业务，使他们在自由选择新车的同时，很方便地处理要更新的旧车。因此，具有汽车置换资质的经销商作为中介的重要作用就显现出来。

【技能训练】

【技能训练试题7-1】由教师提供车辆、车辆证件和二手车交易双方的信息，学生模拟填写《二手车买卖合同》。

【技能训练试题7-2】由教师提供车辆、车辆证件和二手车交易当事方的信息，学生模拟填写《二手车居间合同》。

【思考与练习】

一、填空题

1. 常见二手车交易的类型包括________、________、________、________、________。

2. 根据______不同，二手车交易者有________、______、______、______四种类型。

3. 二手车过户过程分为________和______________两个步骤，两个步骤缺一不可。

4. ___________就是客户在汽车销售公司购买新车时，将目前在用的汽车经过该公司的检测估价后以一定的折价抵扣部分新车款的一种交易方式。

5. __________是指二手车所有人将其拥有的、具有合法手续的车辆质押给典当公司，典当公司支付典当当金，封存质押车辆，双方约定在一定期限内由出典人(二手车所有人)结清典当本息、赎回车辆的一种贷款行为。

6. 二手车交易的具体流程包括__________、__________、__________、__________、__________、__________、__________七个环节。

7. 机动车产权转移登记可分为____________和__________。

8. 订立交易合同时须遵守____________、________________的基本原则

9. 二手车交易合同主体是指为了__________目的，以自己名义签订交易合同，享有合同权利、承担合同义务的______或______。

10. 我国合同当事人根据其法律地位划分______、________、______三种。

11. 承担违约责任的条件是要有__________和______________。

12. 承担违约责任的方式有______、________、______三种。

13. 二手车交易合同纠纷的解决方式一般有______、______、____和______四种。

14. 二手车交易合同按当事人在合同中处于______________________的不同情况，可分为____________合同和__________合同两种。

15. 常用的收购基准价计算方式有______________和____________________两种。

16. 二手车销售价格的确定方法主要有____________、____________、________三种。

17. 成本导向定价法有____________、____________、__________三种之分。

18. 采用边际成本定价法时，以单位产品的________作为定价依据，

19. 二手车置换模式有__________、____________和______________。

二、判断题

(　　)1. 二手车允许在异地交易。

(　　)2. 二手车转移登记手续应按照公安部门有关规定在原车辆注册登记所在地公安机关交通管理部门办理。

(　　)3. 办理车辆转出转入业务时，只需提供车主身份证明复印件。

(　　)4. 二手车鉴定评估是买卖双方达成交易意向后自愿选择的项目。

(　　)5. 在现实的二手车收购业务中，只参考当前新车的售价，不考虑二手车的原始价格。

(　　)6. 同城转移登记，只需要更改车主姓名(单位名称)和住所等资料，机动车及机动车号牌可以不变更。

(　　)7. 二手车中介不必属于二手车交易合同当事人。

(　　)8. 通过二手车交易中介办理二手车过户登记手续时，车辆可以不到场。

(　　)9. 二手车买卖合同当事人只能是法人或自然人。

(　　)10. 二手车需求弹性强，二手车的销售价格应高一些。

(　　)11. 当产品需求富有弹性时，降低价格也可以增加企业利润，

(　　)12. 当某种产品需求弹性较小时，提高价格可以增加企业利润

(　　)13. 二手车置换简单来说就是以旧换新。

(　　)14. 交易后的二手车，必须先办理过户手续后，方可办理机动车登记证书。

(　　)15. 当采用竞争导向定价法确定二手车销售价格时，其价值与成本和需求无关。

三、选择题

1. 二手车交易地点应该是(　　)。

A. 车辆注册登记所在地　　B. 当前车辆所在地

C. 车籍转入车管所所在地　　D. 任何地方

2. 二手车转移登记手续应按照公安部门有关规定在(　　)办理。

A. 原车辆注册登记所在地　　B. 车辆注册登记所在地

C. 在网上　　D. 在二手车交易市场

3. 在拍卖交易流程中，竞买成功的紧后程序是(　　)。

A. 交款　　B. 车辆交接

C. 开具二手车销售统一发票　　D. 签订成交确认书

4. 个体工商户性属于(　　)。

A. 其他组织　　B. 法人　　C. 自然人　　D. 无组织

5. 根据《机动车登记规定》，二手车交易后且现车主的住所不在原车辆管理所管辖区的，现车主应当于机动车交付之日(以二手车销售发票上登记日期为准)起(　　)日内，向原二手车管辖地车辆管理所提出转移登记申请，填写《机动车转移登记申请表》，有些地方还要求车主签订外迁保证书。

A. 20　　B. 30　　C. 60　　D. 90

6. 根据《机动车登记规定》，机动车档案转出原车辆管理所后机动车所有人必须在(　　)日内携带车辆及档案资料到住所地车辆管理所申请机动车转入登记。

A. 20　　B. 30　　C. 60　　D. 90

7. 二手车销售价格的确定方法中，最受企业欢迎的方法是(　　)。

A. 成本加成定价法　　B. 目标收益定价法
C. 边际成本定价法　　D. 需求导向定价法
8. 在某二手车供不应求的条件下，选用(　　)的定价法对该车确定销售价格。
A. 成本加成　　B. 目标收益　　C. 边际成本　　D. 需求导向
9. 二手车买卖合同发生争议，(　　)不属于正确的解决方式。
A. 仲裁　　B. 单方处理　　C. 协商　　D. 诉讼
10. (　　)不属于二手车买卖合同中的车辆相关凭证。
A. 非机动车驾驶证　　B. 驾驶证
c. 机动车登记证书　　D. 车辆保险单
11. 二手车交易后，原为运营车辆，交易后改为私家车，其规定使用年限按(　　)执行。
A. 私家车的规定使用年限　　B. 另行规定一个使用年限
C. 营运车辆的规定使用年限　　D. 按折中方案
12. 下列(　　)不是二手车销售定价的基本思路之一。
A. 收益　　B. 成本　　C. 需求　　D. 竞争

四、简答题

1. 二手车交易是怎么定义的？它有哪些特殊性？
2. 法人必须具备哪些条件？
3. 二手车交易合同变更和解除的条件是什么？
4. 二手车销售定价的影响因素有哪些？
5. 二手车收购定价的影响因素有哪些？

五、问答题

1. 二手车交易档案主要包括哪些内容？
2. 二手车所有权由个人转移给个人，办理过户登记时，需要哪些资料或手续？
3. 二手车收购应注意哪些事项？
4. 二手车定价策略有哪些？

六、绘制流程图

1. 绘制二手车拍卖交易流程图。
2. 绘制二手车交易过户流程图。
3. 绘制二手车过户登记流程图。

附件1:《二手车买卖合同范本(示范文本)》

二手车买卖合同范本(示范文本)

国家工商行政管理总局制定

使 用 说 明

一、本合同文本是依据《中华人民共和国合同法》《二手车流通管理办法》等有关法律、法规和规章制定的示范文本，供当事人约定使用。

二、本合同所称二手车，是指从办理完注册登记手续到达到国家强制报废标准之前进行交易并转移所有权的汽车(包括三轮汽车、低速载货汽车，即原农用运输车)、挂车和摩托车。

三、本合同签订前，买卖双方应充分了解合同的相关内容。卖方应向买方提供车辆的使用、修理、事故、检验以及是否办理抵押登记、缴纳税费、报废期等真实情况和信息；买方应了解、查验车辆的状况。

四、双方当事人应结合具体情况选择本合同协议条款中所提供的选择项，空格处应以文字形式填写完整。

五、本合同“其他约定”条款，供双方当事人自行约定。

六、本合同示范文本由国家工商行政管理总局负责解释，并在全国范围内推行使用。

二 手 车 买 卖 合 同

合同编号：____________________

卖　　方：____________________

住　　所：____________________　　法定代表人：____________________

(如为自然人)身份证号码：□□□□□□□□□□□□□□□□□□□□□□□□□□

电话号码：____________________

买　　方：____________________

住　　所：____________________　　法定代表人：____________________

(如为自然人)身份证号码：□□□□□□□□□□□□□□□□□□□□□□□□□□

电话号码：____________________

根据《中华人民共和国合同法》《二手车流通管理办法》等有关法律、法规、规章的规定，就二手车的买卖事宜，买卖双方在平等、自愿、协商一致的基础上签订本合同。

第一条 车辆基本情况

1. 车主名称：________________；车牌号码：________________；厂牌型号：________________。

2. 车辆状况说明见附件一。

3. 车辆相关凭证见附件二。

第二条 车辆价款、过户手续费及支付时间、方式

1. 车辆价款及过户手续费________________

本车价款(不含税费或其他费用)为人民币：________________元(小写：________________元)。

过户手续费(包含税费)为人民币：________________元(小写：________________元)。

2. 支付时间、方式

待本车过户、转籍手续办理完成后____个工作日内，买方向卖方支付本车价款。(采用分期付款方式的可另行约定)

过户手续费由________方承担。　方应于本合同签订之日起____个工作日内，将过户手续费支付给双方约定的过户手续办理方。

第三条 车辆的过户、交付及风险承担

____方应于本合同签订之日起____个工作日内，将办理本车过户、转籍手续所需的一切有关证件、资料的原件及复印件交给____方，该方为过户手续办理方。

卖方应于本车过户、转籍手续办理完成后____个工作日内在____(地点)向买方交付车辆及相关凭证(见附件一)。

在车辆交付买方之前所发生的所有风险由卖方承担和负责处理；在车辆交付买方之后所发生的所有风险由买方承担和负责处理。

第四条 双方的权利和义务

1. 卖方应按照合同约定的时间、地点向买方交付车辆。

2. 卖方应保证合法享有车辆的所有权或处置权。

3. 卖方保证所出示及提供的与车辆有关的一切证件.证明及信息合法、真实、有效。

4. 买方应按照合同约定支付价款。

5. 对转出本地的车辆，买方应了解、确认车辆能在转入所在地办理转入手续。

第五条 违约责任

1. 卖方向买方提供的有关车辆信息不真实，买方有权要求卖方赔偿因此造成的损失。

2. 卖方未按合同的约定将本车及其相关凭证交付买方的，逾期每日按本车价款总额的____%向买方支付违约金。

3. 买方未按照合同约定支付本车价款的，逾期每日按本车价款总额____%向卖方支付违约金。

4. 因卖方原因致使车辆不能办理过户、转籍手续的，买方有权要求卖方返还车辆价款并承担一切损失；因买方原因致使车辆不能办理过户、转籍手续的，卖方有权要求买方返还车辆并承担一切损失。

5. 任何一方违反合同约定的，均应赔偿由此给对方造成的损失。

第六条 合同争议的解决方式

因本合同发生的争议，由当事人协商或调解解决；协商或调解不成的，按下列第____种方式解决：

1. 提交______________仲裁委员会仲裁；

2. 依法向人民法院起诉。

第七条 合同的生效

本合同一式____份，经双方当事人签字或盖章之日起生效。

第八条 其他约定

附件一：车辆状况说明书(车辆信息表)

附件二：车辆相关凭证

1.《机动车登记证书》
2.《机动车行驶证》
3. 有效的机动车安全技术检验合格标志
4. 车辆购置税完税证明
5. 车船使用税缴付凭证
6. 车辆养路费缴付凭证
7. 车辆保险单
8. 购车发票

卖方：________________（签章）　　卖方开户银行：________________
帐　　　号：________________
户　　　名：________________

买方：________________（签章）　　买方开户银行：________________
帐　　　号：________________
户　　　名：________________

签订地点：________________
签订日期：______年______月______日

车辆状况说明书(车辆信息表)

车辆信息表

<table>
<tr><td colspan="2">质量保证类别</td><td colspan="5"></td></tr>
<tr><td colspan="2">车　牌　号</td><td colspan="5"></td></tr>
<tr><td colspan="2">经销企业名称</td><td colspan="5"></td></tr>
<tr><td colspan="2">营业执照号码</td><td></td><td>地　址</td><td colspan="3"></td></tr>
<tr><td rowspan="8">车辆基本信息</td><td>车辆价格</td><td>¥　　元</td><td>品牌型号</td><td></td><td>车身颜色</td><td></td></tr>
<tr><td>初次登记</td><td>年　月　日</td><td>行驶里程</td><td>km</td><td>燃　料</td><td></td></tr>
<tr><td>发动机号</td><td></td><td>车架号码</td><td></td><td>生产厂家</td><td></td></tr>
<tr><td>出厂日期</td><td>年　月</td><td>年检到期</td><td>年　月</td><td>排放等级</td><td></td></tr>
<tr><td>结构特点</td><td colspan="5">□自动挡　□手动挡　□ABS　□其他</td></tr>
<tr><td>使用性质</td><td colspan="5">□营运　□出租车　□非营运　□营转非　□出租营转非　□教练车　□其它</td></tr>
<tr><td>交通事故记录
次数/类别/程度</td><td colspan="5"></td></tr>
<tr><td>重大维修记录
时间/部件</td><td colspan="5"></td></tr>
<tr><td colspan="2">法定证明凭证</td><td colspan="5">□号牌　□行驶证　□登记证　□年检证明　□车辆购置税完税证明
□养路费缴付证明　□车船使用税完税证明　□保险单　□其他</td></tr>
</table>

车辆技术状况	
质量保证	
声明	本车辆符合《二手车流通管理办法》有关规定，属合法车辆。
买方（签章） 经销企业（签章） 经办人（签章） 年　月　日	
备注	1. 本表由经销企业负责填写。 2. 本表一式三份，一份用于车辆展示，其余作为销售合同附件。

填写说明

一、车辆基本信息：

（一）“表征里程”项的内容，按照车辆里程表实际显示总里程数填写。

（二）“其他法定凭证、证明”项的内容，根据实际提交证明文件，在对应项前“□”内打“√”，未列明的填入“其它”项中。

二、重要技术配置及参数：

“其他重要参数”：根据实际情况如实填写相关配置信息。

三、是否为事故车：

如实明示是否为事故车，在对应项前“□”内打“√”。如果“是”，需在“损伤位置及损伤状况”项中描述损伤位置及损伤状况。损伤位置为可以影响到车辆整体结构的位置，主要为A. B. C. D柱，翼子板内板．前纵梁．地板等。损伤状况包括：变形．烧焊．扭曲．锈蚀．折皱．更换过等。如果“否”，则无需填写后项内容。

四、车辆状况描述：

仅描述静态状况，应包括如下内容：

（一）车身外观状况：需描述外观的损伤位置及损伤状况。

损伤位置包括：翼子板、车门、行李箱盖、行李箱内侧、车顶、保险杠、格栅、玻璃、轮胎、备胎等。

损伤状况包括状态和程度两部分。

损伤状态包括：伤痕、凹陷、弯曲、波纹、锈斑、腐蚀、裂纹、小孔、调换、做漆、痕迹、条纹等。

损伤程度包括：一元硬币可覆盖、10 cm×10 cm 纸张可覆盖、20 cm×20 cm 可覆盖、A4 纸可覆盖、A4 纸无法覆盖、花纹深度少于 1.6 mm(轮胎损伤)。

(二)发动机舱内状况：需描述发动机外观状态，各液面状态，. 线路状况。

(三)车内及电器状况：需描述内饰是否有破损，车内是否清洁，仪表是否正常，各部分电器是否工作正常，车窗密封及工作状况是否正常等。

(四) 底盘状况：发动机油底壳. 变速箱. 减震器是否有渗漏油现象，转向臂球销、三角臂球销是否松动，传动轴防尘罩是否有破损。

以上部分，如果无任何问题，填写“车辆状况良好”。有任何问题均需明确注明。

五. 质量保证：

明示车辆是否提供质量保证，在对应项前“□”内打“√”。如果“是”，需在“质保范围”项中填写质保内容。如果“否”，则无需填写后项内容。

附件2：《二手车居间合同》

二手车居间合同

合同编号：________________　　　　　签订时间：________年______月______日

委托出让方(简称甲方)：________________

居间方：________________

委托买入方(简称乙方)：________________

第一条　目的

依据国家有关法律、法规和本市有关规定，三方在自愿、平等和协商一致的基础上，就居间方接受甲、乙双方的委托、促成甲、乙双方二手车交易，并完成其他委托的服务事项达成一致，订立本合同。

第二条　当事人及车辆情况

一、甲方基本情况：

(1)单位代码□□□□□□□□□□□□□□□□□□□□□-□，　　经办人：____________

身份证号码□□□□□□□□□□□□□□□□□□□□□□，

单位地址：________________，联系电话________________。

(2)自然人身份证号码□□□□□□□□□□□□□□□□□□□□□□，

单位地址：________________，联系电话________________。

二、乙方基本状况：

(1)单位代码证号□□□□□□□□□□□□□□□□□□□□□-□，　　经办人：____________

身份证号码□□□□□□□□□□□□□□□□□□，

单位地址：_______________，联系电话：_______________。

(2)自然人身份证号码□□□□□□□□□□□□□□□□□□，

现常住地址：_______________，联系电话：_______________。

车牌号：_____________，车辆类型：_____________，厂牌型号：_____________，

颜色：_____________，初次登记时间：_____________，登记证号：_____________，

发动机号码：_______________，车架号码：_______________，

行驶里程：___________km，允许使用年限至___________年_____月_______日，

车辆年检签证有效期至___________年_____月_____日，

车辆购置费完税缴纳证号：_______________/免税交纳(有证/无证)，

车辆养路费交讫截止日期_________年_____月_____日(证号：_____________)，

车辆保险险种：1.___________ 2.___________ 3.____________4.____________，

保险有效期截止日期：_______________年_____月_____日；

配置：_______________。

其他情况：________________________________。

第三条　车辆价款

经协商一致，本车价款定为人民币_______________元(大写：_______________元)，上述价款包括车辆、备胎及_______________。

第四条　付款及交付、过户

1.乙方合同签订后(当日/____日)内支付价款_____%，(人民币__________________元，大写：___________元)作为定金支付给甲方；支付方式：(现金/指定账户)。

2.甲方于合同签订(当日/_____日)内，将本车存放于居间方指定地点，居间方和乙方查验认可，出具检查单后，由居间方代为保管或三房约定由甲方继续使用本车。甲方于合同签订后_____日内将本车有关证件原件及复印件交付给乙方，并协助乙方办理过户手续。

3.乙方于(过户/转籍)事项完成后(当日/____日)内向甲方支付剩余价款(人民币_____大写：___________)；支付方式：(现金/指定账户)。

第五条　佣金标准、数额、收取方式和退赔

(一)居间方已完成本合同约定的委托人甲方委托的事项，委托人甲方按照下列第_____种方式计算支付佣金(任选一种)：

1.按照二手车成交价___________的_____%，具体数额为人民币___________元作为佣金支付给居间方。

2.按双方约定，佣金为人民币___________元，支付给居间方。

(二)居间方已完成本合同约定委托人乙方委托的事项，委托人乙方按照下列第_____种方式计算支付佣金(任选一种)：

1.按照二手车成交价___________的_____%，具体数额为人民币___________元作为佣金支付给居间方。

2.按双方约定，佣金为人民币___________元，支付给居间方。

(三)居间方未完成本合同委托事项，按照下列约定退还佣金：

1. 居间方未完成甲方委托事项，将本合同约定收取佣金的______%，具体数额为人民币____________元退还给委托人甲方，已发生费用由居间方承担；

2. 居间方未完成乙方委托事项，将本合同约定收取佣金的______%，具体数额为人民币____________元退还给委托人甲方，已发生费用由居间方承担；

第六条　甲方的权利和义务

甲方承诺车辆出让时不存在任何权属上的问题和各类未处理完毕的交通违章记录，所提供的证件、证明均真实、有效，无伪造情况；否则，致使出让车辆不能过户、转籍的，乙方有权单方面解除本合同或终止本合同的履行，甲方应接受退回车辆，全额退回车款，向居间方支付佣金和实际发生的费用，并承担赔偿责任。

本合同有效期内，甲方委托出让的车辆根据本合同约定将本车存放指定的地点，除支付停车费，因保管不善造成车辆损毁、灭失的，由责任方承担赔偿责任。

甲方不提供相关文件、证明，或未按合同第四条第二款的约定将本车存放于指定地点，除非有正当理由或不可抗力，否则乙方有权终止本合同并要求双倍返还定金。

第七条　乙方的权利和义务

本合同签订后，乙方应向居间方预支付定金（人民币____________元，大写：____________元）。

乙方履行合同后，定金抵作乙方应当支付给居间方的佣金。如乙方违约，乙方无权要求返还定金并支付实际发生的费用；如居间方违约，应双倍返还定金。

乙方如未按本合同规定时间支付定金，甲方有权单方解除本合同，并要求乙方赔偿相应的经济损失。

乙方如拒绝接受甲方提供的文件、证明，除非正当理由或不可抗力，否则甲方可单方终止本合同，并不返还定金。

乙方在收取有关文件、证明后______日内未办理（过户/转籍）手续或由于乙方的过失导致（过户/转籍）手续不能办理或不能在合理的期限内完成（双方约定该合理期限为收取文件、证明后______日内），除非有正当理由或不可抗力，否则甲方可单方终止本合同，并不返还定金，已发生的费用由乙方承担。

第八条　居间方的权利和义务

居间方应向甲、乙双方出示营业执照等有效证件。

居间方的执业经纪人应向甲、乙双方出示经纪执业证书，并应亲自处理委托事务，未经甲、乙双方同意，不得转委托。

居间方应按照甲、乙的要求处理委托事务，报告委托事务处理情况，为甲、乙双方保守商业秘密。

居间方应按约定或依规定收取甲、乙双方支付的款项并开具收款凭证。

居间方不得采取胁迫、欺诈。贿赂的恶意串通等手段，促成交易。

居间方不得伪造、涂改、买卖交易文件、证明和凭证。

第九条　合同在履行中的变更及处理

本合同在履行期间，任何一方要求变更合同条款的，应及时书面通知相对方，并征得相对方的同意后，在约定的时限______天内，签订补充条款，注明变更事项。未书面通知相对方，并征得相对方同意擅自变更造成的经济损失，由责任方承担。

本合同履行期间，三方因履行本合同而签署的补充协议及其他书面文件，均为本合同不可分割的一部分具有同等效力。

第十条　违约事项

1. 三方商定，居间方有下列情况之一的，应承担违约责任：

(1)无正当理由解除合同的；

(2)与他人私下串通，损害委托人甲、乙双方利益的；

(3)其他过失影响委托人甲、乙双方交易的。

2. 三方商定，委托人甲、乙双方有下列情况之一的，应承担违约责任：

(1)无正当理由解除合同的；

(2)未能按照合同提供必要的文件、证明和配合，造成居间方无法履行合同的；

(3)相互或与他人私下串通，损害居间方利益的；

(4)其他造成居间方无法完成委托事项的行为。

3. 三方商定，发生上述违约行为的，按照合同约定佣金总数的______%，计人民币____________元作为违约金支付给各守约方。违约方给各守约方造成的其他经济损失，由守约方按照法律、法规的有关规定追偿。

第十一条　风险承担

本车在过户、转籍手续完成前由甲方作为所有人承担一切风险；本车在过户、转籍手续完成后乙方作为所有人承担一切风险。

第十二条　其他规定

本合同未约定的事项，按照《中华人民共和国合同法》以及相关法律、法规的规定执行。

第十三条　发生争议的解决办法

三方在履行本合同过程中发生争议，由三方协商解决；协商不成的，提请二手车交易市场和二手车交易管理协会调解。调解成功的，三方应当履行调解协议；调解不成的按本合同约定的下列第______项进行解决：

1. 向仲裁委员会申请仲裁；

2. 向法院提起诉讼。

第十四条　合同效力和订立数目

本合同内空格部分填写的文字，其效力优于印刷文字的效力。本合同所称的“日”，均指工作日。

本合同经三方当事人签字、盖章后生效；本合同一式四份，由甲方、乙方、居间方、二手车交易市场各执一份，均具有同等的法律效力。

委托出售方(甲方)：______________________________

法定代表人/自然人(签章)：______________　经办人(签章)：______________

开户银行：_______________，账户：___________________________；

居间方(名称)：__________，营业执照注册号：__________；

法定代表人(签章)：____________ 执业经纪人(签章)：____________
执业经纪证书(编号)：____________________
开户银行：____________，账户：____________________；

委托买入方(乙方)：____________________
法定代表人/自然人(签章)： 经办人(签章)：

开户银行：____________，账户：____________________。

参考文献

[1]张艳芳. 二手车鉴定评估与交易[M]北京：清华大学出版社，2015.

[2]毛矛. 二手车鉴定与评估[M]. 北京：国防工业出版社，2013.

[3]肖冬玲，杨明. 二手车鉴定与评估[M]. 北京：机械工业出版社，2014.

[4]明光星，厉承玉. 二手车鉴定评估实用教程[M]. 北京：国防工业出版社，2011.

[5]王忠良. 二手车鉴定评估及贸易[M]. 天津：天津科学技术出版社，2012.

[6]毛矛，张鹏九. 汽车评估实务[M]. 北京：机械工业出版社，2008.

[7]肖刚. 二手车鉴定评估与交易实务[M]. 广州：华南理工大学出版社，2009.

[8]岳国防. 二手车鉴定、评估与交易[M]. 西安：西北工业大学出版社，2011.

[9]中国就业技术指导中心. 二手车鉴定评估师：国家职业资格四级[M]. 北京：中国劳动社会保障出版社，2008.

[10]中国就业技术指导中心. 二手车鉴定评估师：国家职业资格三级[M]. 北京：中国劳动社会保障出版社，2008.

[11]屠卫星. 汽车文化[M]. 北京：人民交通出版社，2014.

[12]北京中车行高新技术有限公司. 常见汽车识别代号(VIN)速查手册[M]. 北京：机械工业出版社，2003.

[13]汽车之家. 汽车玻璃标志中的含义解读　你懂不[DB/OL]. http：//www. autohome. com. cn/dealer/201510/41297558. html.

图书在版编目(CIP)数据

二手车鉴定评估与交易/王国强,王一斐主编.
—长沙:中南大学出版社,2016.12
ISBN 978-7-5487-2612-8

Ⅰ.二... Ⅱ.①王...②王... Ⅲ.①汽车-鉴定-高等职业教育-教材②汽车-价格评估-高等职业教育-教材③汽车-商品交易-高等职业教育-教材
Ⅳ.①U472.9②F766

中国版本图书馆 CIP 数据核字(2016)第 295769 号

二手车鉴定评估与交易

王国强　王一斐　主编

□**责任编辑**　刘　辉
□**责任印制**　易红卫
□**出版发行**　中南大学出版社
社址:长沙市麓山南路　　邮编:410083
发行科电话:0731-88876770　　传真:0731-88710482
□**印　　装**　长沙印通印刷有限公司

□**开　　本**　787×1092　1/16　□**印张** 16.75　□**字数** 412 千字
□**版　　次**　2016 年 12 月第 1 版　　□**印次**　2016 年 12 月第 1 次印刷
□**书　　号**　ISBN 978-7-5487-2612-8
□**定　　价**　38.00 元